Was macht E-Learning erfolgreich?

Springer

Berlin
Heidelberg
New York
Hongkong
London
Mailand
Paris
Tokio

Sigmar-Olaf Tergan
Peter Schenkel
(Hrsg.)

Was macht

E-Learning

erfolgreich?

Grundlagen und Instrumente
der Qualitätsbeurteilung

Mit 44 Abbildungen

Springer

Dr. Sigmar-Olaf Tergan
Institut für Wissensmedien
Knowledge Media Research Center
Konrad-Adenauer-Straße 40
72072 Tübingen
s.tergan@iwm-kmrc.de

Dr. Peter Schenkel
Bundesinstitut für Berufsbildung
Friedrich-Ebert-Allee 38
53113 Bonn

ISBN 3-540-20676-0 Springer-Verlag Berlin Heidelberg New York

Bibliografische Information der Deutschen Bibliothek
Die Deutsche Bibliothek verzeichnet diese Publikation in der
Deutschen Nationalbibliografie; detaillierte bibliografische Daten
sind im Internet über <http://dnb.ddb.de> abrufbar.

Springer-Verlag ist ein Unternehmen von Springer Science+Business Media
springer.de

© Springer-Verlag Berlin Heidelberg 2004
Printed in Germany

Umschlaggestaltung: E. Kirchner, Heidelberg
Datenaufbereitung: LE-Tex, Leipzig
Gedruckt auf säurefreiem Papier   33/3142 GF   543210

Vorwort

Was sind qualitativ hochstehende E-Learning-Anwendungen? Diese Frage ist grundlegend für alle Evaluationsansätze. Wir wissen, dass die Beantwortung dieser Frage wesentlich von den Zielen der Interessenten abhängt, die etwas über die Qualität wissen wollen, und den Perspektiven, unter denen evaluiert wird. Unter pädagogischer und psychologischer Perspektive gilt das Interesse vor allem der Lernwirksamkeit. E-Learning-Anwendungen von hoher Qualität sind danach diejenigen, die auf Seiten der Lernenden zu erwünschten Lernwirkungen führen. Das vorliegende Buch widmet sich genau dieser Frage „Was macht Lernen erfolgreich?". Die Frage nach den Bedingungen erfolgreichen Lernens sollte aus unterschiedlichen wissenschaftlichen und praxisorientierten Perspektiven beleuchtet werden. Ein Workshop auf der LEARNTEC 2003 war ein gutes Forum, um Probleme der Qualitätsevaluation von E-Learning grundlegend zu diskutieren und konkrete webgestützte Instrumente vorzustellen, die in der Praxis eingesetzt werden können.

Die Herausgeber dieses Buches haben die Referenten des Workshops sowie weitere ausgewiesene Experten im Bereich der Qualitätsbeurteilung von E-Learning gebeten, in praxisnaher Weise ihre Auffassungen zu dieser Frage in einzelnen Beiträgen darzulegen sowie Instrumente der Qualitätsbeurteilung zu beschreiben. Die erhaltenen Beiträge werden in diesem Buch in zwei Themenbereiche zusammengefasst: (1) Grundlagen und Instrumente der Qualitätsbeurteilung, (2) Webgestützte Instrumente zur Evaluation von E-Learning.

Wir hoffen, mit diesem Buch allen an Qualitätsevaluation Interessierten wissenschaftliche Grundlagen darstellen sowie Methoden und Instrumente präsentieren zu können, die für die Evaluationspraxis eine konkrete Hilfe darstellen. Wir bedanken uns herzlich bei allen AutorInnen für ihre Bereitschaft zur Mitarbeit, bei Frau Stoll vom Institut für Wissensmedien für ihre Geduld und ihr Engagement bei der Formatierung der Beiträge und beim Springer-Verlag für die Möglichkeit zur Publikation.

Sigmar-Olaf Tergan
Peter Schenkel

Inhaltsverzeichnis

Webgestützte Instrumente zur Evaluation von E-Learning

**8   Evaluation vom Bedarf bis zum Transfer: Einsatz eines webbasierten
       Werkzeugs zur Qualitätssicherung in der Bildung   113**

Thomas Mayer, Christian Pfänder, Andrea Wellmann

9   Das Evaluationsnetz zur Evaluation von E-Learning   131

Peter Schenkel, Arno Fischer, Sigmar-Olaf Tergan

**10   Praxisorientierte Qualitätsanalyse von Lernsoftware
       mit den webbasierten Tools Basic"Clear und Exper"Clear   139**

Franziska Zeitler, Dirk Ablass

Grundlagen und Instrumente
der Qualitätsbeurteilung

1 Qualität von E-Learning: eine Einführung

Peter Schenkel, Sigmar-Olaf Tergan

Abstract
Von E-Learning-Angeboten wird erwartet, dass diese die Akzeptanz bei Nutzern erhöhen sowie zur Sicherung des Lernerfolgs und zur Förderung des Transfers erworbenen Wissens in die Anwendungspraxis beitragen. Im betrieblichen Kontext bestehen darüber hinaus Erwartungen hinsichtlich der Verbesserung der Effizienz betrieblichen Handelns sowie der Einsparung von Kosten im Sinne eines Return on Investment (ROI). Eine grundlegende Frage aller Evaluationsansätze gilt dabei den Bedingungen erfolgreichen E-Learnings. Der vorliegende Beitrag geht auf unterschiedliche Evaluationsinteressen, Evaluationsebenen und Evaluationsmethoden ein. Er verdeutlicht das Anliegen des Buches, grundlegende Überlegungen zu den Bedingungen erfolgreichen E-Learnings sowie derzeit verfügbare Instrumente und Methoden zur Erfassung dieser Bedingungen einander gegenüberzustellen. Der Inhalt der Einzelbeiträge wird in einer Vorschau in Form kurzer Zusammenfassungen vorgestellt.

1.1 Einleitung

Eine grundlegende Frage bei der Qualitätsbeurteilung von E-Learning lautet: „Was macht Lernen erfolgreich?" Lernen ist immer dann erfolgreich, wenn Lernerfolge durch einen Abschlusstest nachgewiesen werden. E-Learning-Angebote wären folglich immer dann qualitativ hochwertig, wenn sich bei der Bearbeitung Lernerfolge einstellen. Damit ist die Frage nach der Qualität von E-Learning-Programmen jedoch nur zu einem Teil beantwortet. Lernerfolge sind überaus wichtige, keinesfalls aber die einzigen Indikatoren qualitativ hochwertiger Lernprogramme. Gerade in der beruflichen Bildung ist die berufliche Handlungsfähigkeit oft entscheidender als das erworbene Wissen. Qualitativ hochwertig können auch Lernprogramme sein, die zu erfolgreichem Arbeitshandeln in einer bestimmten Arbeitssituation führen, denn erworbenes Wissen muss nicht mit den Anforderungen des Arbeitsplatzes übereinstimmen. Auch kann es so theoretisch sein, dass es am Arbeitsplatz nur schwer eingesetzt werden kann.

Qualität von E-Learning, vor allem das sollte gezeigt werden, ist deshalb nicht absolut, sondern hängt von den Zielen der Interessenten ab, die etwas über die Qualität wissen wollen. Stakeholder, also diejenigen, die in die Evaluation einbezogen sind oder von den Ergebnissen der Evaluation betroffen sind, können sehr unterschiedliche Ziele haben, die wesentlich bestimmen, was unter Qualität zu verstehen ist. Ohne Kenntnis ihrer Ziele kann nur schwer über die Qualität von E-Learning-Angeboten entschieden werden.

So könnte sich ein Ausbildungsleiter z. B. fragen, ob er in seiner Situation ein E-Learning-Programm überhaupt einsetzen kann und welches Programm er auswählen soll. Für die Entscheidung wäre u. a. wichtig, dass im Betrieb die technischen oder organisatorischen Voraussetzungen für den Einsatz von E-Learning gegeben sind, dass das Lernangebot mit den Wissensdefiziten der Lernenden korrespondiert und dass die Zielgruppe über das Vorwissen und die Lerngewohnheiten verfügt, die einen Einsatz sinnvoll erscheinen lassen. Vor allen Dingen sollte er sich jedoch fragen, ob das Programm ein Potential für die Auslösung, die Unterstützung und Aufrechterhaltung erfolgreichen Lernens hat. Ein Lernender wird sich bei der Bearbeitung eines Lernprogramms vielleicht fragen, ob ihm das Lernen in dieser Lernform Freude macht, ob er Antwort auf seine Fragen erhält, ob die Lernzeiten in seinen Tagesablauf passen, vor allem aber, ob er überhaupt etwas lernt und ob er das Gelernte in seiner betrieblichen Praxis benötigen wird. Für einen Manager mögen diese Fragen dagegen sekundär sein, denn er wird vor allen Dingen an den Auswirkungen des Programms auf betriebliche Abläufe und an der Rentabilität des Betriebes interessiert sein. Weiterbildung ist für ihn interessant, wenn mit dem Lernangebot betriebliche Defizite beseitigt werden und sich ein positiver Return on Investment ergibt

1.2 Fragen der Qualitätsevaluation

Kirkpatrick (1998) hat mit seinen vier Ebenen der Evaluation ein Modell angeboten, das die unterschiedlichen Ziele der Evaluation auf Ebenen anordnet. Es überzeugt, gerade weil es so einfach ist. Die erste Ebene bildet die Evaluation der Akzeptanz, in der gefragt wird, wie Lernende auf ein Lernangebot reagieren. Eine hohe Akzeptanz ist eine gute Voraussetzung für Lernerfolge (Ebene 2), die wiederum Voraussetzung für den Transfer des Gelernten in das berufliche Handeln (Ebene 3) sind. Angewandtes Wissen wird sich dann auf betriebliche Prozesse auswirken und ist an der Veränderung betrieblicher Kennzahlen ablesbar (Ebene 4). In Erweiterung seines ursprünglichen Modells gelangt man zu zwei weiteren Ebenen. Um die zunehmende Bedeutung der Rentabilität einer „Bildungsinvestition" zu berücksichtigen wird das Return on Investment als fünfte Evaluationsebene eingeführt. Eine weitere, sechste Evaluationsebene ergibt sich, wenn man nach der Qualität des Inputs, z. B. nach der Beurteilung der Qualität eines Lernangebots durch Experten fragt (vgl. Schenkel, Fischer und Tergan, Kapitel 9 in diesem Buch). Bei der Planung und Durchführung von Evaluationen stößt der Evaluator auf jeder Ebene auf unterschiedliche Probleme. Zur Beurteilung der Qualität müssen auf jeder Ebene unterschiedliche Methoden und Instrumente eingesetzt werden.

Informationen über die Qualität von E-Learning-Angeboten sind bereits vor dem Einsatz eines Lernprogramms in der Praxis überaus wichtig. E-Learning-Programme und die dafür erforderliche Technik sind trotz aller Kostensenkungen noch immer nicht ganz billig. Weit entscheidender ist jedoch, dass E-Learning nicht nur als punktueller Ersatz eines bisherigen Präsenztrainings oder der Vermittlung durch ein Buch gesehen werden kann. Es können auch Inhalte vermittelt werden, die mit anderen Vermittlungsformen nur schwer vermittelbar sind. Zudem berührt die Einführung von E-Learning die Strukturen und Prozesse der Weiterbildung insgesamt. Es bedarf z. B. veränderter didaktischer Konzeptionen, um E-Learning in die Aus- und Weiterbildung zu integrieren. Die Rollen von Trainern und Lernenden ändern sich. Die Qualitätsbeurteilung eines Lernprogramms hat dabei hohe Bedeutung. Denn nur mit dem „richtigen" Lernprogramm können die mit dem Einsatz verbundenen Ziele erreicht werden.

Der Zusammenhang zwischen einem qualitativ hochwertigen Lernangebot und großem Lernerfolg ist jedoch nicht linear. Gute Lernangebote garantieren keine Lernerfolge. Wie immer man Lernen versteht, die schlichte Übertragung von Wissen über ein Medium auf einen Lernenden ist ausgeschlossen. Lernen ist immer die Leistung einer Person. Deshalb ist es nie ein Medium allein, das Lernerfolge ermöglicht, sondern die aktive Auseinandersetzung des Lernenden mit dem über ein Medium angebotenen Wissen in einer bestimmten Lernumgebung.

In den allermeisten Fällen wird bei der Qualitätsbeurteilung auf Kataloge von Kriterien zurückgegriffen, die bei der Einschätzung der Qualität eines E-Learning-Angebots hilfreich sind. Inzwischen gibt es eine Reihe von Kriterienkatalogen, die mehr oder weniger plausibel erscheinen. Fragt man nach der Herkunft der Kriterien, so scheint es sich meist um Kriterien zu handeln, die sich in der Praxis „bewährt" haben. Häufig werden andere Kataloge ausgewertet, um eigene, neue Kataloge zu gewinnen. Die Zahl der Kriterien, die zur Beurteilung eines E-Learning-Programms herangezogen werden können, ist nahezu uferlos. Kriterien zur Technik, zum Inhalt, zur Didaktik, zur Kommunikation können in großer Zahl aufgefunden, entwickelt und in unterschiedlicher Form zusammengestellt werden (vgl. Rockmann, Kapitel 5 in diesem Buch). Im Evaluationsnetz (http://www.evaluationsnetz.de) ist eine Datenbank mit 800 Kriterien für die Beurteilung multimedialer Lernprogramme enthalten. Es ist sehr wahrscheinlich, dass man bei intensiven Recherchen auf über 2000 Kriterien kommen könnte. Ohne eine gezielte Auswahl von Kriterien entsprechend den Zielen der Evaluation wäre der mit der Qualitätsbeurteilung verbundene Aufwand so groß, dass er eine Evaluation praktisch ausschlösse.

Für den Praktiker ist es verführerisch, einen der auf dem Markt vorhandenen Kataloge für die Evaluation von E-Learning-Angeboten zu übernehmen und entweder selbst einzusetzen oder Experten zu beauftragen. Jeder Katalog gibt jedoch nur über die Qualitätsmerkmale eines Lernprogramms Auskunft, die bei der Entwicklung einbezogen wurden. Deshalb ist es erforderlich, die für den Lernerfolg und den Transfer in die betriebliche Praxis kritischen Erfolgsfaktoren zu identifizieren und in einem System so anzubieten, dass ein Evaluator mit ihnen auch arbeiten kann.

Sehr häufig zielen Kataloge auf technische Kriterien ab. Auch wenn ein problemlos laufendes Lernprogramm sicher wichtig ist, setzt sich mit dieser Herangehensweise die bei der Entwicklung von Programmen häufig festzustellende Dominanz technischer Aspekte auf die Beurteilung der Qualität fort. Häufig berücksichtigen

Kriterienkataloge die Umgebung, in der Lernen stattfindet, die Lernerfahrungen der Zielgruppe, die der Zielgruppe und dem Inhalt angemessene didaktische Konzeption nicht oder nur unzureichend. Hier wäre eine Qualitätsbeurteilung sinnvoller, die näher am Lernenden und an dessen Lernaktivitäten ansetzen würde (vgl. die Beiträge von Ehlers sowie von Tergan und Schenkel, Kapitel 3 und 13 in diesem Buch). Auch sollte beim Einsatz eines Kataloges beachtet werden, ob er leicht verständlich und praxisnah ist, welcher Auswertungsaufwand erforderlich ist, wie die Kriterien gewichtet werden und welche Arten von Auswertungen möglich sind. Im Anschluss an die Bearbeitung eines Lernprogramms bietet es sich an, die Reaktion der Lernenden auf das Lernangebot zu erfragen. Dafür gibt es bewährte Kataloge, die über Fragengeneratoren generiert und auch modifiziert werden können. Fehlende Akzeptanz ist eine schlechte Voraussetzung für gute Lernerfolge.

Im Mittelpunkt der Evaluation steht in vielen Fällen die Ermittlung des Lernerfolgs. Mit der Einführung der „Competency-based"-Ausbildung in Großbetrieben nimmt die Bedeutung von Wissenstests noch zu. Hier werden Wissensprofile von den Beschäftigten angelegt, die mit den Anforderungen der Arbeitsplätze abgeglichen werden. Auf dieser Grundlage können dann Wissensdefizite der Mitarbeiter durch gezielte Lernangebote abgebaut werden. Gerade modulare E-Learning-Einheiten haben hier eine große Zukunft. Wichtig sind auch Zertifikate auf der Grundlage von standardisierten Tests. Sie dokumentieren für Beschäftigte/Lernende und Arbeitgeber die erworbenen bzw. vorhandenen Kompetenzen. Auf dem Markt gibt es hier eine Vielzahl von Instrumenten, mit denen internet-gestützte Wissenstests durchgeführt werden können. In der Regel enthalten auch Lernplattformen eigene Module für die Generierung von Tests, mit denen Wissen sehr gezielt abgefragt werden kann. Für ausgewählte Wissens- oder Tätigkeitsbereiche gibt es auch standardisierte Tests, bei deren Bestehen Zertifikate verliehen werden.

Die Evaluation der Anwendung des erworbenen Wissens in der Arbeitssituation kann durch eine Befragung der Lernenden, der Kollegen oder der Vorgesetzten erfolgen. Möglich sind Befragungen direkt nach Abschluss des Lernens oder später. Vorstellbar, wenn auch selten durchgeführt, sind auch Beobachtungen des Arbeitsverhaltens.

Berufliche Bildung wird zunehmend als eine Investition angesehen, die sich in einer Veränderung betrieblicher Kennzahlen oder in einem positiven Return on Investment niederschlagen soll. Evaluationen stützen sich damit auf Zahlen des Rechnungswesens. Nicht immer wird es möglich sein, Veränderungen betrieblicher Kennzahlen auf die Auswirkungen des Einsatzes von E-Learning zurückzuführen. Auch wird es nicht leicht sein, Bildungserträge zu quantifizieren.

Die Schwierigkeit, Veränderungen des Lernens, der Handlungsfähigkeit, der Effizienz oder des Return on Investments auf den Einsatz eines E-Learning-Programms zurückzuführen, treten auf jeder Evaluationsebene auf. Sie werden jedoch auf den höheren Evaluationsebenen gravierender, weil die Zahl der Einflussfaktoren zunimmt. In der betrieblichen Praxis wirken so viele Faktoren aufeinander ein, dass es methodisch nicht leicht ist, den Einfluss von E-Learning zu isolieren. Letztlich ist es jedoch erforderlich, Ursachen zu erkennen, denn nur dann können Veränderungen gezielt beeinflusst werden. Und möglichst genaue Informationen für bessere Entscheidungen sind ja das Ziel der Evaluation von E-Learning.

Dies alles erscheint mehr oder weniger selbstverständlich, wirft aber Probleme auf, wenn die Qualität von E-Learning konkret evaluiert werden soll. Unterschiedliche Ziele, Einflussfaktoren und Wirkungszusammenhänge sind zu berücksichtigen. Je mehr Erfahrungen und theoretische Erkenntnisse in die Evaluation eingehen, je detaillierter sie erfolgt, je ausgefeilter die eingesetzten Methoden sind, um so genauer werden die Ergebnisse sein. Der Aufwand für Evaluationen kann dann sehr hoch werden. Die Praxis aber wartet auf Entscheidungshilfen, die mit möglichst wenig Aufwand zu möglichst abgesicherten Ergebnissen führen.

Wartet sie vergeblich? Was kann sie von der Wissenschaft erwarten? Welche konkreten Instrumente stehen für die Evaluation von E-Learning zur Verfügung? Dies waren die Ausgangsfragen, die sich die Herausgeber dieses Buches stellten. Ihr Erfahrungshintergrund war die wissenschaftliche Begleitung und Betreuung eines vom Bundesministerium für Bildung und Wissenschaft geförderten Modellversuchs „Evaluationsnetz" (Schenkel, Fischer und Tergan, Kapitel 9 in diesem Buch). Erst nach und nach wurden bei diesen Arbeiten die konkreten Probleme der Evaluation von E-Learning deutlich.

Ein Workshop auf der LEARNTEC 2003 war ein gutes Forum, um Probleme der Qualitätsevaluation von E-Learning grundlegend zu diskutieren und konkrete Instrumente vorzustellen, die in der Praxis eingesetzt werden können. Damit war die Struktur des Buches vorgezeichnet. Die Herausgeber dieses Buches haben ausgewiesene Experten im Bereich der Qualitätsbeurteilung von E-Learning gebeten, in praxisnaher Weise ihre Auffassungen zu dieser Frage in einzelnen Beiträgen darzulegen sowie Online-Instrumente der Qualitätsbeurteilung zu beschreiben. Die erhaltenen Beiträge wurden in diesem Buch zusammengefasst. Im ersten Teil werden grundlegende Überlegungen, im zweiten Teil werden konkrete Evaluationsinstrumente vorgestellt. Die beschriebenen Ansätze und Instrumente beschränken sich dabei entsprechend dem zentralen Thema des Workshops von 2003 vorwiegend auf Fragen der Beurteilung der Qualität von E-Learning-Angeboten durch Experten. Eine intensivere Erörterung von Fragen der Evaluation der Wirkungen eines E-Learning-Angebotes im betrieblichen Handeln, auf betriebliche Kennzahlen und unter Berücksichtigung des Return on Investment bleiben einem weiteren Workshop vorbehalten.

1.3 Vorschau auf die Beiträge des Buches

Eine zentrale Frage der Qualitätsbeurteilung von E-Learning-Systemen betrifft die Bedingungen erfolgreichen Lernens. Die ersten Beiträge des Buches behandeln diese Frage aus unterschiedlichen Perspektiven.

Sigmar-Olaf Tergan geht in seinem Beitrag zum Thema „Was macht Lernen erfolgreich? Die Sicht der Wissenschaft" auf Ansätze ein, in denen wissenschaftliche Antworten auf die Frage nach den Bedingungen erfolgreichen Lernens gegeben und Konsequenzen aufgezeigt werden, die für eine Unterstützung des Lernens und die Sicherung von Lernerfolg erforderlich sind. Es wird zunächst an einem Modell die Bedeutung herausgestellt, die den Lernenden selber sowie der

Wechselwirkung individuellen Lernens mit Merkmalen technologiebasierter Lern-szenarien und unterschiedlichen Kontexten des Lernens zukommt. Ausgehend von Lerntheorien und Instruktionsdesign-Ansätzen wird anschließend auf grundlegende wissenschaftliche Erkenntnisse für erfolgreiches Lernen eingegangen, auf die Be-mühungen zur Gestaltung von Lernangeboten, insbesondere technologiegestützter Lernangebote, und zur Qualitätssicherung und -beurteilung gestützt werden können. Die Erkenntnisse werden in Form von wissenschaftlich begründeten Lernprinzipien dargestellt. Die Lernprinzipien spiegeln wider, dass erfolgreiches Lernen maßgeb-lich durch aktive, konstruktive und sozial eingebundene Lernprozesse bestimmt wird. Abschließend wird die Konzeption eines eigenen Ansatzes der Qualitäts-valuation durch Erfassung des Lernpotenzials von E-Learning-Anwendungen mit-tels Expertenbeurteilung (vgl. Tergan und Schenkel, Kapitel 13 in diesem Buch) vorgestellt. In diesem Ansatz finden die zuvor dargestellten Lernprinzipien ihren Niederschlag.

Ulf Ehlers beschreibt in seinem Beitrag „Erfolgsfaktoren für E-Learning: Die Sicht der Lernenden und mediendidaktische Konsequenzen" einen Ansatz, der ähn-lich wie bei Tergan (Kapitel 2 in diesem Buch) lernerorientiert ausgerichtet ist. Ausgehend von der Feststellung, dass die Berücksichtigung der Lernerbedürfnisse zentral für das Gelingen des E-Learning ist, es zu lernerbezogenen Qualitätsanfor-derungen aber noch keine ausreichend gesicherten Erkenntnisse gibt, wählt Ehlers den Weg einer ausführlichen Lernerbefragung. Das Ziel besteht darin zu ermitteln, von welchen Dimensionen und Faktoren die Qualität von E-Learning aus Lerner-sicht bestimmt wird. Ehlers gelangt aufgrund der Ergebnisse der durchgeführten Lernerbefragungen zu der Feststellung, dass Qualitätsmerkmale nicht für alle Ler-nenden gleichermaßen gelten und Anforderungen an Qualität von unterschiedlichen Faktoren wie bildungsbiographischen Erfahrungen, individuellen Lernkompetenzen sowie sozioökonomischen Faktoren abhängen. Auf der Grundlage der Vielfalt ein-zelner Qualitätsanforderungen werden zielgruppenspezifische Qualitätsprofile er-mittelt. Auf deren Verwendung für die Gestaltung von E-Learning-Arrangements sowie deren Integration in bestehende Systeme der Qualitätssicherung, Qualitäts-entwicklung und Qualitätsmanagement wird abschließend näher eingegangen.

Stefan Münzer stellt zu Beginn seines Beitrags zum Thema „Was macht ko-operatives E-Learning in der beruflichen Weiterbildung erfolgreich?" fest, dass das Internet zwar eine Fülle von Kommunikationsmöglichkeiten bietet und hierin das entscheidende Potenzial gegenüber der einsamen Durcharbeitung von Fernstudien-material oder dem Web Based Training liege. Eine sinnvolle Realisierung netzbasier-ten Lernens in Kleingruppen sei bislang jedoch selten anzutreffen. Die Hürde bestehe darin, dass für erfolgreiches Lernen eine ganze Reihe von Faktoren sorgfältig auf-einander abgestimmt werden müsse. Münzers Beitrag zielt auf eine Beschreibung der Bedingungen netzbasierter Interaktion und Kommunikation zwischen Weiter-bildungsteilnehmern in Online-Lernszenarien. Damit kooperative Lernprozesse zu erfolgreichem Lernen führen, bedürfe es einer sorgfältigen Qualitätsentwicklung für Instruktionsdesign, Technologie, Vorbereitung und Durchführung. Der vorliegende Beitrag beschreibt auf der Basis von empirischen Erfahrungen mit dem kooperati-ven netzbasierten Lernen in der beruflichen Weiterbildung, welche Einflussfaktoren eine maßgebliche Rolle spielen, wie kooperative Lernprozesse evaluiert und verbessert werden und wie Autoren und Tutoren selbst für die Qualitätssicherung sorgen können.

Ulrike Rockmann beschreibt in ihrem Beitrag „Qualitätskriterien für IT-basierte Lernmedien – nützlich oder unsinnig?" das Projekt QuIT-L. Das Projekt hat sich der Frage gewidmet, ob Kriterien definiert werden können, anhand derer potentiellen Nutzern eine allgemeine Orientierung gegeben werden kann, wie geeignet ein Produkt zum Lernen ist. Entwickelt wurde das gleichnamige Instrument QuIT-L, ein Kriterienkatalog, der zur Qualitätssicherung von E-Learning-Produkten eingesetzt werden kann. QuIT-L umfasst insgesamt 600 Kriterien, wobei sich 130 auf die Softwareergonomie gemäß ISO 9241 beziehen. Die übrigen Kriterien fokussieren neben lernpsychologischen, pädagogischen und didaktischen Aspekten die Nutzerinformation über die Produktleistungen, Datenspeicherung und -sicherheit, technische und lernpsychologische Aspekte. Der Leitgedanke bei der Formulierung der Kriterien war, nicht *den* einen lernpsychologischen, pädagogischen und didaktischen Ansatz als richtigen Ansatz festzuschreiben, sondern unterschiedlichen methodischen Vorgehensweisen in unterschiedlichen Kontexten Rechnung zu tragen. Berichtet wird über eine erste Evaluationsstudie, in der die Trennschärfe der Kriterien für unterschiedliche E-Learning-Produkte sowie die Handhabbarkeit des Kriterienkataloges untersucht wurden.

Lutz Goertz und Anja Johanning berichten in Ihrem Beitrag „Das Kunststück, alle unter einen Hut zu bringen – Zielkonflikte bei der Akzeptanz des E-Learning" über die Probleme von Evaluatoren, den Wünschen und Bedürfnissen unterschiedlicher Akteure gerecht zu werden, die am Entscheidungs- und Einführungsprozess von E-Learning in die betriebliche Weiterbildung beteiligt sind. Das Manko bestehender Akzeptanzmodelle sei, dass sie immer nur die Entscheidung des gesamten Unternehmens bzw. eines einzelnen Akteurs berücksichtigen. Der Entscheidungs- und Umsetzungsprozess sei jedoch viel komplexer, da immer mehrere Akteure daran beteiligt seien und dies zu Zielkonflikten führe, die sich nur schwer lösen ließen. Der Beitrag zielt daher darauf, den Blick auf die Akteure, die an der Einführung von E-Learning beteiligt sind, zu erweitern und die Perspektive auf die Bedürfnisse und Voraussetzungen von Entscheidern, Nutzern und Dozenten zu lenken. Im Blickpunkt des Beitrags stehen drei Hauptakteure, die bei der Planung und beim Einsatz von E-Learning in Organisationen eine zentrale Rolle einnehmen: die Entscheider (wie Personalverantwortliche, Vorgesetzte und Geschäftsführer), die Trainer (Dozenten) und die Mitarbeiter. Es werden zunächst der Akzeptanzbegriff und die Voraussetzungen und unterschiedlichen Bedürfnisse an das E-Learning näher erläutert sowie die Argumente pro und contra E-Learning aus Sicht der verschiedenen Akteure beleuchtet. Anschließend geben die Autoren einige Empfehlungen für praktische Maßnahmen, wie sich die Akzeptanz von E-Learning durch Kompromisse zwischen widersprüchlichen Bedürfnissen steigern lässt.

Jan Pawlowski befasst sich in dem Beitrag „Lerntechnologiestandards: Gegenwart und Zukunft" mit informationstechnischen Entwicklungen zur Schaffung von Standards wie Learning Object Metadata (LOM) oder dem Sharable Content Object Reference Model (SCORM), die Plattformunabhängigkeit gewährleisten und zur Interoperabilität von Lernsystemen beitragen können, deren Einsatz in der Praxis jedoch noch nicht obligatorisch geworden ist. In dem Beitrag werden Gestaltungsrichtlinien und Tipps gegeben, wie der reibungslose Einsatz ablaufen sollte. Pawlowski geht in diesem Zusammenhang auf das Problem der Beschreibung didaktischer Aspekte ein, die in den gängigen Ansätzen noch weitgehend ignoriert werden. Er zeigt auf, welche Standards verwendet werden könnten, um diesen Schwachpunkt zu beheben. Als derzeitige Schwäche sieht Pawlowski die fehlende Harmonisierung bestehender Modelle. Pawlowski verweist hier auf Initiativen innerhalb der DIN, die das Ziel haben, eine integrierte Spezifikation unter Einbeziehung aller vorgestellten Modelle zu leisten. Er äußert die Hoffnung, dass dieses integrierte Modell langfristig eine Weiterentwicklung der didaktischen Modellierungsstandards vorantreiben werde. Der Artikel schließt mit einem Ausblick auf die Zukunft der Lerntechnologiestandards. So sei zu erwarten, dass sich in den nächsten Jahren die Standards LOM, SCORM und IMS Learning Design in der Praxis durchsetzen werden. Dies habe nicht nur Auswirkungen auf die Gestaltung von E-Learning-Systemen, sondern auch auf deren Qualitätsbeurteilung sowie die Wettbewerbsfähigkeit entsprechender Anwendungen.

Welche webgestützten Instrumente erweisen sich als geeignet, um E-Learning-Anwendungen danach zu beurteilen, ob sie geeignet sind, den Bedingungen erfolgreichen Lernens gerecht zu werden? Diese Frage steht hinter den Beiträgen im zweiten Teil dieses Buches. Die Beiträge machen deutlich, dass die Qualität von E-Learning-Anwendungen unter ganz unterschiedlichen Gesichtspunkten beurteilt werden kann. Zur Qualitätsbeurteilung erweisen sich daher unterschiedliche Instrumente als erforderlich. Deutlich wird das Bemühen um die Bereitstellung solcher Instrumente, die den besonderen Bedingungen der Einsatzsituation gerecht zu werden vermögen.

Thomas Mayer, Christian Pfänder und Andrea Wellmann beschreiben in ihrem Beitrag „Ein webbasiertes Werkzeug für transferorientierte Evaluation" grundlegende Merkmale des Instruments CUE effect 4.5. Nach Meyer ermöglicht dieses Tool, E-Learning-Anwendungen mit überschaubarem Aufwand routine- und standardmäßig anspruchsvoll zu evaluieren. Mit dem Tool werden Instrumente und Auswertungsmöglichkeiten bereit gestellt, die eine Qualitätsevaluation von Lernangeboten auf unterschiedlichen Evaluationsebenen ermöglichen. Nutzer haben dabei die Möglichkeit, vorgegebene Instrumente zu verwenden, ihrem eigenen Evaluationsinteresse entsprechend anzupassen und auf unterschiedliche Darstellungsformen von Ergebnissen zurückzugreifen. CUE effect 4.5 wird damit wesentlichen Anforderungen an eine summative Evaluation von Lernangeboten nach erfolgtem Praxiseinsatz gerecht und kann Trainern und Verantwortlichen für Weiterbildungsmaßnahmen wichtige Hinweise auf die Qualität von E-Learning-Anwendungen geben.

Peter Schenkel, Arno Fischer und Sigmar-Olaf Tergan stellen das „Evaluationsnetz" vor, ein webbasiertes Informations- und Beratungsinstrument für E-Learning-Angebote. Ähnlich wie CUE effect 4.5 bietet auch das Evaluationsnetz Instrumente zur umfassenden Evaluation von E-Learning-Angeboten, die von Nutzern entsprechend den Zielen der Evaluation zugeschnitten werden können. Im Unterschied zu CUE effect 4.5 bietet das Evaluationsnetz zusätzliche Möglichkeiten der Qualitätsevaluation durch Bereitstellung zweier Online-Kriterienkataloge. Während einer der Kataloge im traditionellen Sinne vor allem Produktmerkmale und damit die Produktqualität fokussiert, wird zusätzlich ein weiteres Instrument angeboten. Das

Innovative an diesem Instrument besteht darin, dass hier eine Evaluation des Lern-
potenzials von E-Learning-Angeboten ermöglicht wird, die gezielt lern- und lernerorientiert erfolgt und mit nur wenigen (insgesamt 53) zentralen Kriterien auskommt.
Weitere Instrumente zur Unterstützung der Evaluation des Lernerfolgs durch einen
Testitem-Generator, zur Erfassung der Effizienz betrieblichen Handelns sowie der
Einsparung von Kosten im Sinne eines Return on Investment (ROI) sind für weitere
Ausbaustufen vorgesehen. Die Weiterentwicklung soll im Einklang mit den Anforderungen der Nutzer des Systems erfolgen. Hierzu sollen Erprobungspartner aus der
beruflichen Praxis eingebunden werden.

Franziska Zeitler und Dirk Ablass beschreiben in ihrem Beitrag „Praxisorientierte Qualitätsanalyse von Lernsoftware mit den webbasierten Tools Basic"Clear und
Exper"Clear" ein Online-Evaluationssystem auf der Basis webbasierter Fragebogen,
das bei der Qualitätsevaluation von E-Learning-Angeboten mit Hilfe eines differenzierten Fragebogens den konkreten Einsatz, die angestrebten Lernziele und die potentiellen Lerner mit ihren Voraussetzungen berücksichtigt. Das ExperTeam hat das
elektronisches Evaluierungstool für zwei Anwendungsfälle entwickelt: Basic"Clear
als Hilfe bei dem Kauf eines Lernprogramms, also vor dem Einsatz, und Basic"Clear
für die Beurteilung durch die Lerner nach Absolvierung eines E-Learning-Kurses.
Anders als Tergan und Schenkel, die in ihrem Instrument zur Erfassung des Lernpotenzials von wenigen grundlegenden jedoch allgemeingültigen Kriterien ausgehen,
bieten die webbasierten Tools Basic"Clear und Exper"Clear einen Kriterienpool von
mehr als 700 Items an. Der Fragenpool dient als Fragenbibliothek, durch die bestehende Kriterienkataloge verändert oder aber auch komplett neue Befragungen für
Evaluierungen erstellt werden können. Die Fragebogen können für die unterschiedlichsten Evaluierungsbedürfnisse und Funktionsbereiche zugeschnitten werden, so
dass nach Aussagen von Zeitler maßgeschneiderte Qualitätsanalysen von Lernsoftware durch Unternehmen und Bildungsträger selbst durchgeführt werden können.

Sue Martin und Susanne Benning stellen in ihrem Beitrag „Zertifizierung und
Assessment im Rahmen eines Blended-Learning-Konzepts", dass die Einführung
von E-Learning zu wesentlichen Änderungen in den Assessessmentformen geführt
hat. Da nicht alle Formen des E-Learning ausschließlich webbasiert, sondern auch
als Mischformen mit traditionellen Lernformen verwendet werden, betonen die Autorinnen die Notwendigkeit, dass sich Assessmentformen flexibel gestalten lassen
und sie sich optimal in einem Blended-Learning-Konzept integrieren lassen. Aus
der heutigen Sicht des Managers spielt die Kontrolle des Lernerfolgs und des
„Return on Education" im Rahmen eines effektiven Bildungscontrollings eine wesentliche Rolle. Die Autorinnen stellen fest, dass deshalb heutzutage die Planung,
und vor allem die klare Identifizierung der Ziele, bei der Einführung von Projekten der elektronischen Zertifizierung und Testing im Mittelpunkt stehen. Diese
klare Definierung der Ziele sei wichtig für den Erfolg des Projektes, egal ob dieses Projekt z.B. die Neueinführung eines Testingprogramms oder die Migration
von papierbasierten Tests zu einem elektronischen Prüfungssystem umfasse. Die
Bedürfnisse der Zielgruppen auf allen Ebenen müssten berücksichtigt sowie Strategien zur Erhöhung des Akzeptanzniveaus konzipiert und implementiert werden.
Bei einem bedarfsgerechten Einsatzplan würde die Vielfalt der Assessmentmöglichkeiten eine Integration von Assessment- und Zertifizierungstools in ein Blended-

Learning-Konzept erlauben, das den Wert des Bildungskonzeptes erheblich steigern würde.

Klaus Töpper streicht in seinem Beitrag „Qualitätsverbesserung von E-Learning durch vergleichende Tests" heraus, dass diese Tests zur Verbesserung der Angebotsqualität und der Qualitätssicherung beitragen und nicht selten zu konzeptionellen Änderungen eines Angebotes führen. Tests würden die Qualitätsdebatte erweitern und befruchten und die Interessen des Verbrauchers durch Förderung des Wettbewerbs stärken. Der Beitrag geht auf verschiedene Initiativen zur vergleichenden Testung näher ein. Berichtet wird über Befunde einer Studie der Stiftung Warentest zur beruflichen Weiterbildung und zum Thema E-Learning, in der private Nachfrager, Unternehmen mit hoher Beschäftigungszahl, Weiterbildungsträger und E-Learning-Entwickler zur Notwendigkeit, zu den Erwartungen und zu den Bedürfnissen von beruflicher Weiterbildung und Anforderungen an das E-Learning befragt wurden. Berichtet wird ferner über ein Projekt „Qualitätssicherung durch Tests" der Stiftung Warentest. Das Projekt hatte zum Ziel, für den Privatverbraucher Markttransparenz zu schaffen und Kriterien für eine vergleichende Beurteilung von Online-Kursen, d. h. des internetgestützten Lernens bzw. des Web Based Trainings, für den Privatverbraucher zu entwickeln.

Sigmar-Olaf Tergan und Peter Schenkel beschreiben in ihrem Beitrag „Ein Instrument zur Erfassung des Lernpotenzials von E-Learning-Angeboten" einen webbasierten Kriterienkatalog. Das Instrument wurde im Rahmen des Modellversuchs „*Eva*luationsnetz – Information, Erfahrungsaustausch und Prozessanleitung für die Qualitätsbewertung multimedialer Lernprogramme (EVA)" der FH Brandenburg entwickelt und ist passwortgeschützt Online verfügbar (vgl. http://www.evaluationsnetz.de). Es ist Bestandteil eines Ansatzes umfassender Qualitätssicherung. Es wurde auf der Grundlage wissenschaftlicher Erkenntnisse zur Qualitätsbeurteilung von E-Learning entwickelt. Grundlagen der Erfassung von Lernpotenzial sind Bedingungen erfolgreichen Lernens (vgl. Tergan, Kapitel 2 in diesem Buch). Das vorliegende Instrument ist eine erste Version. Eine Validierung und Weiterentwicklung des Instruments aufgrund von Praxiserfahrungen ist vorgesehen.

Marc Jelitto präsentiert eine „Linksammlung zum E-Learning" (vgl. Anhang). Die in der Sammlung gegebenen Hinweise auf Informationen im World Wide Web sind so ausgewählt, dass sie weitere Aspekte des E-Learning beleuchten. Die Linksammlung betrifft unterschiedliche Kategorien. In der Kategorie „Forscher/innen" werden Links zu Homepages einzelner (vor allem deutscher) Wissenschaftler angegeben, die sich schwerpunktmäßig mit E-Learning befassen und entsprechende Beiträge im Netz veröffentlicht haben. Die Kategorie „Linksammlungen" benennt Webseiten, die selber eine Sammlung von Links zu weltweit verfügbaren Webseiten bereitstellen. In der Kategorie „Newsletter" werden Links zu Institutionen benannt, die ihren Kunden regelmäßig Informationen zum Thema E-Learning zuschicken. Newsletter bieten unregelmäßig und „Weblogs" täglich neue Informationshäppchen und Denkanstöße. „Portale" können helfen, weitere Informationsquellen im Netz zu finden, auch im internationalen Bereich. Die Links in der Kategorie „Projekte" verschaffen Zugang zu Webseiten, die in der Regel bundesweite Initiativen und Modellversuche zum Thema E-Learning betreffen.

Aus Gründen der Lesbarkeit wurde in den Beiträgen des Buches auf eine geschlechtsneutrale Schreibweise verzichtet. Wenn von Tutoren, Mitarbeitern etc. die Rede ist, sind immer Tutoren und Tutorinnen, Mitarbeiter und Mitarbeiterinnen etc. gemeint.

Alle angegebenen URLs wurden zuletzt im November 2003 vollständig aufgerufen und auf Aktualität geprüft.

Literatur

Kirkpatrick, D.L. (1998): Evaluating training programs. The four levels. San Francisco: Berrett-Koehler 1998.

2 Was macht Lernen erfolgreich? Die Sicht der Wissenschaft

Sigmar-Olaf Tergan

Abstract

Die Beantwortung der Frage „Was macht Lernen erfolgreich?" ist ein zentrales Anliegen in Bildung und Forschung. Wissenschaftler versuchen jene Bedingungen aufzudecken und zu beschreiben, die Lernerfolg maßgeblich bestimmen. Ebenso wird versucht, auf der Grundlage von lerntheoretischen Annahmen und empirisch gewonnenen Erkenntnissen über lernwirksame Bedingungen, durch Maßnahmen der Instruktionsgestaltung effektive Lernprozesse in Gang zu bringen und zu unterstützen. Für die Qualitätsevaluation von E-Learning-Anwendungen sind diese Erkenntnisse von entscheidender Bedeutung. Sie dienen als Grundlage für die Präzisierung von Qualitätskriterien und die Entwicklung von Evaluationsinstrumenten. Im ersten Teil des Beitrags wird auf Theorien und wichtige Befunde der Forschung zum Lernen und Wissenserwerb mit neuen Informations- und Kommunikationsmedien aus einer kognitionspsychologischen Sicht näher eingegangen. Im zweiten Teil wird gezeigt, wie diese theoretischen und empirischen Grundlagen bei der Entwicklung eines Instruments zur Beurteilung des Lernpotenzials von E-Learning-Anwendungen im Rahmen des Evaluationssystems „Evaluationsnetz" (vgl. Schenkel, Fischer und Tergan, Kapitel 9 in diesem Buch) umgesetzt wurde.

2.1 Einleitung

Auf die Frage „Was macht Lernen erfolgreich?" hat es zu unterschiedlichen Zeiten, von unterschiedlichen Befragten und aus unterschiedlichen Fachrichtungen und Perspektiven viele unterschiedliche Antworten gegeben. So ergibt heute eine Eingabe genau dieser Frage in die Suchmaschine Google mehr als 167.000 Antworten, oder besser gesagt: Treffer, denn Antworten bieten die Treffer nur selten. Antworten auf die Frage „Was macht Lernen erfolgreich?" sind heute dringlicher als je zuvor. Denn Lernen ist durch Verwendung der neuen Informations- und Kommunikationstechnologien nicht in dem Maße erfolgreicher geworden wie sich dies manche vorgestellt haben. Zu dem erhofften Quantensprung beim Lernen und beim Lernerfolg ist es nicht gekommen. Letztlich waren viele Erwartungen an das E-Learning zu hochgesteckt und viele Annahmen aus wissenschaftlicher Sicht naiv und unrealistisch. Statt der erhofften Lernerleichterung und Förderung des Lernerfolgs haben sich neue

Probleme ergeben, mit denen vorher kaum jemand gerechnet hatte. Probleme wie z. B. das Sich-Verlieren im Informationsraum („Lost in Hyperspace"), die kognitive Überlastung von Lernenden durch die Vielfalt und Komplexität bereitstehender Informationen, Lernmöglichkeiten und technischen Mitteln („Cognitive load") sowie die vielfach noch fehlende Kompetenz, die neuen Medien effektiv für das Lernen zu nutzen, benennen dabei nur einen Teil des Gesamtproblems, dem sich Lernende, Anwender, Forscher und Didaktiker gleichermaßen gegenübersehen.

In diesem Beitrag wird auf Ansätze eingegangen, die versucht haben, wissenschaftliche Antworten auf die Frage nach den Bedingungen erfolgreichen Lernens zu geben und Konsequenzen aufzuzeigen, die für eine Unterstützung des Lernens und die Sicherung von Lernerfolg als bedeutsam erachtet wurden. Es werden eine Reihe jener grundlegenden wissenschaftlichen Erkenntnisse dargestellt, auf die wir heute unsere Bemühungen zur Gestaltung von Lernangeboten, insbesondere technologiegestützter Lernangebote, und deren Qualitätssicherung und -beurteilung stützen können. Vor dem Hintergrund des gegenwärtigen Erkenntnisstandes der Kognitionswissenschaft und darauf gründender neuerer Ansätze zum Instruktionsdesign sowie neuerer Ansätze sozialwissenschaftlicher Evaluation von Lernangeboten wird auf die Konzeption eines eigenen Ansatzes zur Sicherung und Erfassung des Lernpotenzials von E-Learning-Anwendungen eingegangen.

2.2 Auf der Suche nach Antworten

Eine wissenschaftliche Suche nach Antworten auf die Frage, was Lernen erfolgreich macht, betrifft die Erforschung der Bedingungen erfolgreichen Lernens und deren Zusammenwirken im Lernprozess im Rahmen empirischer Studien sowie die praktische Umsetzung der jeweiligen Erkenntnisse. Die praktische Umsetzung geschieht zum einen in Form von Instruktionsdesign-Modellen. Diese dienen als Präskriptionen für die Strukturierung und Durchführung von Unterricht mit dem Ziel, Lernabläufe zu kontrollieren und auf diese Weise Bedingungen für erfolgreiches Lernen sicherzustellen (Reigeluth 1999, Fricke 2000). Sie geschieht zum anderen bei der Qualitätsevaluation von Lernangeboten, indem auf der Grundlage der Erkenntnisse Kriterien und Standards für die Beurteilung entwickelt werden (vgl. Schenkel et al. 2000). Die den Modellen und Evaluationsansätzen zu Grunde liegende implizite Annahme ist dabei die, dass sich Lernerfolg dann einstellt, wenn ein aktuelles Lernangebot entsprechend den Präskriptionen eines Instruktionsdesign-Modells gestaltet wurde und es den Kriterien und Standards eines Evaluationsansatzes gerecht wird. Zimmer und Psaralidis kritisieren diesen Denkansatz als „Maschinenmodell der Wirkungsforschung" (Zimmer und Psaralidis 2000, S. 266). Sie kritisieren zu Recht, dass es keinen kausalen Zusammenhang zwischen objektiven Merkmalen eines Lernangebots und den Lernergebnissen geben kann (ebenda, S. 264).

Erfolgreiches Lernen und der Erwerb neuen Wissens passieren nicht zwangsläufig, wenn ein Lernangebot gut gestaltet wurde. Dies ist eine irrige Annahme, die dem Bild des Nürnberger Trichters zu Grunde liegt (vgl. z. B. http://www.der-trichter.de/warum_trichter.htm). Begriffe wie „Wissensvermittlung", „Wissensaustausch", „Wissenskommunikation" sind denn auch irreführend. So betonen z. B.

Mandl, Gruber und Renkl, dass „Wissen nicht einfach von einer Person auf die andere weiter gereicht werden kann" (Mandl et al. 2002, S. 140). Letztlich haben Lernende durch die Art ihres Vorgehens beim Lernen das absolute Veto darüber, ob und welche Informationen eines Lernangebots über Wahrnehmungsprozesse ihr Gehirn erreichen, dort entsprechend eigenen Intentionen (Lernzielen) bzw. entsprechend den Anforderungen einer Aufgabenstellung weiterverarbeitet, mit bestehenden Wissensstrukturen durch konstruktive kognitive Prozesse verknüpft und damit Bestandteil des individuellen Wissens werden. Die Aktivitäten der Lernenden selber und die den Aktivitäten zu Grunde liegende Motivation machen Lernen erfolgreich oder lassen Lernen misslingen. Informationsgestaltung, Medien und didaktische Methoden und deren Wechselwirkung sowie Rahmenbedingungen des Einsatzes eines Lernangebotes beeinflussen zwar das Lernen, sind jedoch nicht lernentscheidend („Media will never influence learning", Clark 1994; vgl. Kozma 1994). Medien sind für die Lernenden und das Lernen letztlich nur Träger des Lernangebots, das von ihnen passiv rezipiert oder aktiv und selbstgesteuert für Lernprozesse genutzt werden kann. Es ist Aufgabe der Didaktik und des Instruktionsdesigns, durch Mediengestaltung jene Bedingungen zu schaffen, die aktive und konstruktive kognitive Lernprozesse herbeiführen und unterstützen. Die „Passung" und das optimale Ineinandergreifen der in einem Lernszenario gegebenen Bedingungen ist dabei für Orientierung, Fokussierung, Förderung und Aufrechterhaltung jener kognitiven Prozesse entscheidend, die für den Erwerb von Wissen, Fertigkeiten und Kompetenzen zielführend sind. Hier greifen die Erkenntnisse empirischer Lernforschung über bedeutsame Lernbedingungen, die Entwicklung von Lerntheorien und die Versuche von Instruktionsdesignern, Präskriptionen in Form von Design-Modellen für die Gestaltung Lerner- und lerngerechter Lernangebote zu entwickeln, ineinander.

2.2.1 Lernrelevante Kontexte und Komponenten technologiebasierter Lernszenarien: ein Modell

Die Frage danach, was Lernen erfolgreich macht, bezieht sich auf die Lernaktivitäten (kognitive, psychomotorische) und Lernprozesse (kognitive, prozedurale) der Lernenden sowie die Komponenten und Kontexte von Lernszenarien, die dazu beitragen, entsprechende Aktivitäten und Prozesse auszulösen, zu unterstützen und zu fördern. Lernszenarien betreffen die durch das Instruktionsdesign in Szene gesetzten Komponenten, Kontexte und Rahmenbedingungen, unter denen die Nutzung des Lernangebots vorgesehen ist (Reigeluth 1999). Eine konkrete Lernsituation betrifft dabei die spezielle Situation des Lernens, u. a. die spezifische Anwendungssituation eines Lernangebots (z. B. Lernen am Arbeitsplatz), die aktuell gegebenen Bedingungen auf Seiten der Lernenden (z. B. Ausbildungsgrad, Medienkompetenz, Bekanntheit der Lernenden untereinander, Lernklima, Verteiltheit von Wissen, kognitive Beanspruchung; Sweller 1994), den Lerninhalt (z. B. Inhaltsbereich, Anspruchsniveau), die verwendete Technologie (z. B. Multimedia, WWW-Technologie) und die eingesetzten didaktischen Methoden (z. B. „cognitive apprenticeship", Collins et al. 1989; Gruppenpuzzle beim kollaborativen Lernen, Bett et al. 2002) sowie die besonderen Bedingungen der gegebenen Anforderungssituation (z. B. Aufgabenstellung, Lernziel, Lernzeit).

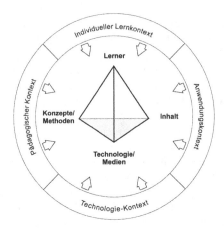

Abb. 2.1 Lernrelevante Kontexte und Komponenten technologiebasierter Lernszenarien (vgl. Tergan i. Dr.)

Mit welchen Problemen es die Forschung zu tun hat, um Bedingungen erfolgreichen Lernens zu ermitteln, mit welchen Problemen es Instruktionsdesigner zu tun haben, wenn sie Präskriptionen für erfolgreiches Lernen in Form von Design-Modellen entwickeln und welcher Aufgabe sich die Qualitätsevaluation von E-Learning gegenübersieht, wenn sie Aussagen über die Qualität eines Lernangebots für den Wissenserwerb machen soll, verdeutlicht ein Modell (Abbildung 2.1). In dem Modell werden die lernrelevanten Komponenten, Kontexte und Rahmenbedingungen technologiebasierter Lernszenarien in ihrem Wirkungszusammenhang dargestellt (vgl. u. a. Tergan et al. 1992, Tergan 1998).

Lernkontexte stellen Rahmenbedingen für das Lernen dar, die sich förderlich oder hinderlich auf das Lernen auswirken können. In dem oben abgebildeten Modell werden vier Kontexte unterschieden, die ein Lernszenario kennzeichnen:

1. Individueller Lernkontext
2. Anwendungskontext
3. Pädagogischer Kontext
4. Technologie-Kontext

Die entsprechenden Kontexte spielen eine bedeutsame Rolle für das Wirksamwerden spezieller Merkmale und Bedingungen auf Seiten der für Lernszenarien typischen Komponenten: den Lernenden, dem Inhalt, der Technologie und den didaktischen Methoden.

(1) Individueller Lernkontext. Der individuelle Lernkontext meint hier die allgemeinen persönlichen Rahmenbedingungen, die den Hintergrund darstellen, vor dem Lernen stattfindet, und die das Lernen indirekt beeinflussen können. Hierzu zählen:

- Bildungsabschluss
- Berufserfahrung

- Lernerfahrungen mit vergleichbaren Inhalten, Medien, Methoden, Anforderungssituationen (Sachkompetenz, visuelle Kompetenz, Lernkompetenz, Medienkompetenz, soziale Kompetenz, Kommunikationskompetenz, Teamfähigkeit)
- Zeitbudget
- Finanzielle Ressourcen (z. B. Online-Kosten)
- Sozialer Kontext (Unterstützung durch Familie, Kollegen, Mitschüler)
- Lernort
- Zugangsmöglichkeit zu erforderlichen Technologien
- Zugriffsmöglichkeiten auf Medien und Lernressourcen
- Berufliche Anforderungen (freiwillige Weiterbildung vs. verordnete Teilnahme)

Komponente: Lerner. Lernrelevante Merkmale auf Seiten der Lernenden sind:

- Persönlichkeitsmerkmale (z. B. Visualisierer – Verbalisierer, räumliche Vorstellungsfähigkeit, Lernstrategie-Typ (Cress und Friedrich 2000), Glauben an Lernwirksamkeit (Jacobson und Spiro 1994))
- Kognitive Merkmale (z. B. Vorwissen, Lernstrategien, visuelle Kompetenz, Medienkompetenz)
- Merkmale individueller Emotion (z. B. intrinsische – extrinsische Motivation am Lerninhalt; positive – negative Akzeptanz des Lernangebots und seiner Komponenten)
- Merkmale individueller Interessen (z. B. Richtung der intrinsischen Motivation: lernzielgerichtet, spaßgerichtet; allgemeines Interesse an Fort- und Weiterbildung; gezielte Prüfungsvorbereitung)
- Soziale Merkmale (Teamfähigkeit, Kommunikationsfähigkeit und -bereitschaft, Struktur geteilten/verteilten Wissens in einer Lerngruppe, Bekanntheitsgrad der Mitglieder einer Lerngruppe).

Ein Lerngegenstand bzw. Inhalt ist dann geeignet, zur Lernförderung und zum Lernerfolg beizutragen, wenn er den Zielen des Lernangebots und den Voraussetzungen auf Seiten der Lernenden entspricht, durch die Technik und die verwendeten Medien angemessen dargestellt und interaktiv zugänglich ist und seine aktive kognitive Verarbeitung durch die realisierten didaktischen Methoden unterstützt und gefördert wird.

Lernerfolg kann nur dann erwartet werden, wenn die Voraussetzungen auf Seiten der Lernenden den Anforderungen des Lernangebots angemessen sind, d. h. wenn sie den Anforderungen des Lerngegenstandes/Inhalts, den Anforderungen der medialen Darbietung des Lerngegenstandes/Inhalts und des medienbasierten Lernens sowie den Anforderungen der jeweils realisierten didaktischen Konzeption entsprechen.

(2) Anwendungskontext. Der Anwendungskontext entspricht der Praxis der Wissensanwendung. Diese ist zum einen gekennzeichnet durch Ort und Situation der Wissensanwendung (z. B. Arbeitsplatz, Studium, tägliches Leben). Sie ist zum anderen gekennzeichnet durch allgemeine kognitive, emotionale und soziale Anforderungen bei der Bewältigung praktischer Aufgabenstellungen. Für das Design eines Lernangebots ist daher eine Analyse der allgemeinen Anforderungen erforderlich. Eine kognitive Analyse der Anforderungen betrifft die Art des Wissens, d. h. die kognitiven und psychomotorischen Fertigkeiten sowie ggf. soziale Kompetenzen, die zur erfolgreichen Bewältigung typischer Aufgabenstellungen in der Realität erforderlich sind. Die Analyse der kognitiven Anforderungen dient dazu, um für die Präzisierung des Lerngegenstandes gezielt authentische Aufgaben- und Problemstellungen auszuwählen und solche Inhalte zu selektieren bzw. zu entwickeln, die in einem Lernangebot die Anforderungen des Anwendungskontexts widerspiegeln.

Komponente: Lerngegenstand/Inhalt. Merkmale des Lerngegenstandes betreffen vor allem folgende Aspekte:

- Authentizität: Authentizität bezieht sich auf das Ausmaß, in dem die Inhalte eines Lernangebots den Aufgabenstellungen in der Anwendungspraxis gerecht werden (Realitätsnähe, Komplexität)
- Sachliche Korrektheit
- Art der Inhalte (abstrakter vorbereiteter Text, Beispiele, Problemstellungen, Informationen, Links zu Wissensquellen)
- Kodierungsform (z. B. Text, Abbildung, Animation, Simulation)
- Angesprochener Wahrnehmungssinn (Sinnesmodalität: z. B. visuell, audiovisuell)
- Kognitive Anforderungen: Kognitive Anforderungen beziehen sich auf die Ziele des Lernens. Sie betreffen das Wissen (Sachwissen, kognitive und psychomotorische Fertigkeiten), das zum Verständnis von Problemstellungen und die kognitiven Fertigkeiten, die zur Bewältigung praktischer Aufgabenstellungen erforderlich ist. Die Inhalte von Lernangeboten sollten den Erwerb dieses Wissens ermöglichen.

Ein Lerngegenstand/Inhalt ist dann geeignet, zur Lernförderung und zum Lernerfolg beizutragen, wenn er den Zielen des Lernangebots und den Voraussetzungen auf Seiten der Lernenden entspricht, durch die Technik und die verwendeten Medien angemessen dargestellt und interaktiv zugänglich ist und seine aktive kognitive Verarbeitung durch die realisierten didaktischen Methoden unterstützt und gefördert wird.

(3) Pädagogischer Kontext. Der pädagogische Kontext bezieht sich auf die für die Entwicklung eines Lernangebots handlungsleitenden pädagogisch-psychologischen Theorien der Lernförderung (z. B. konstruktivistische Theorieansätze) sowie im engeren Sinne auf das spezifische Instruktionsdesign-Modell, das der Gestaltung eines Lernangebots zu Grunde liegt (z. B. problemorientierter Unterricht, „cognitive apprenticeship", „anchored instruction"; vgl. Reinmann-Rothmeier und Mandl 1998).

Komponente: Didaktische Methoden. Didaktische Methoden betreffen die konkreten Maßnahmen, die zur Implementation eines Instruktionsdesign-Modells bzw. zur Umsetzung einzelner didaktischer Ansätze für die Gestaltung eines Lernangebots verwendet werden. Dies sind die folgenden:

- Methoden der Aufbereitung, Organisation und Sequenzierung von Lerninhalten
- Methoden der Mediendidaktik (Medienwahl, Mediendesign)

- Maßnahmen zur Lernunterstützung und -förderung (Individualisierung und Adaptierung, implizite und explizite Hilfen, Fehler-Feedback).

Didaktische Methoden sind dann geeignet, zur Lernförderung und zum Lernerfolg beizutragen, wenn sie den Voraussetzungen auf Seiten der Lernenden gerecht werden, zu einer aktiven kognitiven und konstruktiven Verarbeitung von Informationen anregen und sie den Zielen des Lernens, den Anforderungen des Gegenstandsbereichs und den speziellen Anforderungen der eingesetzten Technologien und medialen Darstellungsformen entsprechen.

(4) Technologie-Kontext. Der Kontext der in einem Lernangebot verwendeten Informationstechnologie bezieht sich zum einen auf den aktuellen Stand der Informations- und Kommunikationstechnologie, zum anderen auf die technischen Rahmenbedingungen, die die Verwendung bestimmter Technologien und Medien in einem bestimmten Lernangebot ermöglichen bzw. behindern. Die Initiative „Schulen ans Netz" des Bundesministeriums für Bildung und Forschung und der Deutschen Telekom AG war beispielsweise dazu bestimmt, die technischen Rahmenbedingungen zu schaffen, die für Online-Lernangebote erforderlich waren. Weitere technische Rahmenbedingen eines E-Learning-Angebotes sind die Ausstattung von Lernplätzen mit entsprechender Hard- und Software, um Online-Angebote realisieren zu können.

Komponente: Technologie/Medien. Spezielle Merkmale der in einem Lernangebot verwendeten Technologie und Medien betreffen:

- Merkmale der medialen Darstellung von Inhalten (Plattformen eignen sich z. B. in unterschiedlichem Maße zur Einbindung multimedialer Inhalte)
- Merkmale der Lerner-System-Interaktion (z. B. Möglichkeit zur Nutzung von Hyperlinks, Backtracking, Lesezeichen, E-Mail, Chat)
- Merkmale der medialen Umsetzung didaktischer Methoden (E-Learning-Plattformen sind z. B. zur Realisierung explorativer Lernmethoden unterschiedlich gut geeignet; vgl. Bett und Wedekind 2003).

Technologie und Medien sind dann geeignet, zur Lernförderung und zum Lernerfolg beizutragen, wenn sie den Voraussetzungen auf Seiten der Lernenden entsprechen, die Lernenden bei der aktiven und konstruktiven Verarbeitung von Informationen bei der Bewältigung von Aufgabenstellungen unterstützen und den Anforderungen des Gegenstandsbereichs gerecht werden (z. B. eignet sich die Hypertext-Technologie aufgrund der nicht-linearen Form der Informationsspeicherung besonders für komplexe und vernetzte Sachverhalte). Sie sind ferner dann geeignet, wenn auf ihrer Grundlage und mit ihrer Hilfe die für die Lernunterstützung erforderlichen didaktischen Methoden implementiert werden können (vgl. u. a. Tergan 2002).

Das Gefüge von Rahmenbedingungen und den spezifischen Bedingungen auf Seiten der Komponenten bewirkt den Erfolg beim Lernen. Es ist Aufgabe der an der Entwicklung und Durchführung von Lernangeboten beteiligten Personen, lernunterstützende Bedingungen zu schaffen. Es ist die Aufgabe der Lernenden, Bedingungen zur Unterstützung des eigenen Lernens aufzugreifen und wirksam werden zu lassen. Lernende haben ein absolutes Veto über das, was letztlich das eigene Lernen

kognitiven und psychomotorischen Fertigkeiten sowie ggf. soziale Kompetenzen, die zur erfolgreichen Bewältigung typischer Aufgabenstellungen in der Realität erforderlich sind. Die Analyse der kognitiven Anforderungen dient dazu, um für die Präzisierung des Lerngegenstandes gezielt authentische Aufgaben- und Problemstellungen auszuwählen und solche Inhalte zu selektieren bzw. zu entwickeln, die in einem Lernangebot die Anforderungen des Anwendungskontexts widerspiegeln.

Komponente: Lerngegenstand/Inhalt. Merkmale des Lerngegenstandes betreffen vor allem folgende Aspekte:

- Authentizität: Authentizität bezieht sich auf das Ausmaß, in dem die Inhalte eines Lernangebots den Aufgabenstellungen in der Anwendungspraxis gerecht werden (Realitätsnähe, Komplexität)
- Sachliche Korrektheit
- Art der Inhalte (abstrakter vorbereiteter Text, Beispiele, Problemstellungen, Informationen, Links zu Wissensquellen)
- Kodierungsform (z. B. Text, Abbildung, Animation, Simulation)
- Angesprochener Wahrnehmungssinn (Sinnesmodalität: z. B. visuell, audiovisuell)
- Kognitive Anforderungen: Kognitive Anforderungen beziehen sich auf die Ziele des Lernens. Sie betreffen das Wissen (Sachwissen, kognitive und psychomotorische Fertigkeiten), das zum Verständnis von Problemstellungen und die kognitiven Fertigkeiten, die zur Bewältigung praktischer Aufgabenstellungen erforderlich ist. Die Inhalte von Lernangeboten sollten den Erwerb dieses Wissens ermöglichen.

Ein Lerngegenstand/Inhalt ist dann geeignet, zur Lernförderung und zum Lernerfolg beizutragen, wenn er den Zielen des Lernangebots und den Voraussetzungen auf Seiten der Lernenden entspricht, durch die Technik und die verwendeten Medien angemessen dargestellt und interaktiv zugänglich ist und seine aktive kognitive Verarbeitung durch die realisierten didaktischen Methoden unterstützt und gefördert wird.

(3) Pädagogischer Kontext. Der pädagogische Kontext bezieht sich auf die für die Entwicklung eines Lernangebots handlungsleitenden pädagogisch-psychologischen Theorien der Lernförderung (z. B. konstruktivistische Theorieansätze) sowie im engeren Sinne auf das spezifische Instruktionsdesign-Modell, das der Gestaltung eines Lernangebots zu Grunde liegt (z. B. problemorientierter Unterricht, „cognitive apprenticeship", „anchored instruction"; vgl. Reinmann-Rothmeier und Mandl 1998).

Komponente: Didaktische Methoden. Didaktische Methoden betreffen die konkreten Maßnahmen, die zur Implementation eines Instruktionsdesign-Modells bzw. zur Umsetzung einzelner didaktischer Ansätze für die Gestaltung eines Lernangebots verwendet werden. Dies sind die folgenden:

- Methoden der Aufbereitung, Organisation und Sequenzierung von Lerninhalten
- Methoden der Mediendidaktik (Medienwahl, Mediendesign)

(Mandl et al. 1992; Tergan et al. 1992). Alternative Ansätze sind didaktische Simulationen. Diese gründen auf dem Prinzip des entdeckenden Lernens. Man versteht darunter ein vorwiegend angeleitetes Entdecken von Inhalten, Regeln, Prinzipien, die im vorgegebenen Lernstoff selber enthalten sind und – mit mehr oder weniger didaktischer Unterstützung – von den Lernenden selbstständig entdeckt bzw. erschlossen werden müssen (Mandl et al. 1994).

Am kognitiven Paradigma des Lernens und des Instruktionsdesigns wird kritisiert, dass das Paradigma mit der Vorgabe von Lernstoff und der strengen Lernzielorientierung zu stark an der traditionellen schulischen Lernsituation orientiert sei. Der Lernstoff sei vorwiegend abstrakt und orientiere sich nicht an praktischen Anwendungssituationen. Instruktionsgestaltung ziele auf eine optimale Unterstützung der kognitiven Verarbeitung bereits vorstrukturierter Information. Selbststeuerung des Lernens stehe nicht im Vordergrund entsprechender didaktischer Ansätze. So erworbenes Wissen bleibe vielfach implizit. Es könne zwar im schulischen Kontext erinnert und reproduziert werden, der Wissenstransfer in praktischen Anwendungssituationen scheitere jedoch häufig, wenn während des Lernens kein Bezug des Wissens zu entsprechenden Praxissituationen und -kontexten hergestellt werde (Renkl 1994). Kritisiert wird auch, dass es sich beim Lernstoff in der Regel um einen eng umgrenzten, stark strukturierten und didaktisch gestalteten Lernstoff handele. Dies werde der Realität nicht gerecht. Lerngegenstände in der Realität seien häufig eher offen, schlecht strukturiert und müssen durch die Lernenden selbstständig erschlossen werden (Spiro et al. 1988).

Konstruktivistisches Lern- und Instruktionsparadigma. Das konstruktivistische Lernparadigma zielt auf den Erwerb komplexen Sachwissens sowie den Erwerb kognitiver Kompetenz bei der Bewältigung komplexer kognitiver Aufgabenstellungen. Es gründet auf der Annahme, dass Lernen dann erfolgreich sei, wenn Lernende neues Wissen selbstständig konstruieren (Wissenserwerb als aktiver konstruktiver Prozess). Für einen erfolgreichen Erwerb von Wissen, das in praktischen Situationen tatsächlich auch angewendet werden könne, sei es erforderlich, dass Lernen in praxisnahen Kontexten, d.h. authentischen Situationen mit problemorientierten Aufgabenstellungen erfolge und dadurch bereits beim Lernen eine kognitive Anbindung an entsprechende Praxissituationen und -kontexte hergestellt werde (Collins et al. 1989; Gerstenmaier und Mandl 1994; Jonassen 1999).

Typisch für konstruktivistisch orientierte Instruktionsdesign-Ansätze ist die Unterstützung selbstständiger, aktiver und konstruktiver Lernaktivitäten und Lernprozesse (Reinmann-Rothmeier und Mandl 1998):

- Es werden vielfältige Informationen und Informationsquellen (Ressourcen) bereitgestellt bzw. der Zugriff auf sie ermöglicht und erleichtert. Lernen erfolgt in authentischen (d.h. praxisähnlichen) Anforderungssituationen.
- Lernen erfolgt vorwiegend selbstgesteuert und möglichst im sozialen Kontext von Lerngruppen (d.h. situiert).
- Lernende konstruieren selber – allein oder in Gruppen – praktisch anwendbares Wissen, indem sie auch Informations- und Kommunikationstechniken sowie kognitive Werkzeuge (cognitive tools) verwenden.

Konstruktivistisch orientierte Instruktionsdesign-Ansätze sind u. a.: „Cognitive apprenticeship"-Ansatz (Collins et al. 1989), „Anchored instruction" (Bransford et al. 1990), Problemorientiertes Lernen (problem-based learning) (Schank et al. 1994), Situiertes Lernen (Law 1994), spezielle konstruktivistische Ansätze (Meyer 1999, Jonassen 1999).

2.2.3 Was macht Lernen erfolgreich: Antworten in Ansätzen der Qualitätsbeurteilung mittels Kriterienkatalog

Ansätze der Qualitätsevaluation von Lernangeboten sind ein Spiegelbild der jeweils vorherrschenden Instruktionsdesign-Ansätze und der diesen Ansätzen zu Grunde liegenden theoretischen Annahmen über das Lernen und die das Lernen fördernden Bedingungen. Dies gilt insbesondere für die Qualitätsbeurteilung von Lernangeboten durch Expertenbeurteilung unter Verwendung von Kriterienkatalogen (checklists). Ausführliche Übersichten zur Qualitätsevaluation mittels Kriterienkatalogen finden sich bei Meier (1995), Gräber (1996), Schenkel et al. (2000).

Traditionelle Kriterienkataloge sind vorwiegend am kognitivistischen Lern- und Instruktionsparadigma orientiert. Es werden jedoch zunehmend Instrumente der Qualitätsbeurteilung entwickelt, die an konstruktivistischen Lern- und Instruktionsparadigmen orientiert sind (vgl. Elissavet und Economides 2003, Tergan i. Dr., Tergan et al. i. Dr.). Kritisch zur Angemessenheit traditioneller Kriterienkataloge für die Qualitätsbeurteilung äußern sich Fricke (1997) und Tergan (2001). Insbesondere wird kritisiert, dass vielfach einzelne Merkmale von Lernangeboten als Bedingungen erfolgreichen Lernens herausgestellt werden. Nicht bedacht wird dabei, dass es auf die richtige „Passung" von Bedingungen des Lernangebots und der Lernvoraussetzungen und Lernaktivitäten der Lernenden ankommt, d. h. auf deren Wechselwirkungen im Lernprozess. Derartige Wechselwirkungen sind erst ansatzweise erforscht.

Aufgrund der Komplexität der Bedingungen und deren Wechselwirkungen im Lernprozess können für die Praxis der Entwicklung und Evaluation von Lernangeboten nur schwer Empfehlungen gegeben werden. Es wird daher in jüngster Zeit versucht, auf Seiten der Lernenden zentrale Prinzipien erfolgreichen Lernens und die für den Lernerfolg entscheidenden situativen Bedingungen herauszustellen. Entsprechende Erkenntnisse werden genutzt, um für das Instruktionsdesign Hinweise zu deren Umsetzung in Lernangeboten zu geben und für die Qualitätsevaluation Kriterien und Standards der Qualitätsbeurteilung zu entwickeln und methodisch umzusetzen. Zwei Wissenschaftler, die sich seit jeher mit Fragen der Lernförderung befassen, haben in jüngster Zeit versucht, die Frage, was Lernen wirklich erfolgreich macht, zu beantworten und Beurteilungsinstrumente zur Qualitätsevaluation entwickelt: David Merrill und Roger Schank. Merrill (2003) hat versucht, jene allgemeinen Design-Prinzipien zu bestimmen, die geeignet sind, erfolgreiches Lernen zu gewährleisten. Er nennt sein Evaluationsinstrument „5 Star Instructional Design Rating". Es ist im Internet verfügbar (http://www.id2.usu.edu/5Star/Index.htm). Seine Grundannahme ist: Das Lernen mit einem gegebenen Lernangebot wird in dem Maße gefördert, wie die „First Principles of Instruction" verwirklicht wurden. Bei der Bestimmung der Prinzipien stützte sich Merrill auf eine Analyse bestehender erfolgreicher Instruktionsdesign-Theorien und -Modelle und erfolgreiche Praxisbeispiele (vgl. Reigeluth 1999). Roger Schank (2002) fasst in seinem Buch „Designing world-class e-learning" seine Erkenntnisse zur Frage nach den Bedingungen erfolgreichen Lernens in sieben zentrale Lernprinzipien zusammen, die jedes Lernangebot unterstützen sollten.

Tergan (i. Dr.) hat versucht, Prinzipien erfolgreichen Lernens zusammenzustellen. Entsprechend dem derzeitigen wissenschaftlichen Erkenntnisstand kann festgestellt werden: Erfolgreiches Lernen und der Erwerb praktisch anwendbaren Wissens werden gefördert, wenn bestimmte zentrale Lernprinzipien umgesetzt und optimale Lernbedingungen gegeben sind. Dies ist der Fall, wenn

- Lernende bestehendes Wissen aktivieren und als Basis für den Erwerb neuen Wissens verwenden,
- Lern- und Denkprozesse (möglichst) selbstgesteuert im Rahmen der Bewältigung kognitiver Anforderungssituationen (Aufgabenstellung/Problemlösung) erfolgen,
- Wissen aus multiplen Perspektiven/in multiplen Kontexten erworben wird,
- bei der Bewältigung von kognitiven Anforderungssituationen kognitive Prozesse des (selbstständigen) Erforschens des Lerngegenstandes beteiligt sind,
- erfolgreiches Denken/Handeln/Problemlösen beobachtet, reflektiert und Erkenntnisse konstruktiv in Wissen umgesetzt werden,
- neues Wissen in eine bereits bestehende Wissensstruktur zur Bewältigung persönlich relevanter Anforderungssituationen integriert wird,
- Denken und Wissen verbalisiert bzw. visualisiert und damit implizites Wissen explizit gemacht wird und Grundlage einer weiteren kognitiven Verarbeitung ist,
- neues Wissen in der Praxis aktiv angewendet und gefestigt wird,
- kognitive Überlastung z. B. durch Zeit- und Wissensmanagement vermieden wird,
- Lernen emotional engagiert und mit hoher intrinsischer Motivation erfolgt,
- Lernen im Kontext aktiven Handelns (Lernen durch Tun) in Verbindung mit konstruktivem Denken erfolgt,
- Lernende sich mit der Lösung authentischer (möglichst persönlich bedeutsamer) Probleme befassen,
- der Wissenserwerb im Kontext sozialer Situationen erfolgt (z. B. kooperative Problemlösung),
- Lernenden das zu erwerbende Wissen, das erfolgreichem Denken/Handeln/Problemlösen zu Grunde liegt, an praktischen Beispielen demonstriert wird,
- Fehler gemacht werden dürfen und aus Fehlern gelernt werden kann (Übungsmöglichkeiten),
- Lernende bedarfsgerechte Hilfe und persönliche Unterstützung, z. B. durch Tutoren, Mentoren, Experten und Peers anfordern können.

Es ist Aufgabe von Instruktionsdesignern, entsprechende Prinzipien in konkreten Lernangeboten umzusetzen, und es ist Aufgabe der Qualitätssicherung, entsprechende Prinzipien zum Maßstab der Evaluation zu machen. Tergan et al. (i. Dr.) haben versucht, entsprechende Prinzipien im Online-Evaluationssystem „Evaluationsnetz" (www.evaluationsnetz.de) in einem innovativen Instrument zur Evaluation des Lernpotenzials von E-Learning-Angeboten umzusetzen.

2.3 Fazit

Auf die Frage „Was macht Lernen erfolgreich?" hat es bereits viele Antworten gegeben. Viele Antworten haben sich inzwischen als unzureichend erwiesen, weil wesentliche Bedingungen erfolgreichen Lernens unberücksichtigt geblieben sind. Aus der Sicht der Wissenschaft werden Bedingungen erfolgreichen Lernens beim Lernen mit E-Learning-Angeboten in einer Wechselwirkung von Merkmalen der Lernangebote und den tatsächlichen Lernaktivitäten der Lernenden gesehen. Lernaktivitäten können durch das Lernangebot erfolgreich angestoßen, aufrechterhalten und unterstützt werden. Dabei hat sich gezeigt, dass die potenzielle Wirksamkeit der Bedingungen auf Seiten von Lernangeboten wesentlich von kontextuellen Rahmenbedingungen mitbestimmt wird. Die zentrale Bedeutung von Rahmenbedingungen, die Lernpotenziale eines Lernangebots unterdrücken oder zum Tragen bringen können, werden erst in jüngster Zeit berücksichtigt (Pawson und Tilley 1997, Haubrich i. Dr., Tergan i. Dr.). Ob Lernende lerneffektiv und damit erfolgreich lernen, hängt danach von auslösenden Mechanismen ab wie beispielsweise

* von Anforderungen der antizipierten Anwendungssituation (z. B. Prüfung, Karriere, aktuelle praktische Problembewältigung),
* vom Lernumfeld (wenn alle Kollegen sich weiterbilden und man sich über das Lernangebot austauschen kann, besteht ein lernfördernder Kontext. Dieser entscheidet vielfach, ob erfolgreich gelernt wird, und nicht die didaktische Qualität eines Lernangebots).

Lernangebote stellen danach nur eine hinreichende Bedingung für erfolgreiches Lernen dar. Sie sind das, was sie sind, nämlich Angebote fürs Lernen. Welche Aspekte des Angebots von Lernenden aufgegriffen werden, hängt von den Lernenden selber ab.

Literatur

Bett, K. und Wedekind, J. (Hrsg.) (2003): Lernplattformen in der Praxis. Medien in der Wissenschaft Band 20. Münster: Waxmann 2003.

Bett, K., Rinn, U., Friedrich, H.F., Hron, A., Mayer-Picard, E. (2002): Das Gruppenpuzzle als kooperative Lernmethode in virtuellen Seminaren – ein Erfahrungsbericht. In: Bachmann, G., Haefeli, O., Kindt, M. (Hrsg.): Campus 2002: Die virtuelle Hochschule in der Konsolidierungsphase. Münster: Waxmann 2002, S. 337–365.

Bransford, J.D., Sherwood, R.D., Hasselbring, T.S., Kinzer, C.K., Williams, S.M. (1990): Anchored instruction: Why we need it and how technology can help. In: Nix, D. and Spiro, R. (eds.): Cognition, education, and multimedia: Exploring ideas in high technology. Hillsdale, NJ: Lawrence Erlbaum 1990, pp. 115–141.

Clark, R. (1994): Media will never influence learning. In: Educational Technology Research and Development, 42(2), 1994, pp. 21–29.

Collins, A., Brown, J.S., Newman, S.E. (1989): Cognitive apprenticeship: Teaching the crafts of reading, writing, and mathematics. In: Resnick, L.B. (ed.): Knowing, learning, and instruction. Essays in honor of Robert Glaser. Hillsdale, NJ: Lawrence Erlbaum 1989, pp. 453–494.

Cress, U. und Friedrich, H.F. (2000): Selbst gesteuertes Lernen Erwachsener: Eine Lernertypologie auf der Basis von Lernstrategien, Lernmotivation und Selbstkonzept. In: Zeitschrift für Pädagogische Psychologie 14, 2000, S. 193–204.

Elissavet, G. and Economides, A.A. (2003): An Evaluation Instrument for Hypermedia Courseware. In: Educational Technology & Society, 6(2), 2003, pp. 31–44. Online verfügbar unter: http://ifets.ieee.org/periodical/6-2/4.html (Oktober 2003).

Fricke, R. (1997): Evaluation von Multimedia. In: Issing, L.J. und Klimsa, P. (Hrsg.): Information und Lernen mit Multimedia. Weinheim: Psychologie Verlags Union 1997, S. 401–413.

Fricke, R. (2000): Qualitätsbeurteilung durch Kriterienkataloge. Auf der Suche nach validen Vorhersagemodellen. In: Schenkel, P., Tergan, S.-O., Lottmann, A. (Hrsg.): Qualitätsbeurteilung multimedialer Lern- und Informationssysteme. Evaluationsmethoden auf dem Prüfstand. Reihe: Multimediales Lernen in der Berufsbildung. Nürnberg: BW Bildung und Wissen 2000, S. 75–88.

Gräber, W. (1996): Kriterien und Verfahren zur Sicherung der Qualität von Lernsoftware in der beruflichen Weiterbildung. Forschungsprojekt 4.905. Institut für die Pädagogik der Naturwissenschaften. Kiel 1996.

Haubrich, K. (i. Dr.): Cluster-Evaluation – Wirkungen analysieren und Innovation fördern. In: Meister, D., Tergan, S.-O., Zentel, P. (Hrsg.): Evaluation von E-Learning – Zielrichtungen, methodologische Aspekte, Zukunftsperspektiven. Opladen: Leske & Budrich i. Dr.

Jacobson, M.J. and Spiro, R.J. (1984): Hypertext learning environments and epistemic beliefs: A preliminary investigation. In: Vosniadou, S., DeCorte, E., Mandl, H. (eds.): Technology-based learning environments. Psychological and educational foundations. NATO ASI Series F: Computer and Systems Sciences. Berlin und Heidelberg 1994, vol. 137.

Jonassen, D. (1999): Designing Constructivist Learning Environments. In: Reigeluth, C.M. (ed.): Instructional Design Theories and Models: A New Paradigm of Instructional Theory. Mahwah, NJ: Lawrence Erlbaum 1999, pp. 215–239.

Kozma, R. (1994): Will media influence learning? Reframing the debate. Educational Technology Research and Development, 42(2), 1994, pp. 7–19.

Law, L.-C. (1994): Transfer of learning: Situation cognition perspectives (Research Report No. 32, Ludwig-Maximilians-Universität, Lehrstuhl für Empirische Pädagogik und Pädagogische Psychologie). München 1994.

Mandl, H., Friedrich, H.F., Hron, A. (1988): Theoretische Ansätze zum Wissenserwerb. In: Mandl, H. und Spada, H. (Hrsg.): Wissenspsychologie. München und Weinheim: Psychologie Verlags Union 1988, S. 123–160.

Mandl, H., Gruber, H., Renkl, A. (1994): Lehren und Lernen mit dem Computer (Forschungsbericht 30, Ludwig-Maximilians-Universität. Lehrstuhl für Empirische Pädagogik und Pädagogische Psychologie). München 1994.

Mandl, H., Gruber, H., Renkl, A. (2002): Situiertes Lernen in multimedialen Lernumgebungen. In: Issing, L.J. und Klimsa, L.P. (Hrsg.): Information und Lernen mit Multimedia und Internet (3. vollständig überarbeitete Auflage). Weinheim: Beltz 2002, S. 139–148.

Meier, A. (1995): Qualitätsbeurteilung von Lernsoftware durch Kriterienkataloge. In: Schenkel, P. und Holz, H. (Hrsg.): Evaluation multimedialer Lernprogramme und Lernkonzepte. Reihe: Multimediales Lernen in der Berufsbildung. Nürnberg: BW Bildung und Wissen 1995, S. 149–191.

Merrill, D. (2003): First principles of instruction. Online available at: http://www.id2.usu.edu/Papers/5FirstPrinciples.PDF (April 2003).

Meyer, R.H. (1999): Designing instruction for constructivist learning. In: Reigeluth, C.M. (ed.): Instructional-design theories and models, vol. 2. Mahwah, NJ: Lawrence Erlbaum 1999, pp. 141–156.

Pawson, R. and Tilley, N. (1997): Realistic Evaluation. London: Sage Publications 1997.

Reigeluth, C.M. (1999): What is instructional-design theory and how is it changing? In: Reigeluth, C.M. (ed.): Instructional-design theories and models. Mahwah, NJ: Lawrence Erlbaum 1999, pp. 5–29.

Reinmann-Rothmeier, G. und Mandl, H. (1998): Wissensvermittlung. Ansätze zur Förderung des Wissenserwerbs. In: Klix, F. und Spada, H. (Hrsg.): Enzyklopädie der Psychologie. Wissen, Bd. 6. Göttingen/Bern/Toronto und Seattle: Hogrefe 1998, S. 457–500.

Renkl, A. (2002): Träges Wissen: Die unerklärte Kluft zwischen Wissen und Handeln (Forschungsbericht 41. Ludwig-Maximilians-Universität. Lehrstuhl für Empirische Pädagogik und Pädagogische Psychologie). München 1994.

Schank, R. (2002): Designing world-class e-learning. New York: McGraw-Hill 2002.

Schank, R.C., Fano, A., Bett, B., Jona, M. (1994): The design of goal-based scenarios. In: The Journal of the Learning Sciences, 3(4), 1994, pp. 305–345.

Schenkel, P., Tergan, S.-O., Lottmann, A. (Hrsg.) (2000): Qualitätsbeurteilung multimedialer Lern- und Informationssysteme. Evaluationsmethoden auf dem Prüfstand. Reihe: Multimediales Lernen in der Berufsbildung. Nürnberg: BW Bildung und Wissen 2000.

Seel, N.M. (2000): Psychologie des Lernens. München: Ernst Reinhardt 2000.

Skinner, B.F. (1974): Die Funktion der Verstärkung in der Verhaltenswissenschaft. München: Kindler 1974.

Spada, H. und Mandl, H. (1988): Wissenspsychologie: Einführung. In: Mandl, H. und Spada, H. (Hrsg.): Wissenspsychologie. München und Weinheim: Psychologie Verlags Union 1988.

Spiro, R.J., Coulson, R.L., Feltovich, P.J., Anderson, D.K. (1988): Cognitive flexibility theory. Advanced knowledge acquisition in ill-structured domains. In: Proceedings of the 10. Annual Conference of the Cognitive Science Society. Hillsdale, N.J.: Lawrence Erlbaum 1988, pp. 375–383.

Sweller, J. (1994): Cognitive load theory, learning difficult, and instructional design. In: Learning and Instruction, 4, 1994, pp. 295–328.

Tergan, S.-O. (1998): Checklists for the evaluation of educational software: critical review and prospects. In: Innovations in Education and Training International, 35(1), 1998, pp. 9–20.

Tergan, S.-O. (2001): Qualitätsbeurteilung von Bildungssoftware mittels Kriterienkatalogen. Problemaufriss und Perspektiven. In: Unterrichtswissenschaft, 29(4), 2001, S. 319–341.

Tergan, S.-O. (2002): Hypertext und Hypermedia: Konzeption, Lernmöglichkeiten, Lernprobleme. In: Issing, L.J. und Klimsa, P. (Hrsg.): Information und Lernen mit Multimedia. Weinheim: Psychologie Verlags Union 2002, S. 99–112 (2. überarbeitete Auflage).

Tergan, S.-O. (i. Dr.): Realistische Evaluation von E-Learning. In: Meister, D., Tergan, S.-O., Zentel, P. (Hrsg.): Evaluation von E-Learning. Zielrichtungen, methodologische Aspekte, Zukunftsperspektiven. Opladen: Leske & Budrich i. Dr.

Tergan, S.-O., Fischer, A., Schenkel, P. (i. Dr.): Qualitätsevaluation von E-Learning beim Evaluationsnetz. In: Meister, D., Tergan, S.-O., Zentel, P. (Hrsg.): Evaluation von E-Learning. Zielrichtungen, methodologische Aspekte, Zukunftsperspektiven. Opladen: Leske & Budrich i. Dr.

Tergan, S.-O., Hron, A., Mandl, H. (1992): Computer-based systems for open learning. In: Zimmer, G. and Blume, D. (eds.): Open learning and distance education with computer support. Reihe: Multimediales Lernen in der Berufsbildung. Nürnberg: BW Bildung und Wissen 1992, S 97–195.

Thorndike, E.L. (1922): Psychologie der Erziehung. Jena. Fischer 1922.

Zimmer, G. und Psaralidis, E. (2000): Der Lernerfolg bestimmt die Qualität einer Lernsoftware! Evaluation von Lernerfolg als logische Rekonstruktion von Handlungen. In: Schenkel, P., Tergan, S.-O., Lottmann, A. (Hrsg.): Qualitätsbeurteilung multimedialer Lern- und Informationssysteme. Evaluationsmethoden auf dem Prüfstand. Reihe: Multimediales Lernen in der Berufsbildung. Nürnberg: BW Bildung und Wissen 2000, S. 22–51.

Die Aufgabe, Qualität zu entwickeln oder zu gewährleisten, stellt jedoch gerade im Bereich des E-Learning eine enorme Herausforderung dar. Zunächst einmal bedarf es einer genauen Verortung im multidimensionalen Konstrukt der Qualität. So stellt sich die Frage, für welche Phase eines E-Learning-Bildungsganges denn Qualität entwickelt werden soll, was als Qualität verstanden wird und aus welcher Perspektive Qualität definiert wird – denn aus der Sicht eines Geschäftsführers kommt man dabei zu anderen Ergebnissen als aus der Sicht eines Tutors, eines Softwareentwicklers, des Staates oder eines Lerners (ausführlich dazu: Ehlers 2003a, Ehlers et al. 2003c).

Eine zusätzliche Schwierigkeit ergibt sich: Ist man weniger an den Produktions- und Organisationsprozessen für E-Learning interessiert, für die Qualitätssysteme, die vielfach aus industriellen Zusammenhängen übernommen sind, zur Verfügung stehen (ISO 900X, EFQM etc.), sondern mehr an der Qualität des pädagogischen Erbringungsverhältnisses bzw. des Lernprozesses, so reduziert sich die Anzahl existierender Konzepte zur Qualitätsentwicklung drastisch. Luhmann und Schorr (1982) beschreiben die pädagogische Qualitätsentwicklung als systematische Schwierigkeit, indem sie den Erziehungswissenschaften ein Technologiedefizit bescheinigen. Bildungstheoretisch gesehen beschreiben sie, dass die Idee des lernenden Subjektes nicht vereinbar ist mit dem Gedanken, es durch andere als sich selbst hervorzubringen. Die Pädagogik wird seit dem mit der Frage konfrontiert wie – und ob – Erziehung überhaupt möglich ist. Unterricht und Erziehung so beobachten und beschreiben Luhmann und Schnorr scheint weniger durch ein zielgerichtetes Verfolgen von Zwecken als vielmehr durch die Kompensation der Unmöglichkeit gekennzeichnet zu sein, nach zweckrationalen Kausalitäten handeln zu können (vgl. Benner 1994). Dieser Zusammenhang macht verständlich, dass die Qualitätsdebatte die Pädagogik so in ihren Grundfesten erschüttert, denn sie legt gewissermaßen den Finger genau auf die Stelle, für die es so keine klare Antwort geben kann.

In der Konsequenz betont die Frage nach der Lernqualität in dieser Sichtweise vor allem die Subjektivität des Lernens: Wenn das Erziehen und Lernen vor allem durch das lernende Subjekt gesteuert und bestimmt wird, so wird Qualität von Lernsituationen und -angeboten vor allem dadurch gezeitigt, dass sie sich aus Sicht des Lernenden als geeignete Instrumente/Angebote erweisen, die eigene Kompetenzentwicklung zu unterstützen. Dem Lernenden, seiner Situation, seinem Fähigkeitskonzept, Vorwissen und Zielen und seinen Präferenzen – also den sog. situativen Faktoren – kommt für gelingendes Lernen eine konstitutive Bedeutung zu.

So wird es auch verständlich, dass der Lerner – auch und gerade im E-Learning – in jüngster Zeit verstärkt in den Mittelpunkt der Analysen und Bemühungen um eine bessere Qualität rückt. Nach einer technologieorientierten Phase in der Entwicklung des E-Learning scheint nun der Lerner als „Erfolgsmotor" für gelingende Bildungsprozesses (wieder)entdeckt worden zu sein (vgl. auch Ehlers et al. 2003b).

3.2 Lernerbezogene Qualität: ein Erfolgsmodell

Weniger das „E" als vielmehr das Lernen steht so im Mittelpunkt. Verlief die Entwicklung in der Vergangenheit oftmals entlang dem Diktat technischer Möglichkeiten wird nun klarer: Der Lerner rückt immer stärker ins Zentrum aller Konzepte, die sich um E-Learning ranken. Dieser Eindruck entsteht, betrachtet man die Diskussion um erfolgreiche Konzepte „e"-gestützter Qualifizierungsmaßnahmen. Das trifft gleichermaßen auf den technischen, den inhaltlichen und den didaktischen Bereich zu.

Angefangen mit dem Masie Center, das vor etwa 2 Jahren in einer Studie zu Erfolgsfaktoren von E-Learning fragte „If we build it – will they come?" (ASTD/Masie Center 2001), sind seitdem eine Vielzahl von Studien erstellt worden, die vor allem eines konstatieren: Eine fundierte Erforschung der Anforderungen auf Lernerseite ist notwendig, soll E-Learning in Zukunft erfolgreich sein. Die Studie betonte, dass E-Learning kein Selbstläufer sei und die bloße Bereitstellung technologisch ausgefeilter Angebote und multimedial gestalteter Contents für E-Learning in Betrieben nicht ausreiche, um erfolgreiches Lernen zu ermöglichen - vielmehr sei ein regelrechtes Marketing nach innen notwendig, um E-Learning voranzubringen. Solche Qualitätsfaktoren können dann die Grundlage für einen bedarfsgerechten Zuschnitt von Lernarrangements bilden, in denen „e"-gestützt gelernt wird.

Dass der Lerner Konjunktur hat, lässt sich an der Fülle der Studien ablesen, die mittlerweile zum Thema vorgelegt wurden. Bei vielen steht im Fokus der Überlegungen die Nutzerakzeptanz beim E-Learning. Insgesamt unterstreichen sie einerseits ausdrücklich, dass die Berücksichtigung der Lernerbedürfnisse zentral für das Gelingen des E-Learning ist – konstatieren andererseits aber, dass es gerade solche lernerbezogenen Qualitätsanforderungen sind, zu denen es noch keine ausreichend gesicherten Erkenntnisse gebe.

So stellt die Bertelsmann Stiftung (2002) in der „Nachfrageanalyse Telelernen in Deutschland" heraus, dass „Telelearningangebote [...] nur eine Chance [haben], wenn sie passgenau auf die Bedürfnisse der Kunden zugeschnitten sind [...]." Mummert und Partner (2002) sehen den Lerner allein gelassen: „Nachdem die Technik für E-Learning-Angebote immer besser wird, rückt jetzt der Anwender in den Mittelpunkt. Der fühlt sich derzeit noch allein gelassen: Mehr als jeder zweite (53,5%) wähnt sich unzureichend betreut." Die Studie von Cognos/Innotec (2002) zum Thema „Akzeptanz von E-Learning" betont: „Wollen Unternehmen – oder auch Schulungsdienstleister – die Möglichkeiten und Potenziale von E-Learning realisieren, so müssen sie dem Mitarbeiter die elektronischen Lernformen näher bringen, Akzeptanz-Barrieren beseitigen und die Offenheit für neue Lernmedien fördern. Der spezielle Nutzen, den E-Learning dem Mitarbeiter bietet, muss vermittelt werden." Und zu guter Letzt stellt Jane Massy (2002) heraus: „The [...] most important criteria for evaluating quality in eLearning are that it should [...] have 'clearly explicit pedagogical design principles appropriate to learner type, needs and context'."

Die Diagnose ist damit eindeutig: Um E-Learning für Lerner – und damit auch für Anbieter – erfolgreich zu machen, ist in der Zukunft eine systematische Erforschung von Qualitätsbedürfnissen der Lerner notwendig. Hier wird ein Perspektivwechsel deutlich, der die lernerbezogenen Qualitätsfaktoren stärker in den Blick nimmt. Er unterstreicht die Bedeutung subjektiver Qualität für individuelle Lernprozesse und die Notwendigkeit der Erforschung von Lernerbedürfnissen in Bezug auf die Beschaffenheit, also die Qualität (qualis, lat.: wie beschaffen), von E-Learning-Lernarrangements.

3.3 Paradigmenwechsel in der Weiterbildung

Die zunehmende Fokussierung der Nutzerperspektive vollzieht sich in einen größeren Rahmen eingebettet. Dies wird deutlich, wenn man pädagogisch-didaktische Konzeptionen der Weiterbildung insgesamt in den Blick nimmt. Die stärker werdende Orientierung am Lerner steht auch im Zusammenhang mit einer erstarkenden Nutzerorientierung im Bereich personenbezogener sozialer Dienstleistungen überhaupt. Dabei wird die „Qualität" personenbezogener sozialer Dienstleistungen als soziales Verhältnis verstanden, d. h. sie ist nicht einseitig definierbar und gültig zu machen, sondern kann eher als ein kompromisshaftes Ergebnis der Aushandlung der am Dienstleistungsprozess Beteiligten aufgefasst werden (vgl. Pollitt 1998). Aufgrund unterschiedlicher Positionierungen verfügen die am sozialen Dienstleistungsprozess beteiligten Akteure – Nutzer, Professionelle, Management/Organisation und Staat/Gesellschaft – über divergente Kriterien hinsichtlich der „Qualität" von Dienstleistungen (vgl. Ehlers et al. 2003c). Was im Rahmen dieses Aushandlungsprozesses konkret als qualitativ gehaltvoll definiert wird, ist Resultat von Auseinandersetzungen auf der Basis unterschiedlicher Interessen. In dienstleistungstheoretischer Perspektive zeigt sich zunehmend eine Neuorientierung, die sich auch in der Weiterbildung niederschlägt: Die „Adressaten" sozialer Dienstleistungen – also hier: die Lerner – werden als Ko-Produzenten aufgefasst, die die Dienstleistungen im Rahmen ihrer jeweiligen Strategien der Lebensbewältigung nutzen. Daher ist die Gebrauchswerthaltigkeit von Dienstleistungen für die Nutzer das bedeutsamste Qualitätskriterium im Dienstleistungsprozess. Auf den Bildungsbereich übertragen heißt das, dass der Gebrauchswert – also der Transfernutzen – des Gelernten im jeweiligen Arbeitskontext (oder in anderen Relevanzkontexten) das wichtigste Qualitätskriterium ist. Eine Größe also, die vor allem von den konkreten Bedürfnissen der Lerner bestimmt ist – und von ihren individuellen Voraussetzungen abhängt.

Diese Neuorientierung lässt sich für den Weiterbildungssektor noch konkretisieren. Hier ist bereits seit längerem ein Paradigmenwechsel zu beobachten: Er führt weg von einer Belehrungspädagogik hin zu einer Befähigungspädagogik – von behavioristisch geprägten didaktischen Ansätzen hin zu kognitivistischen und von instruktionalistischen zu konstruktivistischen Ansätzen (vgl. Harel und Papert 1999, Jonassen 1996, Reeves 1999, Wilsonk und Lowry 2001). Die Entwicklung zum lebensbegleitenden Lernen ermöglicht eine Entstandardisierung von Berufs- und Bildungsbiografien. Die individuelle Kompetenzkonstruktion des einzelnen Subjekts gewinnt an Bedeutung.

Die Möglichkeiten des E-Learning im Bereich der Bedarfsorientierung und Selbststeuerung von Lernprozessen bewirken sogar noch eine Radikalisierung dieser Entwicklung. E-Learning ermöglicht eine bislang noch nicht da gewesene Individualisierung des Lernangebotes – nicht zuletzt durch die Ablösung einer Pädagogik nach dem Motto „einer für viele, jetzt und hier" (tayloristisches Prinzip) durch eine Pädagogik bzw. Lernorganisation, die ein „need orientated learning: anytime - anywhere" ermöglicht.

3.4 Vier Entwicklungen
hin zu einer neuen Lernerorientierung

Die beschriebene Entwicklung bewirkt, dass dem lernenden Individuum eine zunehmend größere Definitionsmacht für Qualität in der Weiterbildung zukommt (vgl. Gnahs 1999). Dies gilt vor allem für den Bereich des E-Learning. Vier Wirkungskomplexe verdeutlichen diese Entwicklung und beschleunigen sie zugleich zunehmend:

1. *Ökonomisch* liegt ein zunehmend höherer Eigenanteil des Lernenden bei der Finanzierung vor. Entweder direkt über die Finanzierung von privaten Fortbildungsmaßnahmen oder indirekt, indem ein Teil der Freizeit für betrieblich organisierte Fort- oder Weiterbildungsmaßnahmen geopfert wird.

2. *Pädagogisch und didaktisch* schlägt sich dies in weniger Belehrungs- und mehr Erfahrungspädagogik nieder. Dieser Wandel beruht auf einem Wechsel von behavioristisch orientierten Lerntheorien zu kognitivistischen Lernmodellen und von instruktionalistischen Ansätzen hin zu konstruktivistischen. Das bedeutet insgesamt weniger Standardisierung pädagogischer Prozesse und mehr Situations- und Subjektorientierung.

3. *Auf gesellschaftlicher Ebene* liegt ein Grund in der Entwicklung hin zur Wissensgesellschaft. Das weltweit verfügbare Wissen verdoppelt sich zurzeit alle 4–5 Jahre. Der amerikanische Soziologe Richard Sennet (1998) erwartet, dass ein amerikanischer College Student in seinem Berufsleben elfmal seine Stelle wechselt und dreimal die Basis seines Wissens komplett austauscht. Der hierzu notwendige Prozess lebensbegleitenden Lernens kann nicht standardisiert werden, sondern ist individuell. Eine Herausforderung für E-Learning-Angebote ist es daher, eine möglichst große Passung der individuellen Anforderungen mit den angebotenen Lernarrangements zu erreichen.

4. Ein vierter Grund für die zunehmende Definitionsmacht des Lerners in Bezug auf die Qualität beim E-Learning liegt in den *Besonderheiten des E-Learning an sich* (vgl. Baumgartner 1999):

   a. *Zugang und Lernformen:* Durch die Möglichkeit des individuellen Zugangs zu Lernressourcen gibt es keine einheitlichen Zeiten, keine gemeinsamen und öffentlich zugänglichen Örtlichkeiten für Lerngelegenheiten mehr. Das Lernen kann in Form von Selbststudium – oft auch in den eigenen vier Wänden stattfinden – vielfach auch weitgehend unabhängig von Lehrkräften oder anderen Lernenden. E-Learning ermöglicht einen individuellen und freien Zugang zu den Lernmaterialien („anytime" und „anywhere"). Zudem ist eine Vielzahl an Lernformen möglich: Präsenzphasen, virtuelle Selbstlernphasen, tutorielle Unterstützung, Lernen und Austausch im Kontakt zu Mitlernern. Lerngelegenheiten werden durch dieses Spektrum an Möglichkeiten potenziell hochgradig individualisiert. Qualität wird daher immer weniger standardisierbar.

   b. *Ausgangs- & Bedürfnisstruktur:* Beim E-Learning ist die Gruppe der Lerner potenziell heterogen zusammengesetzt. Dies gilt sowohl in demographischer (berufliche Stellung, Bildungsstand etc.) als auch inhaltlicher Hinsicht (Vorwissen, Kenntnisse etc.) und auch in Bezug auf die Lernerfahrungen und -kompetenzen, die Lerner mit in den Lernprozess einbringen. Auf eine einheitliche Voraussetzung für eine Lerngruppe, wie etwa in einem klassenraumbasierten Lernszenario, kann nicht ohne weiteres zurückgegriffen werden. Beim E-Learning kann jedoch von vornherein eine stärkere Binnendifferenzierung ermöglicht werden. Lernangebote können individuell gestaltet werden: Während der traditionelle Gruppenunterricht nur bei relativ homogenen Voraussetzungen funktioniert, ist E-Learning nicht mehr dieser Restriktion unterworfen, da eine binnenstrukturelle Differenzierung im Konzept des selbstgesteuerten Lernens von vornherein mit angelegt ist – der Lerner lernt gemäß seinem eigenen Lerntempo und Verständniskonzept. Hier gilt: Was, wann, wie lange und wie oft gelernt wird, liegt in der Kontrolle des Lernenden. Eine ähnlich heterogene Ausgangslage liegt zumeist auch hinsichtlich der Bedürfnisstruktur vor: Potenziell ist medial gestütztes Lernen auch in den Zielvorstellungen der Lerner und den damit zusammenhängenden Motivationsstrukturen vielfältig. Diese unterschiedlichen Bedürfnisse *beeinflussen* aber nicht nur den Lernerfolg, sondern sind auch für seine *Definition* entscheidend. Die unterschiedlichen Zielstrukturen sind dabei verschiedenartig: Eine private Fortbildung aus Interesse am Thema ist ebenso denkbar wie ein kompletter Berufsabschluss oder eine im Berufsalltag notwendig gewordene Weiterqualifizierung. Die Gruppe der Lernenden, die mit ein und demselben E-Learning-Angebot lernt, ist in ihrem Zielspektrum potenziell breit gestreut.

c. Wahlfreiheit des Angebotes: E-Learning bietet Lernern die Möglichkeit, selber auszuwählen in welchem Lerntempo sie lernen, zu welchen Gelegenheiten sie lernen und welchen Abschnitt sie lernen, überspringen oder vertiefen wollen. Auswahl, Reihenfolge, Dauer und Bearbeitungsstrategie können von den Lernenden größtenteils selbst gesteuert werden. Die Frage danach, welcher Inhalt, Abschnitt bzw. Kurs wann und wie konsumiert wird, kann in jedem individuellen Fall vom Lernenden unterschiedlich beantwortet werden. Die Möglichkeit einer derart individuellen Lernorganisation führt auch zu individuellen Qualitätsansprüchen.

Alle vier genannten Gründe – ökonomisch, pädagogisch/didaktisch, gesellschaftlich und die Besonderheiten des E-Learning an sich – bewirken, dass Qualität beim E-Learning schlecht ex ante standardisiert werden kann, sondern vielmehr an den relevanten Lernervariablen ausgerichtet sein muss. Dem Lernenden kommt daher wesentliche Bedeutung bei der Definition dessen zu, was Lernqualität ausmacht. Gerade neuere Konzepte onlinegestützten Lernens, die das bedarfsorientierte Lernen, direkt in der Anwendungssituation (etwa am Arbeitsplatz) ermöglichen, haben oftmals Defizite in der gelingenden Integration fundamentaler Lernerbedürfnisse in das Lernarrangement. Sie sind zumeist eher technologiegetrieben und erweisen sich vielfach schon nach kurzer Zeit als unzureichend und wenig wirkungsvoll (vgl. Behrendt 1998, Schenkel 2000).

Für die Qualitätsentwicklung in diesem Bereich wird die Orientierung an lernerbezogenen Bedürfnissen daher zu einem Imperativ, soll Lernen in einem E-Lernarrangement zum Erfolg führen. Anders ausgedrückt gewinnen die Lernerva-

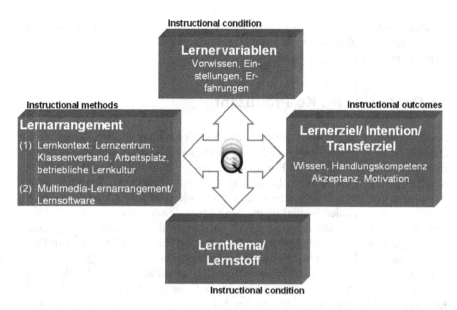

Abb. 3.1 Die Lernervariable im Lernarrangement (vgl. Fricke 1995)

riablen im Verhältnis zu den anderen Variablen des Lernprozesses an Bedeutung (siehe Abbildung 3.1). Dabei geht es nicht darum, alle anderen Faktoren auszublenden und damit das, was mit den Lernerbedürfnissen lange getan wurde, nun etwa mit technologischen oder inhaltlich/curricularen Faktoren des Lernprozesses zu tun, sondern vielmehr darum, eine Neugewichtung der Lernervariablen vorzunehmen. Für diese Neugewichtung fehlt bislang eine systematische – zumal empirisch verwurzelte – Fundierung eines Qualitätskonzeptes aus Perspektive der Lerner.

Das „Paradigma zur Konstruktion und Evaluation multimedialer Lernumgebungen", von Rainer Fricke (1995, S. 405) entwickelt, zeigt den Zusammenhang zwischen Lerner und Lernarrangement auf (siehe Abbildung 3.1). Die Effektivität eines Lernarrangements wird hier in Abhängigkeit von vier Faktoren bestimmt:

1. Der Lernumgebung: sowohl der multimedialen Lernumgebung (Lernmanagementsystem, LMS) als auch der sozialen Lernumgebung (betriebliche Lernkultur, Räumlichkeiten etc.)
2. Dem Lernenden bzw. den Lernervariablen: Vorwissen, Bildungsbiografie, Lernkompetenzen, Medienkompetenzen, Interesse, Erwartungen, Ziele etc.
3. Dem Lernthema: Inhalt und Aufbereitung des Lernstoffes
4. Dem (intendierten) Lernergebnis bzw. Ziel des Lernens: Ziele, die mit dem Lernen erreicht werden sollen, wie z. B. Transferziele am Arbeitsplatz durch Handlungskompetenzzuwachs.

Hier wird deutlich: Ein E-Learning-Lernarrangement konstituiert sich letztlich erst im Zusammenspiel von allen vier beschriebenen Faktoren. Alle vier Faktoren haben Einfluss auf den Lernerfolg, die Lerneffektivität und die Qualität. Qualität ist somit abhängig vom Zusammenwirken aller dieser Faktoren. Durch den beschriebenen Paradigmenwechsel wird ein Bedeutungszuwachs der Lernervariablen im Zusammenspiel des gesamten Lernarrangements gefördert.

3.5 Der Lerner als Ko-Produzent

Der Entwicklung hin zu einer neuen Lernerorientierung hat für die Definition von Qualität beim E-Learning weitreichende Konsequenzen: Eine solche Sichtweise sieht den Lerner nicht als einen Konsumenten des Lernangebotes, sondern als einen Ko-Produzenten seines eigenen Lernerfolges an (vgl. Fend 2000). In dieser Sichtweise steht der Begriff des Lerners auch einem ökonomisch verkürzten Kundenbegriff – wie er in der Weiterbildung vielfach rezipiert wird – entgegen. Denn insgesamt zeigt sich, dass die mittlerweile auch im Bildungsbereich gängige Definition „Qualität ist, was der Kunde will" – ausgelöst durch den Transfer von Prinzipien unterschiedlicher Qualitätsmanagementphilosophien (z. B. TQM) aus dem Industriebereich in den Bereich sozialer Dienstleistungen und auch in den Bildungsbereich seit etwa Ende der 1980er Jahre (Berwick 1989) – zur Aufschlüsselung des Konstruktes „Qualität" nicht viel beiträgt. Schon die Frage danach, wer der Kunde ist, ist für den Bereich beruflicher Bildung nicht einfach zu beantworten: Ist es die nachfragende Organisation – etwa der Betrieb, der seine Mitarbeiter zu einer Fortbildung schickt – oder sind es die Kursteilnehmer selber? Darüber hinaus sind Lernprozesse keine zu erbringende Leistung eines Bildungsanbieters an einen bzw. für einen etwaigen Kunden, sondern bedürfen der Mitwirkung des „Kunden" (sprich: Lerners). Im Bildungs- und Sozialbereich wird daher von einer Ko-Produktion des Bildungsproduktes ausgegangen.

Damit ist gemeint, dass die Produkte (outcomes) eines Bildungsprozesses nicht ausschließlich das Ergebnis der Produktionsform oder des Produktionsvorganges der Bildungseinrichtung sind (um beim Bild des Marktes zu bleiben). Denn: Was Lernende können, ist in hohem Maße von ihnen selber, ihrem Engagement und ihrer Umwelt bzw. von Sozialisationsprozessen beeinflusst. Die Analogie zu Wirtschaftsbetrieben würde in umgekehrter Richtung darin bestehen, dass Kunden, die Produkte von Wirtschaftunternehmen kaufen, diese Produkte zunächst selbst mitproduzieren (vgl. Fend 2000, S. 69). Das Zwischenfazit zeigt qualitätstheoretische und mediendidaktische Konsequenzen auf:

1. Eine Didaktik des E-Learning muss in besonderem Maße flexibel sein und in ihren Inhalten, Methoden und Materialien sowie Lernformen auf individuelle Voraussetzungen und Anforderungen reagieren können (siehe auch Abschnitt 3.6).
2. Qualität entsteht erst beim Lernen in der Interaktion zwischen Lerner und Lernarrangement. Sie ist somit keine Eigenschaft, die einem E-Learning-Angebot von vornherein zugeschrieben werden kann. Qualität stellt vielmehr eine Ko-Produktion zwischen Angebot und Lerner dar (vgl. Ehlers 2003a).
3. E-Learning gestützte Qualifizierungsmaßnahmen müssen noch stärker als bisher einem Perspektivwechsel von der Angebotsorientierung hin zur Nutzerorientierung gerecht werden.

4. Von einer Technologieorientierung hin zu einer Technologieunterstützung: Der Primat der technologischen Entwicklung weicht immer mehr dem Primat der pädagogisch-didaktischen Konzeption.

Betrachtet man das Zwischenfazit, so wird schnell deutlich, dass das Erforschen von Bedürfnissen und Präferenzen der Lerner eine hohe Relevanz hat. Es stellt eine Grundvoraussetzung für die Konstruktion von zukünftigen (medien-)didaktischen Modellen in der „e"-gestützten Weiterbildung dar.

Sowohl wenn es etwa darum geht, bewährte didaktische Modelle des Präsenz-lernens auf virtuelle Szenarien zu übertragen, als auch in der pädagogischen Qualitätsforschung ist gerade erst der Anfang gemacht. Hier besteht noch erheblicher Forschungs- und Entwicklungsbedarf. Eine systematische Erforschung von selbst-gesteuerten Lernprozessen in E-Lernarrangements zeichnet sich erst in einigen Bereichen langsam ab, eine tragfähige wissenschaftliche Theoriebildung ist für den Bereich der Lernqualität noch gar nicht abzusehen. Das Konstrukt der Qualität aus Lernersicht wird in der diesem Beitrag zu Grunde liegenden Forschungsarbeit erstmals umfassend aufgeschlüsselt und untersucht (vgl. Ehlers 2003a).

3.6 Ergebnisse der Studie Lernqualitaet.de

Die Studie „Lernqualitaet.de – Qualität aus Lernersicht"[2] nimmt ihren Ausgang in der Lernerperspektive. Gleich zwei innovative Ziele werden in Angriff genommen (siehe Abbildung 3.2): Zum einen sollen Qualitätskonzepte aus der Perspektive der Lerner ermittelt werden, zum anderen findet eine Abkehr von der bislang gängigen Praxis statt, in der dieselbe Qualität für alle Lerner gleichermaßen gilt. Stattdessen werden zielgruppenspezifische Qualitätsprofile erstellt. Die Ergebnisse zeigen, dass Qualitätskriterien nicht für alle Lerner gleichermaßen gelten. Dieser Befund führt die oftmals geübte Praxis, Qualität anhand von allgemeingültigen Qualitätskriterien zu entwickeln, ad absurdum.

Das Forschungsprojekt stellt zum ersten Mal überhaupt eine empirisch gewonnene Klassifikation subjektiver Qualitätsanforderungen für das Online-Lernen zur Verfügung. Diese ermöglicht nun, eine tragfähige und angemessene Qualitätsentwicklung für onlinegestützte Lernangebote zu realisieren, die die Lernerbedürfnisse in den Mittelpunkt stellt.

Die Verbindung von unterschiedlichen methodologischen Ansätzen, die hier umgesetzt wurde, folgt dem Prinzip der Triangulation als methodologischem Leitprinzip (siehe Abbildung 3.2): Zunächst wurden in einer qualitativen Explorationsphase Qualitätsansprüche von Lernern beim E-Learning gesammelt. Diese dienten als Grundlage für einen standardisierten Fragebogen, der dann von 2000 Lernern mit unterschiedlichsten Lernerfahrungen und Bildungintentionen ausgefüllt wurde. Durch explorative Faktoren- und Clusteranalysen wurde ein empirisches Modell subjektiver Qualität ermittelt, welches damit auf qualitativen und quantitativen Daten

---

[2]Die Studie wurde 2001–2003 an der Universität Bielefeld durchgeführt und ist voraussichtlich ab Mitte 2004 im Buchhandel erhältlich. Weitere Informationen im Internet unter http://www.lernqualitaet.de.

Abb. 3.2 Ziele und Design der Studie (Ehlers 2003a)

beruht. Die durchgeführte Klassifizierung in zielgruppenspezifische Qualitätsprofile berücksichtigt lernbiografische, kompetenz- und fähigkeitsbezogene Faktoren.
In diesen Qualitätsprofilen drücken sich die unterschiedlichen Anforderungen und
Qualitätsbegriffe von Lernern aus. Die Ergebnisse der Studie zeigen, dass eine Qualitätsentwicklung aus Subjektsicht empirisch fruchtbar ist, denn in den ermittelten
subjektiv bedeutsamen Qualitätsdimensionen für E-Learning manifestiert sich empirische Evidenz subjekttheoretischer Konzepte. Die Ergebnisse der Forschungen –
beispielsweise in Form des empirischen Modells lernerorientierter Qualität – können
nun auf Felder pädagogischer Praxis transferiert werden.

Die Vielzahl der empirischen Befunde der Studie wird im folgenden Abschnitt
in wesentlichen Schwerpunkten zusammengefasst.

3.6.1 Qualität als Ko-Produktion im Spiegel subjektiver Einschätzungen

Die Frage nach der Qualität beim E-Learning verweist auf einen Prozess, der sich
zwischen dem Lerner und einem Lernangebot in einem Lernarrangement vollzieht.
Qualität entsteht in dieser Lesart erst beim Lernen selbst – das heißt bei der Interaktion des Lerners mit dem angebotenen Lehrmaterial – und ist damit eine Ko-
Produktion zwischen Lernangebot und Lerner. Sie ist also nicht per se vorhanden,
sondern konstituiert sich im Lernprozess.

Dabei kommt dem Lerner eine entscheidende Bedeutung zu. In primär selbstgesteuerten Lernarrangements, in denen er Lernort, -gelegenheit, und -zeit sowie in
Teilen auch Inhalte, Ziele und Methoden weitgehend selber festlegt, ist die Bedeutung, die ihm als „Qualitätsproduzent" zukommt, evident. In Bezug auf die Qualität
des Lernprozesses in E-Learning-Arrangements haben die (Lern-) Kompetenzen des
Lerners, diesen Prozess aktiv mit zu gestalten und in seiner Beschaffenheit (Qualität)
zu steuern, eine entscheidende Rolle für das Entstehen von Qualität.

Ein Ziel des Forschungsvorhabens war es, zu untersuchen, ob E-Lerner sich als solche selbstgesteuerten Subjekte begreifen und sich ihrer Rolle als Ko-Produzenten des Lernprozesses bewusst sind. Dazu wurde das zunächst theoretische Postulat der Ko-Produktion und Subjektorientierung aufgegriffen und anhand der konkreten Erfahrungen von Lernern überprüft. Die Ergebnisse der Befragung zeigen, dass die befragten Lerner sich bereits in hohem Maße als verantwortlich für den Erfolg und die Qualität ihres eigenen Lernprozesses sehen. Insgesamt trifft die Einschätzung, dass Lerner für die Qualität beim Online-Lernen eine ebenso große Verantwortung tragen wie auch der Anbieter oder das Lehrangebot, auf große Zustimmung bei den Befragten (Ehlers 2003a).[3]

Das zeigt sich auch darin, dass die Mehrheit aller Lerner angibt, Lernen sei nicht ausschließlich an einen Kurs gekoppelt, sondern passiere auch inzidentell, beispielsweise beim Surfen im Internet.[4] Das Bewusstsein für inzidentelle Lernprozesse bei den Befragten zeigt, dass Lernprozesse nicht nur durch von außen arrangierte Lernumgebungen zustande kommen, sondern vor allem auch dadurch, dass Lerner ihre eigenen Interessen und Bedürfnisse mit den angebotenen impliziten Wissensbeständen ihrer Umwelt rückkoppeln. Dieser hochgradig eigenaktive Vorgang erfordert gleichsam die Übernahme der Verantwortung für den eigenen Lernprozess: Inzidentelles Lernen kann nur in Verantwortung des Lerners stattfinden.

Die Ergebnisse zeigen darüber hinaus, dass sich aus Lernersicht differenziert bestimmen lässt, *welchen* Merkmalen ein Lernarrangement beim E-Learning genügen muss, um als qualitativ hochwertig wahrgenommen zu werden. Die einzelnen Faktoren subjektiver Qualität, die durch die Studie ermittelt wurden, konnten zu Dimensionen subjektiver Qualität gebündelt werden, entlang derer aus Sicht lernender Subjekte der Prozess der Ko-Produktion gestaltet werden muss (siehe auch Abschnitt 3.6.2). Diese Dimensionen stellen gewissermaßen das Strukturgitter eines lernerbezogenen Qualitätsbegriffes für E-Learning dar.

Die Studie zeigt damit, dass die hier befragten Lerner eine ausgeprägte Reflektionsfähigkeit in Bezug auf ihr eigenes Lernhandeln haben. Die Selbsteinschätzung in Bezug auf ihre Lernkompetenzen zeigt, dass diese Fähigkeit zur Reflektion einhergeht mit einem in der Stichprobe durchweg hohen Lernkompetenzniveau. Die Übernahme der eigenen Verantwortung für den Qualifizierungsprozess deutet auf eine bereits vollzogene Internalisierung des Postulats kontinuierlicher Weiterbildung hin.

Hier wird aber auch deutlich, dass die Befunde sich nicht ohne weiteres verallgemeinern lassen. Sie sind vor allem für diejenigen Lerner kennzeichnend, die sich bereits dadurch als lernkompetent erweisen, dass sie E-Learning als eine Form des selbstgesteuerten Lernens für ihre Weiterbildung gewählt haben. Der Schritt zum Ko-Produzenten von Lernqualität beim E-Learning kann also durch die vorliegende

---

[3]Die Befragten wurden gebeten, ihre Einschätzung auf einer vierstufigen Skala (stimme völlig zu ... stimme gar nicht zu) zu folgender Frage anzugeben: „Wie weit stimmen Sie der folgenden Aussage zu? Für die Qualität beim Online-Lernen hat der Lernende eine ebenso große Verantwortung wie der Anbieter und das Lehrangebot". Zieht man die oberen beiden Skalenpunkte zusammen so liegt die Zustimmung in jeder der ermittelten Zielgruppen deutlich über 75%.

[4]In allen ermittelten Gruppen geben über 79% aller Befragten an, dass sie beim Surfen im Internet auch dann etwas lernen, wenn sie keinen Kurs machen.

Studie vor allem derjenigen Gruppe von Lernern attestiert werden, die durch ihr Weiterbildungsverhalten bereits dokumentieren, dass sie die Schwelle zum lebenslangen Lernen überschritten haben.

3.6.2 Ein empirisches Modell subjektiver Qualität

Lernerbezogene Qualitätsbegriffe können nicht allein durch eine additiv-summarische Sammlung von subjektiven Aussagen analysiert werden. Vielmehr ist es wichtig, die Dimensionen zu ermitteln, die das Gemeinsame von Qualitätsanforderungen enthalten. Es geht darum, die Leitbilder und die verallgemeinerbaren Konstituenten zu ermitteln, die für die jeweils situativ bedeutsamen Qualitätsansprüche verantwortlich sind.

In der Studie wurde ein Set von ca. 150 zugrunde liegenden Qualitätsmerkmalen, das zuvor in Interviews als Inventar erhoben wurde, auf Basis der Einschätzung von 2000 Lernern in 30 Dimensionen subjektiver Qualität gebündelt. Diese Bündelung wurde durch eine Hauptkomponentenanalyse vorgenommen, so dass diejenigen Qualitätsanforderungen, die im Antwortverhalten der Befragten einen Zusammenhang aufwiesen, zu Dimensionen zusammengefasst wurden. Die so ermittelten Dimensionen stellen allgemeinere Konstituenten subjektiv bedeutsamer Qualitätsbereiche dar. Sie sind zunächst wertneutral und bilden ein Gerüst, mit dem subjektive Qualitätsanforderungen strukturiert werden können. Es entsteht ein Drei-Ebenen-Modell: Qualitätsfaktoren (aus den Interviews) werden zu Dimensionen gebündelt, die wiederum in Qualitätsfelder gegliedert werden.

Das so entstandene Modell subjektiver Qualität bildet die Anforderungen der Lerner umfassend ab. Mit 105 von 118 Qualitätsfaktoren umfasst es 89% aller erhobenen Qualitätsfaktoren. Diese werden durch 30 Dimensionen subjektiver Qualität repräsentiert, die wiederum in sieben Qualitätsfelder unterteilt werden (siehe Abbildung 3.3).

Im Modell subjektiver Qualität ist nicht von vornherein ein „richtiges", qualitativ hochwertiges Lernarrangement festgelegt, sondern es stellt vielmehr ein Set an Dimensionen zur Verfügung, die für Qualität aus Lernersicht eine Rolle spielen. Dabei ist zunächst weder festgelegt, *wie* die Qualität auf einer Dimension ausgeprägt sein soll (beispielsweise ob ein Tutor eher inhalts- oder lernerorientiert agieren soll), noch *welche* der Dimensionen für die jeweiligen Lernergruppe überhaupt Relevanz besitzen.

Die Dimensionen, die gewissermaßen als Module subjektiver Qualität gelten können, ermöglichen eine serviceorientierte Qualitätsentwicklung (zu service-orientierter Qualitätsentwicklung vgl. auch Ehlers et al. 2003b). Je nach subjektivem Erfordernis können Qualitätsanforderungen im Sinne der beschriebenen Dimensionen als bedeutsam für ein Lernarrangement identifiziert und in einer angemessenen Ausprägung in das Lerngeschehen integriert werden. Auf der Grundlage des Modells subjektiver Qualität können Leitlinien für zukünftige E-Learning-Angebote entwickelt werden. Gerade in der Identifikation von den „richtigen", lernerangemessenen Begleitangeboten, Unterstützungsmaßnahmen und didaktischen Modellen liegt jedoch eine Herausforderung: Geschieht eine solche Identifikation zu statisch – beispielsweise ausschließlich aufgrund von lernbiografischen Angaben zu einem

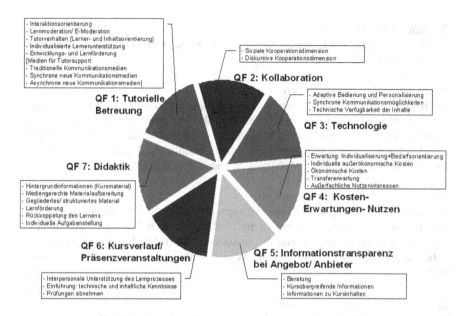

Abb. 3.3 Qualitätsdimensionen und -felder des Modells subjektiver Qualität

Zeitpunkt vor Kursbeginn – so läuft sie Gefahr, sich allzu schnell überholt zu haben und bei fortschreitender Kompetenzentwicklung des Lerners nicht mehr angemessen zu sein. Denn lernerbezogene Qualitätsanforderungen können durchaus Änderungsprozessen unterliegen, die unter anderem mit der Entwicklung von Lernfähigkeiten zusammenhängen. Der Gefahr einer zu statischen Festlegung der „richtigen" Qualität, kann letztlich nur durch eine konsequent fortlaufende Evaluation der Passung des Angebotes mit den subjektiven Qualitätspräferenzen begegnet werden.

Im Folgenden werden die sieben ermittelten Qualitätsfelder (kurz: QF) noch einmal aufgegriffen und steckbriefartig beschrieben.

Qualitätsfeld 1: Gestaltung des tutoriellen Supports
Qualitätsansprüche, die Lerner in Bezug auf die Unterstützung beim Onlinelernen durch einen Tutor als bedeutsam angeben: tutorielle Aufgaben, Verhaltensanforderungen, Ansprüche an die Verfügbarkeit eines Tutors, Qualifikationsanforderungen an Tutoren und Aussagen über gewünschte Kommunikationsmedien.

Qualitätsfeld 2: Kooperation und Kommunikation im Onlinekurs
Qualitätsanforderungen, die Lerner an kommunikative und kooperative Prozesse beim Online-Lernen haben. Dabei geht es um konkrete Kommunikationsformen und -möglichkeiten und deren Ausgestaltung zwischen den am Lernprozess beteiligten Akteuren.[5]

---

[5]Dies können Lerner-Lerner-Interaktion, Lerner-Tutoren-Interaktion, Lerngruppen-Tutoren-Interaktion, Lerner-Experten-Interaktion o. Ä. sein.

Qualitätsfeld 3: Lerntechnologien
Qualitätsansprüche, die Lerner in Bezug auf ausgewählte technische Komponenten einer Online-Lernplattform haben.

Qualitätsfeld 4: Kosten – Erwartungen – Nutzen
Die Kosten-Nutzen Abwägungen von Lernern spielen auch bei der Bewertung der Qualität beim E-Learning eine bedeutende Rolle. Der Aufwand, den Lerner in die onlinegestützte Weiterbildung einbringen und das Resultat, das sich daraus ergibt, z. B. durch gestiegene Handlungskompetenz im beruflichen Arbeitskontext, müssen demnach in einem günstigen Verhältnis zueinander stehen.[6]

Qualitätsfeld 5: Informationstransparenz
Qualitätsanforderungen an die Informationen über die Anbieter von Online-Kursen und über die Kurse, die diese anbieten. Im Vordergrund steht dabei die Frage: Welche angebots- und anbieterbezogenen Informationen sollen dem Lerner zur Verfügung stehen und welche Beratungsangebote werden benötigt, um Transparenz herzustellen?

Qualitätsfeld 6: Präsenzveranstaltungen
Qualitätsansprüche an den Kursverlauf, vor allem an Präsenzveranstaltungen: Gestaltung von Präsenzveranstaltungen, Häufigkeit von Präsenzveranstaltungen, Lernberatungen, zeitliche und organisatorische Lernmodi, Evaluation von Online-Kursen.

Qualitätsfeld 7: Didaktik
Das Qualitätsfeld Didaktik umfasst die Bereiche Inhalt, Lernziele, Methoden und Materialien. Qualitätsansprüche liegen hier vor allem in folgenden Faktoren: Hintergrundinformationen im Kursmaterial, mediengerechte multimediale Materialaufbereitung, gegliedertes und strukturiertes Kursmaterial, Förderung der Lernkompetenzen, Rückkoppelung des Lernens durch Übungen und Lernfortschrittskontrollen, individuelle Aufgabenstellung, die an das Ziel- und Fähigkeitskonzept des Lerners angepasst sind.

3.6.3 Qualität auf allen Ebenen

Die Analysen lernerbezogener Qualitätspräferenzen beim E-Learning zeigen, dass Qualität ein mehrdimensionales Konstrukt ist, das sich auf alle Ebenen eines Weitererbildungsprozesses bezieht (Kontextqualität, Struktur, Inputqualität, Prozessqualität, Impactqualität)[7]. Eine solche Qualität ist also nicht auf den Lernprozess (Prozessqualität) beschränkt, indem etwa „nur" didaktische Anforderungen oder Anforderungen an den Kursverlauf existieren, sondern bezieht sich auch auf alle anderen Ebenen (vgl. Abbildung 3.4).

---

[6]Kosten sind dabei jedoch nicht ausschließlich finanzieller Art. Auch die Zeit, die Lerner aufwenden, die Mühe der Selbstorganisation und das Engagement zur Eigenmotivation stellen einen erheblichen Aufwand dar.
[7]Eine ausführliche Ausarbeitung zu den unterschiedlichen Qualitätsebenen und -modellen findet sich bei Ehlers 2003a.

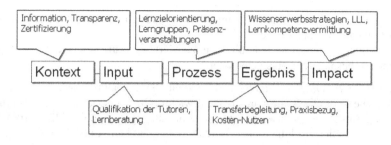

Abb. 3.4 Ebenen subjektiver Qualität[8]

So ist es auf Ebene der Kontextqualität für Lerner bereits vor Beginn eines
E-Learning-Kurses wichtig, gezielte Informationsangebote nutzen zu können, die
sie beispielsweise über organisatorische und strukturelle Bedingungen informieren, etwa die Dozenten/Teilnehmerrelation, das (generelle) Ausbildungsniveau und
die Berufserfahrung der Kursleiter und der Unterrichtenden (vgl. QF 5: Informationstransparenz bei Angebot und Anbieter). Ebenso liegen ihre Qualitätsansprüche
im Bereich der Inputqualität (vgl. etwa QF 3: Technologie, oder QF 4: Kosten-
Erwartungen-Nutzen). Auf Ebene der Prozessqualität sind Anforderungen an den
Kursablauf im QF 6 (Kursverlauf/Präsenzveranstaltungen) und an Ziele, Inhalte,
Methoden und Materialien im QF 7 (Didaktik) zusammengefasst. Erwartungen an
die Ergebnisqualität (beispielsweise QF 4: Kosten-Erwartungen-Nutzen) und an gewünschte Impacts (QF 4, in Teilen auch QF 1: Tutorielle Betreuung) sind ebenfalls im
Modell subjektiver Qualität repräsentiert. Subjektive Qualitätsanforderungen beziehen sich somit auf alle Ebenen eines E-Learning-gestützten Weiterbildungsprozesses
und sind in diesem Sinne umfassend.

Zielgruppenbezogene Qualitätskonzepte

Im Modell subjektiver Qualität sind die aus Lernerperspektive relevanten Qualitätsdimensionen repräsentiert. Erst eine Zielgruppenanalyse macht dieses Modell jedoch
fruchtbar für die Konstruktion von E-Learning-Arrangements. Denn nur so werden
gruppenspezifische Unterschiedlichkeiten in Bezug auf Qualitätspräferenzen beim
E-Learning in der Gesamtstichprobe herausgearbeitet.

Das zuvor beschriebene Modell subjektiver Qualität bildet für diese Analyse
die Basis. Die Dimensionen subjektiver Qualität stellen die Unterscheidungsmerk-
male für die durchgeführte Gruppenbildung dar. Sie resultieren aus einer Datenag-
gregation auf Ebene der Qualitätsmerkmale. Bei der anschließend durchgeführten
Zielgruppenanalyse ging es um eine Aggregation auf der Ebene der Merkmale der
Untersuchungspersonen. Mittels der eingesetzten Klassifikationsverfahren konnten
vier prototypische Qualitätsprofile entwickelt werden. Diese Qualitätsprofile reprä-
sentieren jeweils die Präferenzen einer bestimmten Gruppe von Lernern. Sie sind
deutlich voneinander unterscheidbar und stützen den im Forschungsvorhaben realisierten Ansatz, die Lernerperspektive in der Qualitätsentwicklung zu stärken, denn

---

[8]LLL: Lebenslanges Lernen

sie zeigen, dass subjektive Qualitätsanforderungen für unterschiedliche Zielgruppen ausdifferenziert werden können.

Abbildung 3.5 greift im Überblick einige Merkmale auf, welche die jeweiligen Gruppen in besonderem Maße charakterisieren:

1. Die *inhaltsorientierten Individualisten* wollen eigenständig lernen und empfinden eine tutorielle Begleitung als nicht wichtig für gute Qualität. Sie haben nur wenig Ansprüche an etwaige Unterstützungsangebote. Ihre Qualitätsansprüche liegen lediglich im inhaltlichen Bereich. Kommunikation und Interaktion sind für sie lediglich unterdurchschnittlich wichtig.
2. Die *eigenständigen Ergebnis- bzw. Zielorientierten* wollen mit E-Learning vor allem ein vorher definiertes Ziel erreichen und benötigen nur die dafür notwendige Unterstützung. Sie sind mit Standardangeboten zufrieden und bewerten einen individualisierten Zuschnitt des Lernarrangements als unwichtig.
3. Die *bedarfsorientierten Pragmatiker* sind durchaus an kommunikativer Auseinandersetzung interessiert, in ihren Präferenzen jedoch pragmatisch, also am notwendig Erforderlichen orientiert. Eine besondere Individualisierung im Lernangebot ist ihnen nicht so wichtig, ebenso wie auch ein besonderer Medieneinsatz nicht als notwendige Voraussetzung für qualitativ hochwertige Lernarrangements angesehen wird.
4. Für die *interaktionsorientierten Avantgardisten* drückt sich Qualität in einem reichhaltigen Set an Unterstützungsangeboten aus. Sie sind daran interessiert, neben fachlichen Zielen vor allem auch ihre Lernkompetenz zu steigern. Dabei ist für sie ein interaktionsorientiertes Lernarrangement notwendig, das einen reichhaltigen und vielfältigen Medieneinsatz integriert.

Als stärkstes Differenzierungsmerkmal zwischen den vier Gruppen fungiert die Merkmalsgruppe „Interaktions- und Kommunikationsorientierung", die die Einflussgrößen „tutorielle Unterstützung", „Präsenzveranstaltungen" und „Kooperation mit Mitlernern" umfasst.

Soziodemografische Merkmale wie beispielsweise Alter, Geschlecht, Anzahl der Kinder oder Personen im Haushalt weisen hingegen nur geringe Differenzierungskraft in Bezug auf die Gruppenzugehörigkeit auf. Zwar gibt es in jedem Merkmalsbereich leichte Unterschiede in den Verteilungen – so ist etwa der Anteil der Frauen in den interaktionsorientierten Clustern höher als in den „Autonomen" –, jedoch ist kein substanzieller und inhaltlich gehaltvoller Unterschied mit hoher Differenzierungskraft zu erkennen.

Eine weitere Differenzierungsmöglichkeit ergibt sich für den Bereich der Erwerbstätigkeit. Lerner, die durch ihre Erwerbstätigkeit eher am Arbeitsplatz lernen, artikulieren tendenziell ein geringeres Interaktions- und Kommunikationsbedürfnis als Lerner, die nicht erwerbstätig sind und verstärkt von zu Hause aus lernen. Ein möglicher Erklärungsansatz liegt darin, dass arbeitsplatzintegriertem Lernen in der Regel eine größere Zweckorientierung zu Grunde liegt als privat motiviertem Lernen. Es ist stärker auf den Zweck der Steigerung arbeitsbezogener Qualifikation ausgerichtet und weniger prozessorientiert.

Auch Bildungserfahrungen haben einen Einfluss auf die Clusterzugehörigkeit. Die Studie zeigt jedoch, dass „Lernerfahrung", „Kurserfahrung" und „Fortbildungs-

Der Individualist

(N=328)

- Inhaltsorientiert
- Inhaltsbezogene Qualitätsansprüche ∩
- Individualisierte Angebote ∩
- Didaktische Strukturierung ∩
- Selbstgesteuertes Lernen ∩
- Präsenzveranstaltungen, Interaktion- und Kommunikation ∪

Der Ergebnisorientierte

(N=235)

- Eigenständig & zielorientiert
- Individualisierung ∪: Standardangebote
- Arbeitsintegriertes Lernen ∩
- Instrumentelle Zweckorientierung
- Lern- und Medienkompetenz ∩
- Präsenzveranstaltungen, Interaktion- und Kommunikation ∪

Der Pragmatiker

(N=293)

- Bedarfsorientiert
- Individualisierte Angebote ∪
- Tutorielle Betreuung sachorientiert ∩
- Außerökonomische Kosten ∩
- Information & Beratung ∩
- Personalisierung der LP ∩
- Didaktische Anforderungen ∩

Der Avantgardist

(N=392)

- Interaktionsorientiert
- Diskussion/Kommunikation ∩
- Tutorielle Betreuung lernerorientiert ∩
- Medien/Technik avantgardistisch (∩)
- Virtuelle Lerngruppen ∩
- Information & Beratung ∩
- Didaktische Reichhaltigkeit ∩

Abb. 3.5 Zielgruppenspezifische Qualitätsprofile für E-Learning aus Lernersicht

häufigkeit" unterschiedliche Einflüsse auf die Clusterzugehörigkeit der Befragten haben und daher nicht zu einem einheitlichen Bereich (wie etwa „Bildungserfahrung") zusammengefasst werden können. Es zeigt sich vielmehr, dass hohe Lernerfahrung im Sinne von „Kursanzahl" eine individuell-ergebnisorientierte Qualitätspräferenz (Gruppe Individualisten und Ergebnisorientierte) befördert, während Lernerfahrung, definiert als „Lerndauer", die Entwicklung interaktions- und kommunikationsintensiver Qualitätspräferenzen begünstigt, wie bei den Pragmatikern oder Avantgardisten.

Abschließend erscheint es noch einmal geboten auf den prototypischen Charakter der entwickelten Qualitätstypologie einzugehen: Die entwickelte Klassifikation dient nicht dazu, die Realität exakt zu kartografieren, sondern möchte vielmehr Landmarken setzen, die als Orientierungspunkte beziehungsweise Leitlinien bei der Entwicklung von E-Learning-Angeboten dienen können. Es gilt dabei, dass erst durch das Einbeziehen unterschiedlicher Sichtweisen der beschriebenen Multiperspektivität von Bildungsqualität Rechnung getragen werden kann.

Um die neuen Erkenntnisse für E-Learning fruchtbar zu machen, werden nun Instrumente entwickelt, in die zielgruppenspezifische Qualitätsprofile eingehen. Denn lernerorientierte Qualitätsansätze benötigen auch zielgruppenbezogene Evaluationsinstrumente und flexible mediendidaktische Entwürfe.

3.7 Mediendidaktische Konsequenzen und weitere Perspektiven

E-Learning ist nicht eine homogene Lernform, sondern hat unterschiedliche Ausprägungen, Organisationsformen und findet in verschiedensten institutionellen und sozialen Kontexten sowie in unterschiedlichen (lern-)biografischen Phasen statt. Obwohl für die Studie bereits eine Eingrenzung des Untersuchungsgegenstandes vorgenommen wurde, spiegelt sich in den ermittelten Qualitätspräferenzen doch eine große Differenziertheit wider. So können beispielsweise Präsenzveranstaltungen in E-Learning-Arrangements in den Augen der Befragten unterschiedliche Funktionen zu verschiedenen Zeitpunkten haben, wenn sie nicht von vornherein als unwichtig erachtet werden.

E-Learning als Lernform hat aus der Sicht der Lerner potenziell ein großes Spektrum. Die Explikation der subjektiven Ansprüche an diese Art des Lernens bietet einerseits einen substantiell-gehaltvollen Erkenntnisfortschritt, weist zugleich jedoch auf weitere notwendige Entwicklungsschritte hin, die im Folgenden in drei Aspekten zusammengefasst werden sollen.

3.7.1 Subjektive Qualitätsprofile als Ausgangspunkt mediendidaktischer Entwicklungen

Qualitätsprofile bilden Vorstellungen davon ab, wie Lernen idealerweise funktionieren soll beziehungsweise wie Lernarrangements idealerweise gestaltet sein sollten, um Lernen zu ermöglichen. Das heißt, dass jedem Qualitätsprofil gewissermaßen implizit auch ein subjektiver Begriff von qualitativ „gutem" Lernen zu Grunde liegt.

Der Versuch die Qualitätspräferenzen der vier Cluster im Raum bestehender didaktischer Ansätze zu verorten macht deutlich, dass ihnen unterschiedliche didaktische Vorstellungen zu Grunde liegen. Steht im einen Fall eher ein Ansatz didaktischer Wissensorganisation im Vordergrund, in dem Lernen und Informieren als Handlung miteinander verschmelzen (wie beim „Individualisten" und beim „Ergebnisorientierten"), so liegt anderen Clustern (insbesondere den „Avantgardisten") explizit eine ganzheitliche Lernpräferenz eigenaktiver Exploration zu Grunde, wie sie im lerntheoretischen Paradigma des Kognitivismus (und auch Konstruktivismus) angelegt ist. Wünschen sich die Lerner der ersten beiden Cluster vor allem strukturierte Inhalte beziehungsweise Materialien zum Selbstlernen (Cluster der inhaltsorientierten Individualisten), mit denen sie zielstrebig und effektiv ein Ergebnis erreichen möchten (Cluster der eigenständigen Ergebnisorientierten), so steht bei den anderen beiden Clustern eher das Lernen in sozialer Auseinandersetzung und in einem ganzheitlichen Lernarrangement im Vordergrund, das die eigenaktive Erschließung neuer Wissensgebiete fördert.

Die Bezüge zwischen didaktischen Ansätzen und den dargestellten Qualitätspräferenzen liegen auf der Hand – auch wenn an dieser Stelle keine ausführliche Diskussion bestehender Ansätze und deren Eignung für die jeweiligen Cluster angeschlossen werden soll. Es wird jedoch deutlich, dass die hier vorgestellten Qualitätstypen durchaus für die pädagogische Praxis fruchtbar gemacht werden können.

Kerres und de Witt (2002) sehen die bisherige mediendidaktische Debatte eng an die lerntheoretischen Modelle geknüpft. Sie stellen die Frage, ob es zukünftig noch sinnvoll ist, entlang der lerntheoretischen Einordnung nach dem „einen richtigen" lerntheoretisch fundierten didaktischen Ansatz zu suchen. Ihre Einschätzungen bieten einen Ansatzpunkt der mit den beschriebenen Ergebnissen eng zusammenhängt: Wenn die Mediendidaktik die Aufgabe hat, Lernangebote zu konzipieren, sollte sie dabei auf ein möglichst breites Spektrum von Methoden und Ansätzen zurückgreifen können, um die jeweiligen Präferenzmuster und Situationen der Lerner angemessen berücksichtigen zu können. Die Konstellationen, in denen mit Medien gelernt wird, und die Präferenzen der Lerner sind so vielfältig, dass didaktische Prinzipien wie z. B. authentische Einbettung, Kooperation beim Lernen oder Lernen durch Lehre natürlich mögliche, aber nicht prinzipiell vorteilhafte Ansätze darstellen (ebenda). Hier geht es nicht darum, eine völlige Vermischung und Verwässerung von Ansätzen zu fordern. Die bisherigen Ansätze sind durchaus voneinander unterscheidbar. Die zentrale Frage der Mediendidaktik muss jedoch zukünftig nutzer- und situationsbezogener und nicht länger paradigmatisch beantwortet werden: Unter welchen Bedingungen können Menschen mit Medien erfolgreich lernen? Es geht darum, den Prozess zu beschreiben, wie Lernmedien gestaltet werden können, um bestimmte Ziele zu erreichen.

Der von Kerres und de Witt (ebenda) vorgestellte Ansatz wird als pragmatisch beschrieben: Ein pragmatischer Ansatz liegt quer zu den lerntheoretischen Ansätzen, bewertet diese nicht per se als positiv oder negativ, und fragt jeweils in und für eine Situation, welches Konzept welchen Beitrag zur Problemlösung liefert, die Perspektive menschlichen Handelns und die Handlungsfähigkeit von Menschen zu erweitern. Ein so verstandener Pragmatismus zielt dabei nicht auf eine relativistische Position, sondern vielmehr darauf, die Bewertung von Lehrkonzepten nicht von vornherein zu vollziehen. Lehrkonzepte sind in diesem Sinne nicht gut oder schlecht, sondern nur für eine Situation angemessen oder nicht. Die Bewertung ist insofern an einen Prozess gebunden, der die jeweils spezifische Situation berücksichtigt.

Ein pragmatischer Ansatz setzt bei den Lernenden an und rückt Handlungen in das Zentrum der Überlegungen. Er berücksichtigt Situation und Erfahrungen der Lernenden. Das heißt, dass Lernende in diesem Ansatz von vornherein eine Schlüsselposition zugewiesen bekommen. Es geht darum, mediengestützte Lernarrangements zu entwickeln, die der jeweiligen Situation, den lernbiografischen Vorerfahrung, der Lernkompetenz und dem Vorwissen der Lernenden entsprechen.

Notwendigerweise müssten dafür Diagnoseinstrumente entwickelt werden, die es ermöglichen, frühzeitig die Qualitätspräferenzen und Lernstrategien von Lernern zu ermitteln. Im Sinne eines modular serviceorientierten Qualitätsansatzes könnten dann zielgerichtet angemessene Unterstützungs- und Begleitangebote – im Sinne der im Modell dargelegten Qualitätsfaktoren – gemacht werden.

Dabei darf nicht außer Acht gelassen werden, dass sich im Lernen eine Entwicklung vollziehen soll. Nicht nur entlang der Dimension neu erworbener oder veränderter Kompetenzen im Sinne einer Entwicklung vom Novizen zum Experten, sondern möglicherweise auch – aufgrund der gemachten Lernerfahrungen – von einem Qualitätstyp zu einem anderen.

3.7.2 Integration subjektiver Qualität in bestehende Qualitätssysteme

Ein anderer Bereich praktischer Relevanz ist die Einbettung der entwickelten Dimensionen in bestehende Qualitätssysteme. Darunter fallen Qualitätssicherungs-, Qualitätsentwicklungs- und Qualitätsmanagementansätze. Solche Ansätze stehen oftmals in einem Dilemma: Zum einen sollen sie dem Anspruch genügen, Lernarrangements auf die Bedürfnisse von Lernern hin auszurichten, zum anderen fehlt die notwendige normative – zumal empirisch fundierte – Grundlegung dafür, wie solche Bedürfnisse ausgestaltet sind.

Evident wird dies anhand prozessorientierter Qualitätsmanagementansätze, die zwar Relationen und Prozesse definieren, sie jedoch nicht auf konkrete lernerorientierte Lernsituationen beziehungsweise -arrangements hin optimieren. Der Realisierung lernerorientierter Lernangebote liegt immer eine implizite Annahme über die Anforderungen an ein lernerorientiertes Lernarrangement zu Grunde. Das entwickelte Qualitätsmodell bietet in diesem Sinne eine normative Komponente, die gekoppelt mit prozessorientierten Qualitätsmanagementmodellen zur Optimierung von Lernarrangements im Sinne lernerorientierter Angebote beitragen kann.

3.7.3 Wirkungsforschung für subjektive Qualitätsentwicklung

Schließlich stellt sich die Frage nach den Wirkungen lernerorientierter Qualitätsentwicklung. Die Validität des entwickelten Modells und der Typologie subjektiver Qualität steht dabei zur Disposition. Es geht darum, zu erforschen, wie sich die Umsetzung der Qualitätsprofile in konkreten Lernarrangements auf den Lernprozess auswirkt. Dabei sollte sowohl die funktionale Ebene zur Disposition stehen, indem untersucht wird, ob das Modell alle relevanten subjektiven Qualitätspräferenzen abbilden kann, als auch die Ebene der Wirkungen, indem aufgeklärt wird, ob sich eine Orientierung an individuellen Lernerpräferenzen im Ergebnis fördernd oder hemmend auf den Lernprozess auswirkt.

Literatur

ASTD/Masie Center (2001): If we built it, will they come? Alexandria 2001. Available at: http://www.masie.com/masie/researchreports/ASTD_Exec_Summ.pdf.

Baumgartner, P. (1999): Evaluation mediengestützten Lernens. Theorie-Logik-Modelle. In: Kindt, M. (Hrsg.): Projektevaluation in der Lehre – Multimedia an Hochschulen zeigt Profil(e). Münster: Waxmann 1999, S. 61–69.

Behrendt, E. (1998): Multimediale Lernarrangements im Betrieb. Grundlagen zur praktischen Gestaltung neuer Qualifizierungsstrategien. Bielefeld: Bertelsmann 1998.

Benner, D. (1994). Studien zur Theorie der Erziehungswissenschaft. Weinheim; München: Juventa.

Bertelsmann Stiftung, Deutscher Volkshochschul-Verband e.V. (Hrsg.) (2002): Nachfrageanalyse Telelernen in Deutschland. Eine Repräsentativerhebung zu Potenzial, Bedarf und Erwartungen im Privatkundenmarkt. Gütersloh, Frankfurt a.M.: Bertelsmann 2002.

Berwick, R.C. (1989): Continuous Improvement as an Ideal in Health Care. In: New England Journal of Medicine, 320, 1989, pp. 53–56.

Cognos/Innotec (2002): Akzeptanz von E-Learning. München 2002. Online verfügbar unter: http://support.cognos1.de/schulung/studie_ueberblick.pdf.

Ehlers, U. (2003a): Qualität im E-Learning: Empirische Grundlegung und Modellkonzeption einer subjektorientierten Qualitätsentwicklung. Dissertation. Bielefeld

Ehlers, U., Gerteis, W., Holmer, T., Jung, H. (Hrsg.) (2003b): E-Learning-Services im Spannungsfeld von Pädagogik, Ökonomie und Technologie. L³-Lebenslanges Lernen im Bildungsnetzwerk der Zukunft. Bielefeld: Bertelsmann.

Ehlers, U.D., Pawlowski, J.M., Görtz, L. (2003c): Qualität von E-Learning kontrollieren, Die Bedeutung von Qualität im E-Learning. In: Hohenstein, A., Wilbers, K. (Hrsg.): Handbuch E-Learning, Expertenwissen aus Wissenschaft und Praxis: Strategien, Instrumente, Fallstudien. Köln: Verlag Deutscher Wirtschaftsdienst 2003.

Fend, H. (2000): Qualität und Qualitätssicherung im Bildungswesen: Wohlfahrtsstaatliche Modelle und Marktmodelle. In: Zeitschrift für Pädagogik, 41. Beiheft: Qualität und Qualitätssicherung im Bildungsbereich: Schule, Sozialpädagogik, Hochschule. (Hrsg. von A. Helmke, W. Hornstein und E. Terhart). Weinheim und Basel: Beltz Verlag 2000.

Fricke, R. (1995): Evaluation von Multimedia. In: Issing, L.J. und Klimsa, P. (Hrsg.): Information und Lernen mit Multimedia. Weinheim: Beltz: Psychologische Verlagsunion 1995, S. 400–413.

Gnahs, D. (1999): Zwischenbilanz der Qualitätsdebatte. In: Deutsches Institut für Erwachsenenbildung (DIE); Nuissl, E.; Schiersmann, Ch.; Siebert, H.; Weinberg, J. (Hrsg.): Literatur- und Forschungsreport Weiterbildung Juni 1999. Report 43. Thema: Qualität. Wissenschaftliche Halbjahresschrift des DIE. Bielefeld: Bertelsmann 1999.

Harel, I. and Papert, S. (eds.) (1999): Constructivism. Norwood, New Jersey: Ablex 1999.

Hohenstein, A. und Wilbers, K. (Hrsg.) (2002): Handbuch E-Learning. Expertenwissen aus Wissenschaft und Praxis. Köln: Verlag Deutscher Wirtschaftsdienst 2002.

Jonassen, D. (ed.) (1996): Handbook of Educational Communications and technology. New York: Macmillan 1996.

Kerres, M., de Witt, C. (2002): Quo vadis Mediendidaktik? Zur theoretischen Fundierung von Mediendidaktik. In: Medienpädagogik. Onlinezeitschrift für Theorie und Praxis der Medienbildung. Ausgabe: Theoriebildung in Mediendidaktik und Wissensmanagement. Online verfügbar unter http://www.medienpaed.com.

Massy, J. (2002): Quality and E-Learning in Europe. Twyford 2002. Available at: http://www.elearningage.co.uk/go1.htm.

Mummert und Partner (2002): E-Learning braucht Nachhilfe. Hamburg 2002. Online verfügbar unter: http://www.mummert.de/deutsch/press/a_press_info/022506.html.

Pollitt, C. (1998): Improving the Quality of Social Services: New Opportunities for Participation? In: Flösser, G. and Otto, H.-U. (eds.): Towards more Democracy in Social Services. Berlin: Walter de Gruyter 1998, pp. 354 ff.

Reeves, T. (1999): A Research Agenda for Interactive Learning in the New Millenium. In: Proceedings: Ed-Media '99, Seattle, WA, USA, AACE. Charlottesville, VA 1999.

Schenkel, P. (Hrsg.) (2000): Qualitätsbeurteilung multimedialer Lern- und Informationssysteme. Evaluationsmethoden auf dem Prüfstand. Reihe: Multimediales Lernen in der Berufsbildung. Nürnberg: BW Bildung und Wissen Verlag und Software GmbH Nürnberg 2000.

Sennet, R. (1998): Der flexible Mensch. Die Kultur des neuen Kapitalismus. Berlin: Berlin Verlag 1998.

Terhart, E. (2000): Qualität und Qualitätssicherung im Schulsystem. Hintergründe – Konzepte – Probleme. Zeitschrift für Pädagogik, 46 (6), 809–829.

Wilsonk, B. and Lowry, M. (2001): Constructivist Learning on the Web. In: Burge, L. (ed.): Learning Technologies: Reflective and Strategic Thinking. Jossey-Bass, San Francisco 2001. Available at: http://ceo.cudenver.edu/~brent_Wilson/WebLearning.html.

4 Qualitätssicherung für kooperatives E-Learning in Kleingruppen

Stefan Münzer

Abstract

Netzbasierte Interaktion und Kommunikation zwischen Weiterbildungsteilnehmern kann das Online-Lernen attraktiver machen. Damit kooperative Lernprozesse zu erfolgreichem Lernen führen, bedarf es einer sorgfältigen Qualitätsentwicklung für Instruktionsdesign, Technologie, Vorbereitung und Durchführung. Der vorliegende Beitrag beschreibt auf der Basis von empirischen Erfahrungen mit dem kooperativen netzbasierten Lernen in der beruflichen Weiterbildung, welche Einflussfaktoren eine maßgebliche Rolle spielen, wie kooperative Lernprozesse evaluiert und verbessert werden und wie Autoren und Tutoren selbst für die Qualitätssicherung sorgen können.

4.1 Einleitung

Weiterbildungsteilnehmer, die online lernen, wünschen sich Kommunikation, Interaktion und Betreuung. Hierfür bietet sich gerade im Internet das Lernen in „virtuellen" Kleingruppen an. Das Lernen in einer „virtuellen" Kleingruppe als Teil eines netzbasierten Lernangebots ermöglicht lebendige Interaktion, aktives Lernen und gegenseitige Anregung. Virtuelle Lerngruppen können gemeinsam Lernstoff vertiefen und wiederholen, bei Problemlösungs-Aufgabenstellungen Lösungsmöglichkeiten diskutieren, Projekte bearbeiten oder Rollenspiele in Sprach- und Kommunikationstrainings durchführen und nachbearbeiten. Gemeinsames Lernen ermöglicht den fachlichen und sozialen Austausch, der beim E-Learning oft fehlt.

Netzbasierte Technologien können kooperatives Lernen sinnvoll unterstützen. Sie können beispielsweise den gemeinsamen Zugriff auf Lernmaterialien ermöglichen, Lernsitzungen aufzeichnen und wiedergeben, die Organisation und den Datenaustausch vereinfachen, den Lernprozess steuern und Teletutoren die Arbeit erleichtern.

Obwohl das Internet heute eine Fülle von Kommunikationsmöglichkeiten bietet – und hier das entscheidende Potenzial gegenüber dem einsam durchgearbeiteten Fernstudienmaterial oder einem allein durchgeklickten Web Based Training liegt –, ist eine sinnvolle Realisierung netzbasierten Lernens in Kleingruppen bislang selten anzutreffen. Die Hürde besteht darin, dass für erfolgreiches Lernen eine ganze

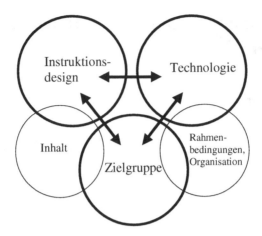

Abb. 4.1 Vernetzte Einflussfaktoren auf das kooperative E-Learning

Reihe von Faktoren sorgfältig aufeinander abgestimmt werden muss. Jeder einzelne Faktor für sich kann zum Misslingen führen. Weder eine optimale Instruktion noch die neueste Technologie können allein den Erfolg bringen, weil die Lernenden stets Ko-Produzenten des Ergebnisses sind. Die wichtigsten Einflussfaktoren beim kooperativen E-Learning sind das didaktische Design, die Lernprozess- und Kommunikationsunterstützung durch die Technologie, die Kompetenzen und die Vorbereitung der Teilnehmer, die Kompetenz der Teletutoren, der Lernkontext (Rahmenbedingungen, Art der Weiterbildung) und der Lerninhalt. Ein Erfolg kann sich erst dann einstellen, wenn alle Faktoren zueinander passen (Abbildung 4.1). Die Abstimmung ist zwar schwierig und zu Beginn sehr aufwändig, aber nicht unmöglich.

Aktuelle empirische Erfahrungen im Feld der beruflichen Weiterbildung zeigen, dass Lernformen, Organisation, Inhalte und Technologie heute noch nicht gut zueinander passen – und oft auch nicht zu den Weiterbildungsteilnehmern. Lernende sowie Autoren und Tutoren haben noch wenig Erfahrung mit kooperativem Lernen im Netz. Es fehlt auch an praxistauglichen Methoden, mit denen kooperatives E-Learning begleitend evaluiert und optimiert werden kann, um die Qualität zu sichern.

Dieser Beitrag fokussiert kooperatives E-Learning in Form von synchronen Sitzungen in „virtuellen" Kleingruppen, die sich zum Lernen im Internet oder Intranet „treffen" und ihre Lernsitzung mit einem Kommunikations-Softwarewerkzeug durchführen. Bei dieser Software handelt es sich meist um ein Chat-Werkzeug, wobei sich die Teilnehmer in einem gemeinsamen „virtuellen" Raum befinden und in Form von geschriebenen kurzen Texten kommunizieren. Unter „kooperativem E-Learning" sollen Lernprozesse verstanden werden, bei denen Lernende innerhalb eines didaktisch sinnvollen, geplanten Rahmens miteinander interagieren und kommunizieren. Im Idealfall steht den Kleingruppen ein Tutor zur Seite. Der Tutor hat jedoch ausdrücklich nicht die Funktion, eine Lernsitzung vorzubereiten, zu moderieren und die Koordination zu steuern. Statt den lehrerzentrierten Klassen-

raum ins Netz zu portieren, soll bei dem hier vorgestellten Ansatz die selbstständige Kleingruppe von Teilnehmern im Mittelpunkt stehen, wobei ein Tutor ggf.
Beratungs-, Experten- und Überwachungsfunktionen („Monitoring" des Lernprozesses) übernimmt. Die synchronen Lernsitzungen der Kleingruppe („kooperative
Lernepisoden") sind Bausteine innerhalb eines Lernangebots; sie sind gewöhnlich in
ein Kursangebot eingebettet, das auch individuelles E-Learning, asynchronen Daten-
und Informationsaustausch sowie Präsenzphasen einschließen kann.

Die folgenden Fragen werden behandelt:

- Wann und in welchen Kontexten ist es sinnvoll, synchrones kooperatives E-
  Learning von selbstständigen Kleingruppen einzusetzen?
- Wie kann synchrones kooperatives E-Learning organisiert werden?
- Welche Faktoren spielen eine entscheidende Rolle für Erfolg oder Misserfolg bei
  netzbasierten kooperativen Lernsitzungen von selbstständigen Kleingruppen?
- Wie kann synchrones kooperatives E-Learning durch Software optimal unter-
  stützt werden?
- Wie kann der kooperative Lernprozess evaluiert und wie kann die Qualität von
  kooperativem E-Learning gesichert werden?

Zur Beantwortung dieser Fragen stützt sich der Beitrag auf die feldorientier-
ten Erfahrungen des BMBF-Verbundprojekts „ALBA". In diesem Projekt werden
Pilotstudien durchgeführt, in denen synchrones kooperatives E-Learning im realen
Kontext der innerbetrieblichen Weiterbildung (SAP AG) und in der außerbetrieblichen Weiterbildung (CJD Maximiliansau) realisiert wird.

4.2 Lehrziele und Kontexte
für synchrones kooperatives E-Learning

Kooperatives E-Learning wird heute noch nicht in intentionaler Weise eingesetzt;
eine „Online-Didaktik des kooperativen Lernens" fehlt. Kooperationsangebote gibt
es heute vor allem als begleitende, asynchrone Betreuung (z. B. als Forum oder
E-Mail an den Tutor), während die Lerninhalte individuell erarbeitet werden. Die
synchrone Kooperation ist eine sehr anspruchsvolle Form des gemeinsamen Lernens; sie verspricht dann ein intensives und kommunikatives Lernerlebnis, wenn die
Teilnehmer aktiv partizipieren können. Hierfür kommt nur die Kleingruppe mit einer
Gruppengröße von maximal fünf Teilnehmern in Frage. Eine vollständige tutorielle
Betreuung solcher Kleingruppen ist wegen der hohen Kosten nur in bestimmten Fällen (Ausbildung von Teilnehmern mit Behinderung; Führungskräftetraining) vertret-
bar. Für welche Lehrziele und in welchen Kontexten der beruflichen Weiterbildung
erscheint also Lernen in selbstständigen virtuellen Kleingruppen möglich?

Für Stahl (2002) besteht das Paradigma kooperativen Lernens in der kollaborativen Erzeugung neuen Wissens, welches in der Gruppe „geteilt" wird. Kooperatives
E-Learning würde demnach vor allem für „offene Lernformen" Sinn machen, wo
Probleme zu entdecken und zu definieren sind, wo Lösungswege gefunden werden
sollen, wo Lernen durch Simulation stattfindet oder wo unterschiedliche Wissens-
hintergründe eingebracht werden. Dieses Paradigma ist allerdings in der Realität der

beruflichen Weiterbildung nicht anwendbar. In der beruflichen Weiterbildung besteht traditionell die Notwendigkeit, einzelnen Personen zielgerichtet Kompetenzen zu vermitteln, beispielsweise die Kompetenz, Transaktionen in einer Datenbanksoftware durchzuführen, eine Software zur Finanzberatung richtig einzusetzen, die korrekte Redewendung in der Fremdsprache zu beherrschen oder die neue globale Strategie des Unternehmens zu kennen. Das Angebot an E-Learning deckt heute vor allem Standardinhalte ab (Softwareschulung, Sprachschulung, Fachinhalte, unternehmensspezifisches Wissen).

Da in der beruflichen Weiterbildung – zumindest für die meisten Inhalte – zunächst der Lernerfolg des Einzelnen zählt, liegen die Vorteile des kooperativen Lernens zunächst in einer Motivationssteigerung und einem vertieften Verarbeiten der Lerninhalte durch das Besprechen und Elaborieren in der Gruppe. Der Anwendung kooperativen Lernens ist dabei nur durch die didaktische Fantasie der Autoren und Tutoren eine Grenze gesetzt. Aktuelle Forschung beschäftigt sich unter dem Stichwort „Kooperationsskript" mit Möglichkeiten, wie Lerngruppen einen optimalen Interaktionsverlauf umsetzen, der sowohl „face-to-face" als auch virtuell realisiert werden kann (O'Donnell und Danserau 1992, Pfister und Mühlpfordt 2002). Kooperationsskripte können dabei ganz traditionelle Lernziele verfolgen, wie etwa das planvoll nachfragende, vertiefende Erklären eines Sachverhalts oder das kooperative Zusammenfassen eines Textes. Auch Konzept und Bedienung einer Software lassen sich kooperativ erarbeiten (ein Beispiel aus einer ALBA-Pilotstudie folgt weiter unten).

Über die auch derzeit in Web-Based Trainings vermittelten individuellen Kompetenzen gibt es in der beruflichen Weiterbildung darüber hinausgehende Erfordernisse. Das Training von „Soft Skills", etwa das Kommunikationstraining für das Beratungsgespräch, für das Call Center oder für die Fremdsprache, wird heute in Präsenzform durchgeführt. Es ist denkbar, auch hierfür kooperative E-Learning-Bausteine zu entwickeln, die beispielsweise Rollenspiel und Simulation für virtuelle – selbstständige – Kleingruppen nutzen und den kooperativen Lernprozess steuern (ein Beispiel aus einer ALBA-Pilotstudie wird weiter unten dargestellt).

Während also viele Lehrziele kooperativ erarbeitet werden können, bedarf es bei der Umsetzung in ein Instruktionsdesign (d. h. der Angabe des Weges dorthin) einer sorgfältigen Überlegung. Die Erfahrungen im Feld haben gezeigt, dass ein schlecht definiertes Instruktionsdesign gerade bei den lebhaften Interaktionen in Gruppen zu unvorhersehbaren Lernprozessen führt. Gut definierte Instruktionsdesigns beschreiben die Lernphasen und die von den Teilnehmern durchzuführenden Aktionen präzise und stellen die gerade benötigte Unterstützung (Lernmaterialien, Kommunikationsfunktionen, Instruktionen, Hinweise) „punktgenau" bereit. Gute Instruktionsdesigns sind durch fortgesetzte Felderprobung und eingehende formative Evaluation so optimiert worden, dass sich der Verlauf des Lernprozesses recht gut vorhersagen lässt.

Die Anwendung kooperativen synchronen Lernens in virtuellen Kleingruppen ist vor allem durch die gegebenen Rahmenbedingungen der Weiterbildung und durch die Voraussetzungen, die die Teilnehmer mitbringen, beschränkt. Es stellt sich weniger die Frage „Ist das Lernziel durch kooperatives Lernen erreichbar?" als vielmehr die Frage „Kann kooperatives Lernen in einer virtuellen Kleingruppe im gegebenen Kontext und mit der angesprochenen Zielgruppe erfolgreich umgesetzt werden?"

Die berufliche Weiterbildung kann unter ganz verschiedenen Rahmenbedingungen stattfinden, von denen drei exemplarisch herausgegriffen werden sollen, um die Bandbreite zu verdeutlichen.

1. Die Vermittlung unternehmensspezifischen Wissens an Mitarbeiter (z. B. zur Unternehmensstrategie, Schulung zu einem neuen Produkt) zeichnet sich dadurch aus, dass das Wissen im Unternehmen selbst erzeugt und für die Schulung aufbereitet wird. Die Wissensvermittlung findet bisweilen unter starkem Zeitdruck am Arbeitsplatz statt (z. B. durch Bereitstellung von E-Learning-Einheiten im Intranet), um den Wissensvorsprung der Mitarbeiter zu sichern. Diese Form von E-Learning geht fließend in das Wissensmanagement des Unternehmens über.

2. Oft qualifizieren sich Mitarbeiterinnen und Mitarbeiter berufsbegleitend weiter. Online-Akademien bieten zu bestimmten Themen (z. B. Sprachen, Programmierkenntnissen, Betriebswirtschaft, Management) netzgestützte Fernlehrgänge über Zeiträume von mehreren Monaten an. Der Lernerfolg wird mit Zertifikaten bestätigt.

3. Außerbetriebliche Weiterbildungszentren bieten qualifizierende Vollzeitausbildungen und Umschulungen. Während diese Aus- und Fortbildungen traditionell im Klassenverband durchgeführt werden, werden sie in Zukunft zunehmend modularisiert, individualisiert, mit E-Learning-Programmen in Lernzentren durchgeführt und auch netzgestützt angeboten, so dass von zu Hause auf das Lernangebot zugegriffen werden kann.

Auf den ersten Blick eignet sich eine längere Online-Fortbildung (2, 3) am besten für kooperatives E-Learning in virtuellen Kleingruppen, denn hier besteht die Möglichkeit, überdauernde Gruppen zu bilden, die gemeinsame Lernprojekte und Übungen durchführen. Für die Teilnehmer ist Kooperation bei länger dauernden Fortbildungen motivierend und reduziert die Abbruchquote. Bei stark modularisierten und individualisierten Angeboten in der Weiterbildung besteht jedoch das Organisationsproblem der Gruppenbildung. Auch für die kurzfristige Vermittlung unternehmensspezifischen Wissens kann sich die kooperative Vertiefung in netzbasierter Form (Erfahrungsaustausch unter Mitarbeitern, moderierter Chat mit dem Experten des Unternehmens) lohnen, vor allem für solche Unternehmen, die Mitarbeiter an verschiedenen Standorten oder im Außendienst haben.

„Quer" zu dieser Bandbreite an Kontexten können jeweils unterschiedliche Zielgruppen angesprochen sein, die sich hinsichtlich der Medienkompetenz, Kommunikationskompetenz, Motivation und Selbststeuerungsfähigkeit unterscheiden. Bei akademisch gebildeten, jüngeren Mitarbeitern sind die Voraussetzungen für einen erfolgreichen Einsatz von kooperativem E-Learning natürlich eher gegeben als bei älteren, mit den neuen technologischen Entwicklungen nicht vertrauten Weiterbildungsteilnehmern. Auf der anderen Seite ist gerade bei Umschulungen die Vermittlung von Medien- und Kommunikationskompetenz ein eigenes Lehrziel.

Zusammengefasst ist die Frage nach dem Einsatz von kooperativem E-Learning in virtuellen Kleingruppen eine Frage des Abwägens zwischen Ertrag und Aufwand im jeweiligen Kontext, der vor allem durch die Aktualität und Dauer der Fortbildung und den Eigenschaften der Zielgruppe bestimmt ist. Sind Inhalte längerfristig gültig, die Fortbildungsdauer eher lang, die Fortbildung qualifizierend (Zertifikat),

die Abbruchquote in einem unerwünscht hohen Bereich und bringen die Teilnehmer Mindestvoraussetzungen mit, dann erbringt die Einführung oder Optimierung
kooperativer netzbasierter Lernformen einen Ertrag, für den sich auch ein hoher
Einführungsaufwand bei der Erstellung von Instruktionsdesigns, Software und Organisation lohnt. Sind die Inhalte hingegen schnell veraltet, muss die Zielgruppe
aufwändig in Medienkompetenz und Kommunikation oder Lerntechnik geschult
werden, ist mit kurzlebigen Gruppen zu rechnen oder sind die Teilnehmer schwierig
in Kleingruppen zu organisieren, dann dürfte der Aufwand den Ertrag übersteigen.

Die tutorielle Betreuung lässt sich mit den hier ins Auge gefassten kooperativen Lernformen für selbstständige Kleingruppen effektiv gestalten: Ein Tutor mit
Beratungs- und „Monitoring"-Funktion kann mehr Teilnehmer betreuen als ein Tutor
als Lehrer in einem „virtuellen Klassenzimmer", ohne dass die Qualität des Lernens
oder der Betreuung leidet.

Anbieter von berufsbegleitenden Fernstudiengängen könnten mit der Nutzung
des Internets für kooperatives Lernen ihren Teilnehmern lebendigeres und akti-
veres Lernen bieten und gegenüber traditionellen Fernstudienanbietern einen Wettbewerbsvorteil erzielen.

4.3 Organisation von synchronem kooperativem E-Learning

Wenn ein Fernlehrangebot in „Klassenstärke" über einen definierten Zeitraum hin-
weg durchgeführt wird („klassisches" Fernlehrangebot mit definiertem Kursbeginn),
dann ist die Organisation vergleichsweise einfach. Kleingruppen können sich beispielsweise in initialen Präsenzphasen bilden und sich dann selbst weiter organisieren.

Schwierig wird die Organisation dann, wenn ein Online-Lernangebot so angelegt
ist, dass für jeden Wissensstand ein Einstieg jederzeit möglich sein soll. Das Lernangebot kann soweit modularisiert sein, dass ein Learning Management System
die Lerneinheiten sogar während der Laufzeit adaptiv nach Bedarf und Lernerpräferenzen zusammenstellt. In einer solchen Situation wird eine Gruppenbildung
schwierig, da Teilnehmer nicht zur gleichen Zeit die gleichen Lerninhalte bearbeiten.
Paradigmatisch wurde das Problem im BMBF-Leitprojekt L3 (L3 für „Lebenslanges
Lernen") gelöst (Holmer und Wessner 2003, Wessner und Pfister 2000, Wessner und
Holmer 2003). Hier gibt es im Verlauf eines Kurses so genannte „Points of Coopera-
tion" (PoCs), die ein Kursautor an einer bestimmten Stelle des Kurses (d. h. zu einem
bestimmten Thema und Wissensstand und mit einer bestimmen Lernform) vorgibt.
Das Learning Management System L3 lässt nun den Weiterbildungsteilnehmer den
„Point of Cooperation" zunächst in einen Pool „einsammeln" und überprüft im gesamten System, ob andere Teilnehmer ebenfalls diese kooperative Übung in ihrem
„PoC-Pool" haben. Eine kooperative Übung wird dann gestartet, wenn genügend
Teilnehmer für diese Übung vorhanden, gleichzeitig im System eingeloggt und mit
der Durchführung einverstanden sind. Anwendungskontext des L3-Systems ist die
außerbetriebliche Weiterbildung in Lernzentren; diese Lernzentren sind miteinander
vernetzt, so dass eine „kritische Masse" gleichzeitig anwesender Teilnehmer erreicht
werden soll. Das L3-System wurde bislang noch nicht im Routinebetrieb eingesetzt.

Es ist eine noch offene Frage, ob bei solcherart individualisierten Lernverläufen fallweise Kooperationen mit persönlich unbekannten und wechselnden Teilnehmern akzeptiert werden.

Ein realistisches Beispiel für die Organisation synchronen kooperativen Lernens bei einem außerbetrieblichen Weiterbildungsanbieter zeigt eine Pilotstudie im ALBA-Projekt. Vier Kleingruppen zu je 4 Teilnehmern führten durch Software gesteuerte Rollenspiele für die Fremdsprachenkommunikation unabhängig voneinander durch. Die Lehrkraft konnte jede Kleingruppenkommunikation von ihrem netzbasierten Tutorarbeitsplatz beobachten und sich bei Bedarf einschalten. Am Schluss fand ein gemeinsames „Plenum" statt, in welchem die Lehrkraft noch einmal bestimmte Dialogteile aus den Kleingruppen für alle besprach. Diese Organisation setzt einen festen Übungstermin voraus, funktioniert dann aber mit vergleichsweise geringem Aufwand für die Teilnehmer und erlaubt einen Betreuungsschlüssel, der dem einer Klassenstärke im Präsenztraining entspricht.

Ein weiteres Beispiel aus einer Pilotstudie zeigt eine Organisationsmöglichkeit in der innerbetrieblichen Weiterbildung mit Lernen am (Büro-)Arbeitsplatz. In einem großen Softwareunternehmen wurde eine Softwareschulung in Form eines Web Based Trainings (WBT) durch kooperative Lernsitzungen von Kleingruppen im Intranet ergänzt. Kleingruppen von je drei Teilnehmern verabredeten sich unabhängig voneinander zu „virtuellen" Lernsitzungen mit einem speziellen Softwarewerkzeug und wurden – ohne tutorielle Betreuung – von dem System durch eine Reihe vertiefender Aufgaben geleitet. Auch hier war ein Bezug zum Lernstand und eine zeitliche Koordination notwendig. Die erste kooperative Sitzung vertiefte Wissen aus dem WBT-Modul 1, während die zweite kooperative Sitzung Übungen und Materialien auf Basis von Modul 2 anbot. Eine Automatisierung der Kleingruppenorganisation mit Kalenderabgleich für die teilnehmenden Mitarbeiter ist heutzutage in einem unternehmensweiten Learning Management oder Groupware System denkbar. Nebeneffekt des Lernens in Kleingruppen: Die Organisation mit virtuellen Meetings spornte die Mitarbeiter nach eigener Aussage auch dazu an, die Schulung tatsächlich in der vorgegebenen Zeit durchzuführen und nicht selbstgesteuert hinauszuschieben.

4.4 Einflussfaktoren für den Erfolg von synchronen kooperativen Lernsitzungen

Eine synchrone kooperative Lernsitzung in einem Chat-Werkzeug kann leicht schief gehen – Teilnehmer finden das Lernmaterial nicht, befolgen die Instruktion nicht, wissen nicht, wer eigentlich ihre Mitlerner sind, schreiben durcheinander, führen Privatdiskussionen, dominieren oder schreiben gar nichts mehr, verwenden einen Großteil der Zeit auf koordinative, scherzhafte und meta-kommunikative Beiträge. Verschiedene Faktoren können allerdings beeinflusst werden, um das Ziel einer themenzentrierten, sachlichen Diskussion (mit einem „gesunden" Anteil an sozialen Beiträgen) zu erreichen, in der die Teilnehmer möglichst wenig koordinativen Aufwand haben und im Lernprozess die jeweils benötigte Unterstützung erhalten.

Faktor Zielgruppe. Der erste Faktor ist die Zielgruppe selbst. Teilnehmer müssen bezüglich der Medienkompetenz gewisse Mindestvoraussetzungen mitbringen. Dazu gehört sowohl die Computernutzung (Betriebssystem, gebräuchliche Office-Programme) als auch die Nutzung von netzbasierten Kommunikationsmitteln wie E-Mail, Foren oder Chat. Für die Nutzung von Chat-Werkzeugen ist Geschick beim Schreiben auf der Computertastatur von Vorteil. Während sich diese Mindestvoraussetzungen vergleichsweise einfach erfassen lassen, ist die Vorhersage, ob sich ein Teilnehmer sachdienlich kommunikativ oder dominierend, zurückgezogen, gar „störend" verhalten wird, ungleich schwerer. In den ersten Feld-Pilotstudien im ALBA-Projekt war es auffällig zu beobachten, dass manche Gruppen auch unter „schlechten" Rahmenbedingungen (wenig Unterstützung durch die Technologie, hoher Koordinations- und Selbststeuerungsaufwand) gute Lerndiskurse führten, während andere Gruppen auch unter „guten" Rahmenbedingungen (gute Unterstützung für den Lernprozess durch die Technologie, punktgenaue Bereitstellung von Instruktionen und Lernmaterialien) wenig sachdienliche Diskurse führten. Dies gilt übrigens für akademische wie nicht-akademische Teilnehmergruppen. Sind damit die Teilnehmer der einzig wichtige Faktor? Es wäre vorschnell zu schließen, dass einfach „Persönlichkeitseigenschaften" der Teilnehmer (wie etwa mangelnde „Kommunikationskompetenz", zu niedrige „Frustrationstoleranz", oder gar fehlende „soziale Intelligenz") ungünstige Verläufe von Lernsitzungen bewirken.

Zu einem guten Teil lassen sich unangemessene Verhaltensweisen darauf zurückführen, dass Teilnehmer nicht vertraut mit kooperativen Lerntechniken sind. Es existiert für sie kein automatisiertes „Verhaltensskript", das in der Situation des gemeinsamen Lernens in der Gruppe abgerufen werden könnte. Dies ist übrigens kein genuin netzbasiertes Problem. Viele Lern- und Arbeitsgruppen verfügen nicht über zielführende „gemeinsame Verhaltensskripte". Die Folge ist nicht nur eine unangemessene Verhaltensweise, sondern auch eine Unsicherheit darüber, ob die gerade durchgeführte Lernsitzung ein Erfolg war oder nicht. Ein Beispiel mag dies illustrieren (Linder und Rochon 2003): Bei einem Weiterbildungsanbieter übte eine Gruppe von Teilnehmern Redewendungen, wie sie in englischen Geschäftstelefonaten verwendet werden, in textbasierter Form (Chat) mit einem Rollenspiel (Anrufer – Angerufener). Im Anschluss an das simulierte „Gespräch" sollte in der Kleingruppe Feedback zu dem Dialog gegeben werden (Redewendungen korrigieren etc.). Es konnte beobachtet werden, dass das simulierte Telefongespräch – auch wenn in der Fremdsprache „improvisiert" wurde – immer dem eingeschliffenen Kommunikationsskript „Telefongespräch" folgte (beispielsweise stets korrekt in den Rollen blieb und korrekt beendet wurde), während die Teilnehmer große Schwierigkeiten mit dem wechselseitigen Feedback hatten. Statt sachlichem, konkretem Feedback („hier könnte man auch Redewendung XY verwenden") gaben sie sich gegenseitig globales, soziales Feedback („das war doch schon sehr gut bei Euch"). Im Gegensatz zum Telefonskript gab es kein adäquates Feedbackskript für diese Lernsituation. Teilnehmer müssen also auf kooperatives Lernen vorbereitet werden. Die Verhaltensweisen, die zu kooperativen Lerntechniken gehören, müssen den Teilnehmern als sinnvoll vermittelt und trainiert werden. Es besteht die berechtigte Hoffnung, dass unangemessene Verhaltensweisen dadurch vermindert werden.

Faktor Instruktionsdesign Der zweite Faktor, das Instruktionsdesign, beschreibt den Lernprozess als eine Folge von Lernphasen mit den dazugehörigen Lernaktivitäten. Im oben aufgeführten Beispiel wären dies drei Lernphasen – zunächst eine Phase individueller Arbeit, in der sich die Teilnehmer mit den Redewendungen vertraut machen, dann die Rollenspielphase und als drittes die Feedbackphase. Für jede Phase existiert eine Beschreibung, welche (kognitiven) Lernaktivitäten die Teilnehmer individuell oder miteinander durchführen sollen. Der Erfolg oder Misserfolg einer kooperativen Lernepisode kann entscheidend vom „Auflösungsgrad" des Instruktionsdesigns abhängen. In einer anderen Studie sollten Teilnehmer einer Kleingruppe in der innerbetrieblichen Weiterbildung in kurzen Diskussionen von 5–10 Minuten bestimmte Aspekte des zuvor gelernten Wissens (Konzepte des Betriebssystems „Linux") vertiefen. Obwohl nur kurze Diskussionen zu fest umrissenen Themen stattfinden sollten, verlief der Lerndiskurs in verschiedenen Gruppen ganz unterschiedlich. Es konnte beobachtet werden, dass erfolgreiche Gruppen nacheinander folgende Lernaktivitäten abarbeiteten: Wiederholung des Lernmaterials – Klärung von offenen Fragen – Elaboration und Verknüpfung mit bereits vorhandenem Wissen (Münzer 2003). Das Instruktionsdesign könnte diese drei Lernaktivitäten in drei voneinander abgegrenzten Phasen spezifisch anleiten und unterstützen. Ein solches, hier „fein aufgelöstes" Instruktionsdesign macht es wahrscheinlicher, dass die verschiedenen Gruppen vorhersehbare Lernprozesse durchlaufen.

Das Instruktionsdesign muss durch eine koordinative Steuerung umgesetzt werden. Kritisch ist nicht nur die Durchführung einzelner Lernaktivitäten in einer Phase, sondern auch der Phasenübergang. Wenn nicht ein Moderator oder Tutor die Gruppe durch den Lernprozess leitet, dann muss sich die Gruppe jeweils von der aktuellen Diskussion lösen und auf der Koordinationsebene entscheiden, ob in die nächste Phase gegangen werden soll. Die Software kann hier jedoch Steuerungshilfen anbieten.

Faktor Technologie. Technologische Unterstützung ist vielfältig:

- Unterstützung für die Organisation des Lernens (z. B. Bereitstellung von Lernmaterialien, Ablage für den Datenaustausch, Verwalten von Lerngruppen, Klassen und Kursen, Abgleich des Lernstandes der Teilnehmer, Finden von Mitlernern, Verwalten von Lernerfolgsprüfungen)
- Gestaltung der konkreten kooperativen Lernsitzung (Information über die Mitlerner, Kommunikationskanäle, Integration von Lernmaterial, Mittel zur Veränderung von Lernmaterialien, Lernprozesssteuerung)
- Unterstützung für Tutoren (Tutorarbeitsplatz, steuernde Eingriffsmöglichkeiten in eine kooperative Lernsitzung, Überwachung von Gruppen mittels automatisch aufbereiteter Daten, Verwaltung von eingesendeten Gruppenübungen, Unterstützung bei der Erstellung und Verwaltung von Lernmaterialien, Unterstützung für das Erheben von Feedback von den Teilnehmern).

Bei der Verwendung kommerzieller Lernplattformen für das kooperative Lernen in virtuellen Kleingruppen wurde in ALBA-Pilotstudien festgestellt, dass oft einfache, aber dringend benötigte Funktionalitäten fehlten. So gibt es meist die Möglichkeit, Klassen einzurichten und innerhalb dieser Klassen Untergruppen einzurichten

(„Break-Out-Groups"). In den Untergruppenbereichen jedoch fehlt dann bisweilen sogar eine einfache Anzeige, wer noch alles „da" ist, in anderen Fällen können Lernmaterialien nicht hineingeladen werden. Da der Tutor in den Untergruppen nicht als Moderator verfügbar ist, macht sich die fehlende Lernprozess- und Rederechtsteuerung hier besonders bemerkbar. In Lernplattformen ist oft eine gute Unterstützung für Lernerfolgsprüfungen mit unmittelbarer Falsch-Richtig-Auswertung gegeben, selten aber eine Möglichkeit, Feedbackfragebögen auf einfache Weise zu erstellen und adäquat auszuwerten. Technologische Unterstützung, die sich auf die Gestaltung von kooperativen Lernsitzungen richtet, und zwar so, dass sie zu kooperativen Instruktionsdesigns passt und technologische Möglichkeiten der Lernprozesssteuerung nutzt, wird im nächsten Abschnitt beschrieben.

4.5 Softwarewerkzeuge für synchrone kooperative Lernsitzungen

Bei der Realisierung der netzbasierten Kommunikation werden im ALBA-Projekt für das kooperative Lernen textbasierte Werkzeuge (Chat-Werkzeuge) favorisiert. Neben praktisch-technischen Gründen (geringere Hardwareanforderungen auf der Clientseite, geringere Netzwerklast, geringere Speicheranforderung) hat der Chat für Lernzwecke folgende Vorteile:

- Chats sind mit geringem Speicheraufwand speicherbar und wieder abrufbar. Die Lernsitzung ist flexibel verfügbar, falls man später etwas nachlesen möchte.
- Wenn Kursteilnehmer sich kurzfristig aus einer Sitzung entfernen, können sie die zwischenzeitlich erfolgte Diskussion später nachlesen. Wenn Teletutoren sich in Sitzungen fallweise einschalten, können sie den bisherigen Ablauf der Diskussion rasch nachvollziehen.
- Wenn Diskursteile nachbearbeitet werden sollen (wenn z. B. Rollenspieldialoge in Kommunikationstrainings besprochen werden), stehen diese sofort flexibel zur Verfügung.
- Die Schriftform kann helfen, sich angemessen und sachorientiert auszudrücken.
- In textbasierter Kommunikation können bestimmte Strukturierungsmittel eingesetzt werden, die einen echten Gewinn bei der Nutzung des netzbasierten Mediums bedeuten, beispielsweise das parallele Führen von gekennzeichneten „Threads" (Themen) in einer Diskussion oder das explizite Bezugnehmen auf frühere Beiträge.

In der Form, in der Standard-Chat-Werkzeuge funktionieren, kann die textbasierte Kommunikation allerdings schnell in ein chaotisches Durcheinander ausarten. Gewöhnlich können alle Teilnehmer gleichzeitig schreiben und senden. Das führt zu unübersichtlichen Paralleldiskussionen, dominanten oder sehr zurückgezogenen Teilnehmern, manchmal auch zu einer Unangemessenheit in Form und sprachlichem Ausdruck. Die Technologie kann hier allerdings eingreifen und den Interaktionsverlauf steuern. Dazu stehen beispielsweise folgende Funktionen zur Verfügung:

- Teilnehmer nehmen Rollen ein (Moderator, Pro-, Contra-Position, Anrufer, Angerufener etc.)

- Beiträge werden typisiert (Frage, Antwort, Information, koordinativer Beitrag etc.)
- Zeigefunktionen erlauben es, sich explizit auf einen früheren Beitrag oder auf Teile des Lernmaterials zu beziehen, ohne dies in der eigenen Nachricht schreiben zu müssen.
- Reihenfolgesteuerungen regeln das „Rederecht", so dass nicht alle gleichzeitig schreiben.
- Awarenessfunktionen zeigen, ob Teilnehmer gerade aktiv sind, einen Beitrag vorbereiten oder mit dem Lernmaterial arbeiten.

Der eigentliche Vorzug spezifischer Lernwerkzeuge für virtuelle Kleingruppen ist jedoch die Lernprozessunterstützung für ein gegebenes Instruktionsdesign. Die beiden folgenden Beispiele mögen dies illustrieren.

Kooperatives Softwarewerkzeug „RoleplayChat". Im Folgenden wird beschrieben, wie das Instruktionsdesign des Rollenspiels in ein spezifisches Softwarewerkzeug für das netzbasierte synchrone Lernen von Kleingruppen umgesetzt wurde (Abbildung 4.2). Das Softwarewerkzeug unterstützt die verschiedenen Phasen des

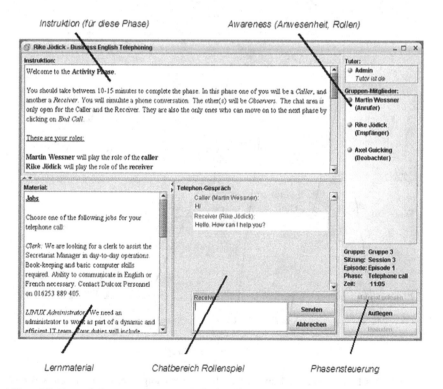

Abb. 4.2 Das Softwarewerkzeug „RoleplayChat" zur Durchführung von Online-Rollenspielen im Sprach- und Kommunikationstraining (hier: in der Rollenspielphase). (Die hier beschriebene und abgebildete Software wurde von Fraunhofer IPSI entwickelt)

Lernens: (1) Individuelles Vertrautmachen mit dem Lernmaterial, (2) Rollenspiel-phase, (3) Feedbackphase und (4) Plenumphase. Die Instruktionen und Lernmate-rialien sind in das Softwarewerkzeug integriert und beziehen sich jeweils nur auf die aktuelle Phase. In der Rollenspielphase übernimmt das Softwarewerkzeug die Rollenzuordnung und weist die Rollen bei der Wiederholung neu zu. Beobachter können während der Rollenspielphase nicht im Chat schreiben, sondern erhalten eine Notizbuchfunktion, wo sie Kommentare für die Feedbackphase notieren kön-nen. Eine Tutorin kann mehrere Kleingruppen gleichzeitig betreuen und die Grup-pen während ihrer Arbeitsphasen „besuchen" (Tutorarbeitsplatz). Alle anwesenden Teilnehmer und ihre Rollen werden in einer Liste angezeigt (Awareness). Für die spätere Evaluation der kooperativen Lernepisode enthält das Softwarewerkzeug eine „Logging"-Schnittstelle, die nicht nur die Chat-Beiträge aufzeichnet, sondern auch beispielsweise die benötigte Zeit pro Phase oder die Anzahl der erstellten Beiträge pro Teilnehmer (Partizipation).

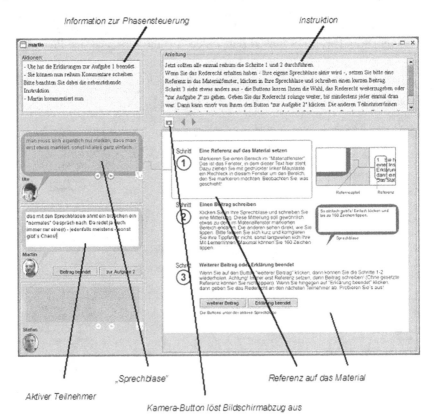

Abb. 4.3 Das Lernwerkzeug „BubbleChat" für selbstständige Lerngruppen, die wissens-vertiefende Aufgaben bearbeiten. Das Lernmaterial zeigt Informationen zur Bedienung des Werkzeugs. (Die hier beschriebene und abgebildete Software wurde von Fraunhofer IPSI entwickelt)

Kooperatives Softwarewerkzeug „BubbleChat". Das Lernwerkzeug „Bubble-Chat" wurde entwickelt, um eine einfach handhabbare Steuerung des Lern- und Kommunikationsprozesses auch für Gruppen zu gewährleisten, die ohne Tutor zusammenarbeiten (Abbildung 4.3). Der Name „BubbleChat" rührt daher, dass jedem Teilnehmer eine eigene „Sprechblase" zugeordnet ist. In dieser Sprechblase kann die Beitragserstellung von jedem anderen zeichenweise direkt verfolgt werden. Es hat stets nur ein Teilnehmer das „Rederecht". Damit wird das „turn-taking"-Problem gelöst, die Sprechblasenansicht gewährleistet eine Übersicht über die vorhandenen Teilnehmer und ihre Rollen; der aktive Teilnehmer genießt die Aufmerksamkeit der anderen. Das Werkzeug verfügt ferner über ein Material- und ein Instruktionsfenster. Hier kann ein Autor eine Reihe von Aufgaben vordefinieren, die gemäß einer Phasensteuerung nacheinander durchgearbeitet werden können. Mit der sogenannten Referenzierungsfunktion können Teilnehmer direkt auf Beiträge anderer Teilnehmer oder auf Bereiche im Materialfenster verweisen. Schließlich dient eine weitere Funktion dazu, beliebiges Material der Teilnehmer für alle zu veröffentlichen, indem ein Bildabzug des eigenen Bildschirms im Materialfenster sichtbar gemacht werden kann. Mit diesem Werkzeug kann eine Lerngruppe beispielsweise vertiefende Aufgaben gemeinsam bearbeiten; in einer Studie wurde das Werkzeug für eine Softwareschulung eingesetzt, in der Teilnehmer parallel in der Software Übungen durchführten, sich jeweils Zwischenergebnisse präsentierten und besprachen.

4.6 Evaluation des kooperativen Lernprozesses

Wenn man das kooperative Lernen beschreiben und bewerten möchte, kann man Eingangsvariablen (z. B. Lernmaterialien, Technologie, Eigenschaften der Zielgruppe), Ausgangsvariablen (z. B. Lernerfolg, Akzeptanz) und Prozessvariablen (den Lernverlauf beschreibende oder determinierende Variablen) unterscheiden (Friedrich et al. 2001). Bei einem unvorhersehbaren kooperativen Lernprozess ist die Wahrscheinlichkeit eines Lernerfolgs gering. Deswegen ist es für das kooperative E-Learning zunächst von großer Wichtigkeit, den gewünschten Ablauf des Lernprozesses sicherzustellen und möglichst vorhersehbar zu machen. Der Lernprozess wird als der zentrale Gegenstand von Entwicklung und Evaluation für das kooperative Lernen gesehen.

Wie evaluiert man einen kooperativen Lernprozess? Im Kern basiert die hier vorgeschlagene Methode auf einer Inhaltsanalyse der einzelnen Beiträge der Teilnehmer und lehnt sich dabei an einen Vorschlag von Henri (1992) zur Analyse computergestützten kooperativen Lernens an. Jeder einzelne Beitrag wird nach einem Auswertungsschema kodiert, d. h. einer vorher definierten Kategorie zugeordnet. Die Auswertung zeigt dann, wie viele Beiträge jeweils in welche Kategorie fallen. Zunächst werden Standard-Kategorien verwendet (sachlicher Beitrag, sozialer Beitrag, koordinativer Beitrag etc.). Im nächsten Schritt werden in den (sachorientierten) Einzelbeiträgen Lernaktivitäten identifiziert. Als Lernaktivitäten gelten solche Beiträge, in denen sich die Teilnehmer erkennbar mit dem Lernmaterial beschäftigt haben. Beispielsweise werden Fakten wiederholt, es werden Redewendungen aus dem Lernmaterial verwendet, es werden Bezüge zwischen Wissensbestandteilen her-

gestellt, Beispiele genannt oder Anknüpfungspunkte zum eigenen Vorwissen vorge-
bracht. Die vom Autor geplanten Lernaktivitäten gehen aus dem Instruktionsdesign
hervor und stellen für dieses Instruktionsdesign spezifische Auswertungskategorien
dar.

Die Evaluation besteht aus einem Vergleich des tatsächlich abgelaufenen Lernprozesses mit dem optimalen Modell bzw. mit den im Instruktionsdesign beschriebenen geplanten Lernaktivitäten. Wenn die Abweichung zwischen Plan und Realität
groß ist, sollte in der Evaluation versucht werden, durch eine systematische Erforschung die Ursachen für diese Abweichung zu finden. Die systematische Erforschung kann entlang der oben beschriebenen Einflussfaktoren erfolgen, z. B. anhand
von Leitfragen:

- Hat das Instruktionsdesign den Weg zum Lernziel mit einem geeigneten Auf-
  lösungsgrad beschrieben? Ging aus dem Instruktionsdesign in jeder Phase klar
  hervor, welche Lernaktivitäten die Teilnehmer durchführen sollten?
- Hatten die Teilnehmer die jeweiligen Lernmaterialien genau dann zur Verfügung,
  wenn sie sie benötigten?
- Haben die Teilnehmer die Instruktion befolgt?
- Haben die Teilnehmer die Lernmaterialien verwendet?
- Verfügten die Teilnehmer über das notwendige Verhaltensrepertoire, um die
  kooperativen Lerntechniken zu realisieren?
- Was geschah an Phasenübergängen? Wie war die Koordination geregelt?
- Wurden die vorgesehenen Zeiten für die Lernphasen eingehalten?
- Hinderten Kontextbedingungen die Teilnehmer an der Durchführung (z. B. Ein-
  flüsse beim Lernen am Arbeitsplatz)?
- War die tutorielle Betreuung effektiv? Welche Arten von Beiträgen hat der Tutor
  in welchen Situationen geschrieben?

4.7 Qualitätssicherung für kooperative Lernprozesse

Es ist schwierig, Qualitätskriterien bzw. Merkmale für gutes kooperatives E-Learning
aufzulisten, mit denen man ein Angebot unabhängig von einer konkreten Durchführung prüfen könnte. Gerade das Angebot des kooperativen E-Learning ist eine
Dienstleistung, deren Qualität sich erst im Zusammenspiel mit den Nutzern und der
Betreuung (einschließlich technischem und organisatorischem Support, Passung der
oben genannten Einflussfaktoren) erschließt. Merkmalsorientierte Qualitätsprüfun-
gen, die E-Learning-Angebote unabhängig von den Rahmenbedingungen und von
der Nutzung durch konkrete Teilnehmer bewerten wollen (z. B. durch summative
Expertenevaluation), scheitern bereits bei individuellen E-Learning-Angeboten; sie
sind nicht in der Lage, den Lernerfolg vorherzusagen (Fricke 2000). Das liegt vor allem daran, dass die Lernenden in ihrem Kontext die Mitproduzenten des Ergebnisses
sind, was für kooperatives E-Learning in noch stärkerem Maße zutrifft. Die rasante
technologische Entwicklung, die hohe Zahl miteinander interagierender Faktoren,
der Mangel an empirischer Erfahrung und die Spezifität der jeweiligen Lernszenarien machen eine sorgfältige Qualitätsentwicklung notwendig, die sinnvoll von den

Rolleninhabern (Autoren, Tutoren, Organisatoren, Lernenden) geleistet wird, die auch am Zustandekommen des Ergebnisses beteiligt sind.

Nimmt man die Entwicklung von kooperativem E-Learning ernst, dann müssen die oben beschriebenen Einflussfaktoren Instruktionsdesign, Technologie, Verhaltensrepertoire der Zielgruppe, Kompetenz der Teletutoren und die Umstände der Durchführung (Rahmenbedingungen, Betreuung) ständig einer Prüfung und Optimierung unterzogen werden. Einen vollständigen Eindruck erhält man durch empirische Pilotstudien mit der tatsächlichen Zielgruppe in den realen Lernkontexten. Das selbstständige Durchführen von formativer Evaluation ist allerdings eine große Herausforderung für Organisatoren, Autoren, Tutoren und Lernende. Deshalb werden hierfür Unterstützungsinstrumente bereitgestellt (siehe nächster Abschnitt). Diese Instrumente leisten Hilfestellung beim Entwurf, bei der Durchführung und bei der begleitenden Evaluation und Auswertung. Sie können auch in laufenden Kursen zur Optimierung angewendet werden.

Ein zentrales Anliegen der Qualitätsentwicklung ist es, dass die Organisatoren, Autoren und Tutoren die formative Evaluation von Anfang an einplanen und in der „nächsten Runde" Optimierungen verwirklichen. Weiterbildungsanbieter müssen für die Qualitätsentwicklung und Qualitätssicherung funktionierende interne Prozesse und Strukturen einrichten. In der Weiterbildung scheint es heute an solchen Strukturen noch zu fehlen, vielleicht deswegen, weil gangbare, Erfolg versprechende Wege noch unbekannt sind und den Anbietern die Mittel fehlen, solche Wege und Instrumente selbst zu entwickeln.

Wie kann ein praktischer Weg der Qualitätsentwicklung für kooperatives E-Learning aussehen? Die folgende Skizze beschreibt einige wichtige Prozessstufen bei der Entwicklung einer konkreten kooperativen Lernepisode und nennt für die Qualitätssicherung notwendige Arbeitsschritte.

Beschreibung der Lernsitzung und Erwartungsbildung. Wenn Autoren Instruktionsdesigns und Lernmaterialien erstellen, formulieren sie eine möglichst präzise Erwartung darüber, wie der kooperative Lernprozess der Weiterbildungsteilnehmer aussehen wird. Dazu gehört eine Beschreibung, was die Teilnehmer zur Vorbereitung auf die Lernsitzung bearbeiten, wo sie ggf. Lernmaterialien finden, welche Lernaktivitäten von den Teilnehmern durchgeführt werden und wie viel Zeit bestimmte Phasen des Lernprozesses in Anspruch nehmen sollen. Diese Beschreibung dient als Grundlage für die spätere Evaluation und gibt außerdem Tutoren und Lernenden Anhaltspunkte für den Lernprozess. Von Vorteil ist ein standardisiertes Format der Beschreibung, das alle Beteiligten kennen.

Passung zwischen Instruktionsdesign und unterstützender Technologie. Beim Entwurf des Instruktionsdesigns müssen Autoren die verfügbare Technologie gut kennen und beschreiben, ob und wie die Lernsitzung tutoriell begleitet oder moderiert werden soll. Der Entwurf des Instruktionsdesigns kann davon abhängen, ob ein Softwarewerkzeug existiert, das einen bestimmten Lernprozess (beispielsweise ein Rollenspiel) steuert. Autoren müssen das Format und die Ablagestruktur kennen, in welcher das Lernwerkzeug Materialien und Instruktionen erwartet. Andernfalls muss der Autor einen Prozess angeben, der auch in einem Standardwerkzeug durchlaufen

werden kann, und hierfür die Instruktion mit besonderer Sorgfalt und Klarheit formulieren, weil Tutoren und Teilnehmer hier mehr Verantwortung für die Steuerung
des Lernprozesses übernehmen müssen.

Vorbereitung. Organisatoren, betreuende Tutoren und Lernende selbst sorgen dafür, dass die Teilnehmer über die Voraussetzungen verfügen, um an der Lernsitzung
teilzunehmen. Gegebenenfalls nehmen Teilnehmer an vorbereitenden Schulungen
teil (z. B. Einführungssitzungen zum Verständnis und zur Bedienung der kooperativen Lernwerkzeuge oder der Nutzung der Lernplattform). Den Teilnehmern sollte
transparent dargestellt werden, auf welche Weise kooperatives Lernen funktioniert,
welchem Zweck es dient und welches ihre Verantwortung am Gelingen des kooperativen Lernens ist.

Vorbereitung der Evaluation. Wenn Autoren und Tutoren die begleitende Evaluation selbst planen, dann ist am ehesten sichergestellt, dass die Evaluationsergebnisse
auch verwendet werden.

Bei der Planung von kooperativen Lernsitzungen sollte überlegt werden, welche
Fragen die begleitende Evaluation beantworten soll und welche Daten dafür herangezogen werden. Grob kann man zwei Zielsetzungen der formativen Evaluation unterscheiden: Zum einen geht es um die Optimierung des Lernmaterials, des Instruktionsdesigns und der Technologie für das kooperative Lernen. Diese Evaluation ist
für Autoren und Entwickler interessant. Die zweite Zielsetzung interessiert Tutoren
während des Kursverlaufs. Hier bedeutet die Evaluation eine fortlaufende Beobach-
tung des Lernprozesses (sei es in einer konkreten Sitzung oder über Zeiträume von
Wochen), unter anderem durch regelmäßiges Einholen von Feedback der Teilnehmer
oder auf der Basis von Zwischenergebnissen. Tutoren nutzen diese Informationen,
um während des Kursverlaufs durch entsprechende Teilnehmerbetreuung reagieren
zu können.

Eine wichtige Informationsquelle sind die Teilnehmer selbst. Die Teilnehmer
können regelmäßig zur Akzeptanz, Zufriedenheit, persönlicher Lernerfolgseinschät-
zung, zum Schwierigkeitsgrad, zur Bedienung der Software, zur Zusammenarbeit in
der Lerngruppe und vielem mehr befragt werden. Diese Befragungen müssen vorbereitet werden, zweckmäßigerweise durch Online-Feedbackfragebögen auf einen
Webserver mit Datenbank. Am einfachsten für die Teilnehmer ist es, wenn die Fragebögen an bestimmten Stellen in den Kursverlauf (z. B. nach Lernmodulen und
nach kooperativen Sitzungen) eingebunden sind und zum vorgesehenen Zeitpunkt
bei den Teilnehmern im Webbrowser erscheinen. Auch die Auswertung sollte au-
tomatisiert sein, damit die Daten den Tutoren schnell zur Verfügung stehen. Die
wichtigste Informationsquelle beim kooperativen E-Learning sind die Transkripte
der Lernsitzungen (Chat-Mitschriften, Log-Files). Wenn Autoren und Tutoren eine
präzise Erwartung über die Lernaktivitäten und den Verlauf des Lernprozesses haben, dann reicht oft einfaches Lesen des Transkripts, um festzustellen, ob die Sitzung
ein Erfolg oder ein Misserfolg war. Vorbereitete Leitfäden und Checklisten, in denen
man die Ursachen erforschen kann, helfen Autoren oder Tutoren möglichen Gründen
für einen Misserfolg das nächste Mal besser zu begegnen. Auf kooperatives Lernen
spezialisierte Lernwerkzeuge können bestimmte Indices automatisch zur Verfügung

stellen. Beispielsweise können die Partizipationsverteilung auf die Teilnehmer, die benötigten Zeiten für die einzelnen Lernphasen oder Zugriffe auf das Lernmaterial in einer Überblicksansicht angezeigt werden.

Um den Praktikern bei der Qualitätsentwicklung zu helfen, wird derzeit im Projekt ALBA eine so genannte „Quality Suite" entwickelt, in der Qualitätssicherungsinstrumente zur Planung, Durchführung, Evaluation und Optimierung kooperativer E-Learning-Übungen gebündelt werden. Die Quality Suite wird Mitte des Jahres 2004 erscheinen.

4.8 Zusammenfassung

Kooperatives E-Learning ist eine gute Möglichkeit, Online-Lernen attraktiv zu machen, fachlichen und sozialen Austausch zu ermöglichen und flexiblen Zugang zu Lernnetzwerken zu eröffnen. Gut gestaltetes kooperatives E-Learning ist allerdings eine komplexe Herausforderung, und die Entwicklung im Wechselspiel mit den Anforderungen in den realen Lernkontexten hat gerade erst begonnen. Wie kann man nun kooperatives E-Learning gut gestalten und erfolgreich machen?

Zusammenfassend sollen einige kurze Antworten auf die anfangs aufgeführten Fragen gegeben werden.

- Kooperatives E-Learning ist von den Lehrzielen her nicht begrenzt. Auch traditionelle Inhalte können mit kooperativen Lernmethoden vermittelt werden.
- Kooperatives E-Learning ist begrenzt durch die Rahmenbedingungen und die Eigenschaften der Zielgruppe. Am wenigsten aufwändig und am wirksamsten ist der Einsatz von kooperativem E-Learning bei längerfristigen, qualifizierenden Weiterbildungen.
- Die drei bedeutsamsten Einflussfaktoren auf das Gelingen von kooperativen netzbasierten Lernsitzungen sind die Zielgruppe, das Instruktionsdesign und eine den Lernprozess unterstützende Technologie. Vom Instruktionsdesign ausgehend, sollte geprüft werden, ob die Zielgruppe das notwendige kooperative Verhaltensrepertoire („Skript") hat und ob dieses Skript durch Technologie unterstützt werden kann.
- Beim Entwurf von Softwarewerkzeugen für kooperatives E-Learning wird am Fraunhofer IPSI die textbasierte Kommunikation („Chat") bevorzugt. Spezielle Lernwerkzeuge können den gemeinsamen Lernprozess (Lernphasen, Rollen, Kooperationsskript, punktgenaues Verfügbarmachen von Instruktionen, Hinweisen und Lernmaterialien) effektiv steuern und unterstützen.
- Kooperative Lernprozesse können durch Inhaltsanalysen der Chat-Transkripte einer Kleingruppe evaluiert werden (Kategorisierung der Einzelbeiträge). Die Evaluation besteht aus einem Vergleich der geplanten Lernaktivitäten mit den tatsächlich gezeigten Verhaltensweisen der einzelnen Teilnehmer. Die Evaluation sucht systematisch nach den Ursachen, falls der gefundene Verlauf dramatisch von der Erwartung abweicht.
- Die Qualität von kooperativem E-Learning sollte von den Beteiligten selbst mit Hilfe der formativen Evaluation entwickelt und gesichert werden. Autoren

können lernen, eine Beschreibung des kooperativen Lernprozesses zu erstellen und die Evaluation zu planen; Tutoren und Lernende bereiten sich auf kooperative Lernprozesse im Netz vor, sie müssen die Lernwerkzeuge beherrschen und ggf. ihre Verhaltensskripte erweitern. Regelmäßig eingeholtes Feedback spielt für die Betreuung während der Kurslaufzeit eine zentrale Rolle.

Literatur

Fricke, R. (2000): Qualitätsbeurteilung durch Kriterienkataloge. Auf der Suche nach validen Vorhersagemodellen. In: Schenkel, P., Tergan, S.O., Lottmann, A. (Hrsg.): Qualitätsbeurteilung multimedialer Lern- und Informationssysteme. Evaluationsmethoden auf dem Prüfstand. Multimediales Lernen in der Berufsbildung. Nürnberg: BW Bildung und Wissen 2000, S. 75–88.

Friedrich, H.F., Hron, A., Hesse, F.W. (2001): A framework for designing and evaluating virtual seminars. In: European Journal of Education, 37 (2), 2001, pp. 157–174.

Henri, F. (1992): Computer conferencing and content analysis. In: Kaye, A.R. (ed.): Collaborative learning through computer conferencing: The Najaden papers. Berlin und Heidelberg: Springer-Verlag 1992, pp. 115–136.

Holmer, T. und Wessner, M. (2003): Werkzeuge für das Kooperative Lernen in L3. In: Ehlers, U., Gerteis, W., Holmer, T., Jung, H. (Hrsg.): E-Learning-Services im Spannungsfeld von Pädagogik, Ökonomie und Technologie. Bielefeld: W. Bertelsmann Verlag 2003, S. 146–162.

Linder, U. and Rochon, R. (2003): Using chat to support collaborative learning: Quality assurance strategies to promote success. In: Educational Media International, 40 (1), 2003, pp. 75–86.

Münzer, S. (2003): An evaluation of synchronous co-operative learning in the field: The importance of instructional design. In: Educational Media International, 40 (1), 2003, pp. 91–100.

O'Donnell, A.M. and Danserau, D.F. (1992): Scripted cooperation in student dyads: A method for analyzing and enhancing academic learning and performance. In: Hertz-Lazarowitz, R. and Miller, N. (eds.): Interaction in cooperative groups. The theoretical anatomy of group learning. New York: Cambridge Press 1992, pp. 120–141.

Pfister, H.R. and Mühlpfordt, M. (2002): Supporting discourse in a synchronous learning environment: The learning protocol approach. In: Stahl, G. (ed.): Computer support for collaborative learning: Foundations for a CSCL community. Proceedings of CSCL 2002. Hillsdale: Erlbaum 2002, pp. 581–589.

Stahl, G. (2002): Contributions to a theoretical framework for CSCL. In: Stahl, G. (ed.): Computer support for collaborative learning: Foundations for a CSCL community. Proceedings of CSCL 2002. Hillsdale: Erlbaum 2002, pp. 62–71.

Wessner, M. und Holmer, T. (2993): Integration des Kooperativen Lernens in die Didaktik von L3. In: Ehlers, U., Gerteis, W., Holmer, T., Jung, H. (Hrsg.): E-Learning-Services im Spannungsfeld von Pädagogik, Ökonomie und Technologie. Bielefeld: W. Bertelsmann Verlag 2003, S. 70–82.

Wessner, M. and Pfister, H.R. (2000): Points of cooperation: Integrating cooperative learning into web-based courses. In: Proceedings of the NTCL2000. The international workshop for new technologies for collaborative learning. Hyogo, Japan, 2000, pp. 33–41.

Anmerkung. In diesem Buchkapitel werden Ergebnisse und Softwareentwicklungen aus dem ALBA-Projekt berichtet, die nicht nur vom Autor dieses Beitrags, sondern auch von Ute Linder, Martin Mühlpfordt, Shirley Roth, Anke Hoffmann, Rebbeca Rochon, Axel Guicking, Badie Garzaldeen und Bo Xiao erarbeitet und entwickelt wurden. Das ALBA-Projekt wird vom Fraunhofer Institut für Integrierte Publikations- und Informationssysteme (IPSI), Darmstadt, koordiniert. Projektpartner des ALBA-Projekts sind das CJD Maximiliansau, Karlsruhe (außerbetriebliche Weiterbildung) und die SAP AG, Walldorf (innerbetriebliche Weiterbildung). Das ALBA-Projekt wird vom Bundesministerium für Bildung und Forschung (BMBF) gefördert. Verantwortlich für den Inhalt dieses Beitrags ist der Autor.

5 Qualitätskriterien für IT-basierte Lernmedien – nützlich oder unsinnig?

Ulrike Rockmann

Abstract
Vorgestellt wird das Instrument QuIT-L, welches zur Qualitätssicherung von E-Learning-Produkten eingesetzt werden kann. QuIT-L umfasst insgesamt 600 Kriterien, wobei sich 130 auf die Softwareergonomie gemäß ISO 9241 beziehen. Die übrigen Kriterien fokussieren Aspekte wie die Nutzerinformation über die Produktleistungen, Datenspeicherung und -sicherheit, technische und lernpsychologische Aspekte. Berichtet wird über eine erste Evaluationsstudie.

5.1 Einleitung

Sehr wahrscheinlich haben viele Leser die Erfahrung gemacht, dass ihnen bestimmte Lernsoftware sehr und andere weniger gut gefallen hat, sie das Gefühl hatten, mit einem Produkt gut und mit dem anderen weniger gut lernen zu können.

Das Projekt QuIT-L hat sich der Frage gewidmet, ob Kriterien definiert werden können, anhand derer potenziellen Nutzern eine allgemeine Orientierung gegeben werden kann, wie geeignet ein Produkt zum Lernen ist.

Das Geeignet-Sein, kann im ersten Zugriff in zwei Aspekte gegliedert werden, einen inhaltlichen und einen lernpsychologisch-funktionalen. Das heißt, wenn eine Sprache, die Handhabung eines Softwareprodukts, Wirtschaftsinformatik etc. gelernt werden sollen, dann müssen auch die benötigten Inhalte im erforderlichen Umfang und korrekt in der Darstellung im Produkt enthalten sein. Unter dem lernpsychologisch-funktionellen Aspekt wird alles verstanden, was die Möglichkeiten zur Nutzung des Inhaltes betrifft, z.B. dass die Software nicht abstürzt und dem Lerner die Orientierung im Programm, die Überprüfung des Wissensstands sowie des Lernfortschritts ermöglicht.

Im Folgenden wird das Vorgehen im Projekt QuIT-L geschildert. Gegenstand der Betrachtung sind sowohl die klassischen CBTs (Computer Based Trainings) wie auch WBTs (Web-Based Training) – schlicht jegliche Software, die als Lernmedium konzipiert wurde. QuIT-L konzentriert sich nur auf den funktionalen Aspekt, da eine qualitative inhaltliche Prüfung durch Experten für den jeweiligen Lerngegenstand durchzuführen ist.

Die Kriteriendefinition erfolgt mit dem Anspruch, die für den Zweck des Lernens relevanten funktionalen Produktmerkmale möglichst vollständig und ausreichend differenziert zu erfassen. Im Bezug auf die Inhalte können bei dem hier verfolgten Anspruch, einen Kriterienkatalog für *alle* IT-basierten Produkte aufzustellen, nur formale Prüfungen vorgenommen werden. Das heißt es kann lediglich geprüft werden, ob z. B. die Behauptung des Herstellers, dass alle Fragen, die zur KFZ-Fahrerlaubnisprüfung gestellt werden könnten, im Produkt enthalten sind, auch tatsächlich dort zu finden sind. Ob z. B. in einem Statistik-Lernprogramm die Schilderung eines Testverfahrens lerner-angemessen und korrekt erfolgt, ist hingegen nicht Prüfgegenstand.

Die in diesem Sinne definierten Kriterien werden im zweiten Schritt in zwei Kategorien eingeteilt, in die Beschreibungs- und Bewertungskriterien. Bewertungskriterien sind solche, bei denen unmittelbar entschieden werden kann, was richtig oder falsch ist. Wenn z. B. das gesamte Produkt mit roter Schrift auf blauem Hintergrund realisiert wurde, dann ist dies ein gravierender Fehler. Gleiches gilt für einen Text, der gelesen werden soll, jedoch ständig blinkt.

Ein Kriterium, welches abfragt, ob Tutoren für die inhaltliche Hilfe zur Verfügung stehen, ist jedoch, ohne das Produktkonzept als Ganzes zu kennen, zunächst nicht zu bewerten. Kriterien dieser Art werden im Gesamtzusammenhang gewürdigt. Ungeachtet dessen sind sie eine wertvolle Beschreibung für potenzielle Nutzer. Bewertet werden kann allerdings, ob das Versprechen des Anbieters, dass ein Tutor werktags zwischen 9-17 Uhr erreichbar ist, eingehalten wird oder nicht.

Um die Frage – nützlich oder unsinnig? – gleich in der Einleitung zu beantworten, kommt das Projekt bisher zu dem Ergebnis, dass sich Kriterien formulieren lassen, die Nutzer vor allzu großen Überraschungen bewahren. Allgemeine Kriterien können aufgrund der lern- und situationsspezifischen Differenzen selbstverständlich nie eine spezielle auf den einzelnen Lerner optimal zugeschnittene Software-Variante identifizieren. Es kann aber festgestellt werden, ob die Software mit einer großen Wahrscheinlichkeit als Lernsoftware aus funktionaler Sicht geeignet ist.

Dem verständlichen Wunsch eines jeden Verbrauchers, bereits vor dem Kauf eines Produktes in etwa abschätzen zu können, ob dieses Produkt auch den Vorstellungen entspricht und der Zielerreichung dient, kann durch diese Form der Bewertung Rechnung getragen werden. Am besten ist es natürlich, das Produkt vor dem Kauf auch ausprobieren zu können, was leider bisher nur in wenigen Geschäften möglich ist.

5.2 Annäherung an den Qualitätsbegriff

Die Beurteilung der Qualität von IT-basierten Lernmedien kann aus vielerlei Perspektiven erfolgen, wie bereits argumentiert, aus der Sicht der Lerner, aber auch aus der Sicht der Hersteller, Lehrer, Arbeitgeber etc. So wie die Interessen der Genannten unterschiedlich sind – Lernen, Verkaufen, Lehren, Mitarbeiter effizient qualifizieren –, werden auch die Schwerpunktsetzungen bei der Operationalisierung des Qualitätsbegriffs divergieren.

Zentral für eine qualitative Bewertung ist auf jeden Fall, dass das angestrebte Ziel, z. B. das Erlernen der Bedienung eines Textverarbeitungsprogramms, einer Fremdsprache, der betrieblichen Abläufe, von Grundlagenwissen in Statistik etc. mit dem Produkt erreicht werden kann.

Entscheidend für die Erreichbarkeit des Ziels ist, dass die *relevanten* Inhalte, im Hinblick auf die Aufgabe (das Lernen), *angemessen* aufbereitet und funktional *gut nutzbar* den Lernenden angeboten werden.

Gemeinsam ist allen IT-basierten Produkten, dass sie Software sind. Somit müssen Qualitätskriterien auch abbilden, ob die Software gut nutzbar ist – man spricht hier von Softwareergonomie (siehe Abschnitt 5.3).

Die Beurteilung der angemessenen Aufbereitung der Inhalte muss sich in pädagogischen, lern-, medien- und motivationspsychologischen sowie didaktischen Kriterien niederschlagen, die anhand der jeweiligen Zielgruppe, der Lernsituation, dem Vorwissen etc. zu spezifizieren sind (siehe Abschnitt 5.4).

Dem Vorbild der Norm zur Beurteilung der Softwareergonomie (ISO 9241) folgend – die keine Aussage zu Sinn und Unsinn des Programmgegenstands als solchem macht – wird im Rahmen des hier vorgestellten Kriterienkatalogs nichts dazu gesagt, ob die im Lernmedium enthaltenen Inhalte alles Notwendige abdecken.

5.3 Kriterien: Softwareergonomie

Für Software im Allgemeinen existieren bereits verbindliche Richtlinien, Verordnungen und Normen (Rockmann 2002). So macht die Europäische Bildschirmrichtlinie[1] (EBR) Aussagen darüber, welche Kriterien erfüllt sein müssen, damit davon ausgegangen werden kann, dass Bildschirmarbeitsplätze an die Eigenschaften und Bedürfnisse des Menschen angepasst sind.

Die EBR wird in Deutschland durch die Bildschirmarbeitsverordnung umgesetzt, die zum Zusammenwirken von Mensch und Arbeitsmittel in Absatz 20 formuliert, dass die Grundsätze der Ergonomie „insbesondere auf die Verarbeitung von Informationen durch den Menschen anzuwenden" sind. Nach EU-Rechtsauffassung dient die internationale Norm ISO/EN/DIN 9241[2] als Grundlage für die Definition der Ergonomiegrundsätze. Da Normen auf Konsensbasis vereinbart werden, fließen nur solche wissenschaftlichen Erkenntnisse ein, die weitestgehend internationale Akzeptanz finden. Es handelt sich somit eher um den kleinsten gemeinsamen Nenner als um ausufernde Forderungen.

---

[1]Europäische Bildschirmrichtlinie (Gesetz seit 29.5.1990, 90/270/EU); Das Bundesarbeitsgericht hat am 2.4.96 (ABR 47/95) entschieden, dass die EBR als Mindeststandard auch in Deutschland gilt. Die deutsche Umsetzung erfolgte am 20.12.1996 durch die Verordnung zur Umsetzung von EG-Einzelrichtlinien zur EG-Rahmenrichtlinie Arbeitsschutz, Artikel 3: Verordnung über die Sicherheit und Gesundheitsschutz bei der Arbeit an Bildschirmgeräten (Bildschirmarbeitsverordnung). Die Richtlinie behandelt sowohl Hardware als auch Software. Die Hardwareaspekte (strahlungsarme Monitore, geräuscharme Rechner etc.) werden hier nicht weiter behandelt.

[2]ISO = International Organization for Standardization, EN = Europanorm. Das DIN ist verpflichtet die europäischen Normen zu übernehmen (DIN EN). Internationale Normen – wie ISO – gelten in Deutschland nur, wenn sie durch DIN übernommen wurden.

Die DIN EN ISO 9241. Die ISO 9241 umfasst insgesamt 17 Teile, wobei in den Teilen 3, 8, 10 – 17 die Kriterien für das Softwareprodukt[3] beschrieben werden. Die Teile umfassen Anforderungen an visuelle Anzeigen, Anforderungen an Farbdarstellungen, Grundsätze der Dialoggestaltung, allgemeine Anforderungen an die Gebrauchstauglichkeit, ergonomische Anforderungen, Benutzerführung und die Dialogführung.

Tabelle 5.1 Kriterienbereiche der ISO 9241

Nr.	Themenbereich: ISO 9241	Teil	Anzahl	Anzahl für CBTs
1.1	Farbdarstellung	8	1	1
1.2	Dialoggestaltung	10	20	15
1.3	Ergonomische Anforderungen	12	58	44
1.4	Benutzerführung/Fehlermanagement	13	53	45
1.5	Dialogführung: direkte Manipulation	16	44	32
1.6	Dialogführung: Bildschirmformulare	17	37	35

Die Überprüfung, ob die ISO 9241 erfüllt ist, erfolgt nach ungeregelten Verfahren, d. h. in der Norm selber wurde nicht festgeschrieben, wie sie zu prüfen ist, und basiert hier auf 400 in diversen Untersuchungen von Software erprobten Kriterien (Rockmann 2002). So wie für eine Tabellenkalkulations- oder eine Statistiksoftware sind auch für IT-basierte Lernmedien nicht immer alle Kriterien relevant. Für den Kriterienkatalog QuIT-L werden daher 213 aus den 400 Kriterien ausgewählt. Tabelle 5.1 zeigt die Kriterienverteilung auf die unterschiedlichen Normenteile sowie die Anzahl der Items, die für CBTs relevant sind. Alle Kriterien in diesem Bereich sind bewertend.

Die folgenden Tabellen zeigen exemplarisch einige Kriterien gegliedert nach Bereichen. Die Fragestellungen sind jeweils so formuliert, dass sie ohne weitere Hinzuziehung der Norm im Originaltext beantwortet werden können. Zur Vereinfachung der Auswertung wurde die Frage jeweils so gestellt, dass bei der Antwort „ja" das Kriterium erfüllt ist.

Die Beispiele (Tabelle 5.2) verdeutlichen, dass das Erfülltsein dieser Kriterien nicht eine Frage von Geschmack ist, sondern die Fragen klar mit „ja" oder „nein" zu beantworten sind. Es ist eine mögliche Vorgehensweise, die objektivierbaren Aspekte einer komplexen Nutzerwahrnehmung – wie „der Bildschirmaufbau ist übersichtlich", „das Programm gefällt mir", „das Programm ist verwirrend", „ich weiß nicht, wie ich weiterarbeiten soll", „das Programm macht nicht, was ich will" zu operationalisieren.

Streng genommen müsste eine Vielzahl der Kriterien – wie z. B. das Kriterium der Darstellungsdichte – für jeden einzelnen Bildschirm geprüft werden (siehe Tabelle 5.2b, 1.6). Wenn man dies nicht tut, resultiert eine gewisse Unschärfe in der

---

[3] Die ISO 9241 stellt auf die nachträgliche Prüfung der Software ab. Sinnvoll ist es sicherlich schon beim Entwicklungsprozess, wenn man die Möglichkeit hat, diesen zu begleiten, Fehler zu vermeiden. Dies setzt voraus, dass die Programmierer die relevanten Normen kennen. Darüber hinaus beschreibt die internationale Norm ISO 13407 den Softwareentwicklungsprozess.

Tabelle 5.2(a)

1.2 Dialoggestaltung	
a) Konsistente Position von Bereichen	Haben Bereiche eine konsistente Position?
b) Minimierung der Arbeitsschritte	Sind unnötige kleine Arbeitsschritte erforderlich?

Kriterium a: Statusanzeigen, Rückmeldungen, Hinweise oder andere Anzeigen, die wiederholt auftreten können, müssen immer an der gleichen Position erscheinen. Diese Forderung ist wichtig, damit die Orientierung nicht erschwert wird und Meldungen nicht übersehen werden. *Kriterium b:* Das Minimierungs-Kriterium ist verletzt, wenn man sich z. B. durch eine Abfolge von Bildschirmen zurückklicken muss, um das Hauptmenü zu erreichen, in dem dann erst das Programm beendet werden kann.

1.3 Ergonomische Anforderungen	
a) Redundante Verwendung von Farbkodierungen	Ist Farbe nicht das einzige Mittel zur Kodierung, sondern wird sie durchgehend mit anderen Kodierverfahren redundant verwendet?
b) Beschriftung von Bildschirmelementen und Schnellinformation über Symbole	Sind Felder, Elemente, Bildschirmsymbole und Grafiken beschriftet? WENN eine Beschriftung von Bildschirmsymbolen nicht durchführbar ist: Steht eine Schnellinformation über die Symbole zur Verfügung?

Kriterium a: Farbe sollte nie die einzige Kodierung sein, da Farbenblinde und Fehlsichtige sonst keine Chance zur Unterscheidung haben. Wird z. B. die Selektion eines Wortes ausschließlich dadurch angezeigt, dass es sich einfärbt, kann ein Farbenblinder nicht erkennen, welches Wort selektiert ist.
Kriterium b: Damit dem Nutzer klar ist, was in ein Eingabefeld eingegeben werden soll, welche Funktion über Bildschirmsymbole aufgerufen werden können etc. müssen diese erklärend beschriftet sein. Wenn z. B. aufgrund von zu geringem Platz auf dem Bildschirm keine Beschriftung möglich ist, sollte eine kleine Fahne sichtbar werden, wenn sich die Maus über das Symbol bewegt.

Bewertung, falls z. B. ein Bildschirm das Überfüllungskriterium verletzt, dieser jedoch als „nicht so wichtig" angesehen wird, da es „nur" der Online-Hilfe-Bildschirm war. Wie bei einer Prüfung vorgegangen wird, unterliegt meistens sehr pragmatischen Kriterien, wie dem in der Regel limitierenden Faktor Prüfzeit (und -kosten).

Die Beantwortung der Kriterien ist jedoch nur der erste Schritt. Ungleich schwieriger ist es, die notwendigen Konsequenzen bei festgestellter Verletzung von Kriterien festzulegen. Gehen z. B. Daten beim Speichern verloren oder stürzt der Rechner ständig ab, so ist die Entscheidung einfach. Selbst wenn nur dieses eine Kriterium verletzt ist, ist das Produkt sehr wahrscheinlich nicht verwendbar. Ist die Navigation manchmal etwas umständlich („erfordert unnötige Arbeitsschritte", siehe Krite-

Tabelle 5.2(b)

1.4 Benutzerführung, Fehlermanagement

a) Hervorheben ausgewählter Objekte	WENN ein Benutzer ein Objekt auswählt: Wird das Objekt hervorgehoben?
b) Möglicher Verlust von Daten	WENN das Programm bzw. ein Abschnitt beendet werden soll und Daten verloren gehen könnten: Wird das dem Benutzer angezeigt und eine Bestätigung gefordert?

Kriterium a: Der Benutzer muss die Chance haben zu erkennen, wann ein Objekt selektiert wurde. Das Hervorheben kann durch eine Veränderung der Farbe, dem Einblenden einer Umrandung etc. erfolgen.

Kriterium b: Wenn seit der letzten Speicherung Eingaben im Programm vorgenommen wurden, muss das Programm, beim Versuch es zu beenden, nachfragen, ob gespeichert werden soll oder nicht. Gleiches gilt auch, wenn z. B. eine Bildschirmmaske durch Weiterblättern verlassen wird und beim Zurückblättern die Daten verschwinden würden.

1.5 Dialogführung: direkte Manipulation

Verschieben des Fensterinhalts in Einheiten	WENN ein Benutzer den Inhalt eines Fensters verschieben kann: Ist es möglich, den Fensterinhalt in Schritten von sinnvollen Einheiten zu verschieben?

In scrollbaren Fenstern sollte der Inhalt in nachvollziehbaren Schritten bewegt werden, z. B. 1 Seite je Klick, 1/2 Seite je Klick, 5 Zeilen etc.

1.6 Dialogführung: Bildschirmformulare

Darstellungsdichte	Beträgt die Darstellungsdichte von Text maximal 40% des gesamten Formularbereichs?
Wiedergabe von Tastatureingaben auf dem Bildschirm	Werden Tastatureingaben unmittelbar nach Eingabe eines jeden Zeichens auf dem Bildschirm wiedergegeben?

Kriterium a: Der Bildschirm sollte nicht mehr als 40% Text enthalten, da er sonst so voll ist, dass eine Orientierung schwer möglich ist.

Kriterium b: Würden die Tastatureingaben nicht wiedergegeben, dann wäre der Nutzer nicht über den Zustand des Systems orientiert. Damit wäre unklar, ob das System abgestürzt ist, die Eingaben zeitverzögert noch erscheinen werden etc., was zwangsläufig zur Verwirrung führen muss.

rium 1.2) jedoch in sich konsistent, so ist dies zwar ärgerlich, aber allein sicher noch kein Ablehnungsgrund.

Bei einigen Kriterien ist die Entscheidung auch vom Lerngegenstand abhängig. Sind bei einem Produkt einige grammatikalische Fehler festzustellen, so ist dies in einem Grammatikprogramm sicherlich schwerwiegender zu bewerten als bei einer Software, mit der die Handhabung einer Statistiksoftware erlernt werden soll.

Somit lässt sich festhalten, dass keine großen Differenzen zu erwarten sind, wenn unterschiedliche Bewerter die jeweilige Ausprägung der Kriterien bei einem Produkt festlegen. Kleinere Differenzen können sich aber in der Ableitung der Konsequenzen ergeben, wobei jedoch keine abweichenden Meinungen hinsichtlich der Beurteilung, ob ein Produkt tauglich oder untauglich ist, zu erwarten sind, sondern vielmehr in den Zwischentönen. Kommt der Bewerter zu dem Ergebnis, dass die Softwareergonomie-Normen nicht verletzt sind, so ist allerdings immer noch keine Aussage darüber gemacht, wie die Software die spezifische Arbeitsaufgabe „etwas zu lernen" unterstützt.

5.4 Kriterien: E-Learning

Die Tabelle 5.3 gibt einen Überblick über die weiteren Kriterienbereiche, die Anzahl der Kriterien sowie deren Kategoriezugehörigkeit, die sich im Speziellen auf die Lernmedienfunktion beziehen. Der Leitgedanke bei der Formulierung der Kriterien war nicht, *den* einen lernpsychologischen, pädagogischen und didaktischen Ansatz als richtigen Ansatz festzuschreiben. Dies ist schlicht nicht möglich, da unterschiedliche Vorgehensweisen in unterschiedlichen Kontexten durchaus ihre Berechtigung haben können. Vielmehr wird beschrieben, welche Kriterien erfüllt sein müssen, wenn der eine oder andere Ansatz verfolgt wird und in welcher Art und Weise diese Beschreibung zu erfolgen hat (Metaebene).

Wenn von einem Produkt behauptet wird, dass der Ansatz des entdeckenden Lernens implementiert wurde, der Lerner jedoch das Programm nur systemgesteuert nutzen kann, dann würde dies im oben genannten Sinne bemängelt werden, da Anspruch und Wirklichkeit nicht übereinstimmen.

Neben psychologischen, didaktischen und pädagogischen Aspekten wurden auch weitere Regelungen und Gesetze berücksichtigt, die auf IT-basierte Lernmedien zutreffen können, wie die Datenschutzgesetze (9 Kriterien), das bsi-Grundschutzhandbuch (24 Kriterien), das Fernunterrichtsschutzgesetz (3 Kriterien), die Barrierefreie

Tabelle 5.3 E-Learning-Kriterien

Bereich	Anzahl	davon beschreibend
Rahmenbedingungen	101	32
Technische Aspekte	103	23
Datenspeicherung und -verarbeitung	37	14
Funktionalitäten	58	18
Theoretische Aspekte	80	17
Kodierung der Information	59	3
Spezielle Präsentationsformen	31	0
Σ	469	107

Informationstechnikverordnung BIT-V (18 Kriterien), der LOM-Standard (24 Kriterien).

Wie auch schon bei den Softwareergonomie-Kriterien sind nicht immer alle Kriterien für alle Produkttypen wie WBTs, CBTs etc. relevant. Für CBTs fallen insbesondere technische Aspekte weg, die sich auf die Sicherheit der Netzverbindungen, der Server und den Schutz der personenbezogenen Daten auf dem Server beziehen. Darüber hinaus werden auch hier nicht immer alle potenziell relevanten Kriterien zwischen den Produkten differenzieren.

5.5 Evaluationsstudie zum Instrument QuIT-L

In einer ersten Studie wurde die Handhabbarkeit des Kriterienkataloges untersucht. Drei Experten bewerteten unabhängig voneinander acht Sprachlernprogramme anhand des Kataloges. Die Tabelle 5.4 weist aus, dass bei den untersuchten Produkten von den 563 bewertenden Kriterien (Spalte AK) nur 455 (Spalte RK) relevant sind. Das heißt, die übrigen Kriterien treffen für diese Produkttypen (CBTs) und die Art des Lerngegenstands (Sprachlernprogramme) per se nicht zu.

Von den verbleibenden 455 Kriterien sind 293 (Spalte DK) zwischen den hier untersuchten Produkten differenzierend, d. h. die Kriterienausprägung – „erfüllt", „nicht erfüllt", „nicht zutreffend" – ist bei den Produkten nicht einheitlich.

Im ersten Schritt wurden drei Produkte geprüft und anhand der zwischen den Experten aufgetretenen Bewertungsunterschiede bei 5% der Fragen die Formulierungen eindeutiger gestaltet. Anschließend wurden die fünf verbleibenden Produkte geprüft. Für jedes Kriterium wurde ermittelt, ob die Expertenmeinungen differieren (Tabelle 5.5). Wenn dies nicht der Fall war, wurde die Variable DiffP auf 0 gesetzt, ansonsten auf die Anzahl der Produkte, bei denen Abweichungen auftra-

Tabelle 5.4 Relevante bewertende Kriterien und Expertenrating

Bereich	AK	RK	DK	DiffP	DiffP%
Insgesamt	563	455	293	88	4%
1 Softwareergonomie	213	172	112	26	3%
2 Rahmenbedingungen	69	59	24	15	5%
3 Technische Aspekte	80	53	37	4	2%
4 Datenspeicherung und -verarbeitung	23	23	22	4	3%
5 Funktionalitäten	40	40	28	8	4%
6 Theoretische Aspekte	63	60	44	25	8%
7 Kodierung der Information	56	17	10	3	4%
8 Spezielle Präsentationsformen	31	31	16	3	2%

AK = Anzahl der bewertenden Kriterien

RK = Relevante Kriterien für die untersuchten CBTs

DK = Kriterien, die zwischen den Produkten differenzieren

DiffP = Anzahl der Items, die von den Experten unterschiedlich bewertet wurden

Tabelle 5.5 Beispiele für die Ermittlung der Variablenausprägungen

Bereich	Kriterium	Produkt 1	2	3	4	5	DiffP
1.3.1.2	Hat jedes Fenster eine eindeutige Identifikation?	+/ + /+	+/ + /+	−/ − /−	+/ + /+	−/ − /−	0
2.2.2.1	Werden die Fertigkeiten und Fähigkeiten benannt, die erworben werden sollen?	+/ + /−	+/ + /+	+/ + /+	−/ − /−	+/ + /+	1
6.2.5.4	Wird der Lernende angeregt über seine Selbstüberwachung nachzudenken? Werden Tipps gegeben wie sie ggf. verbessert wird?	+/ + /−	+/ + /−	+/ + /−	+/ − /−	+/ + /+	3

ten. Differierten die Meinungen bei einem Item bei allen 5 Produkten, wurde DiffP entsprechend auf 5 gesetzt.

Insgesamt mussten 2275 Kriterien (5×455) durch die 3 Experten beantwortet werden. Das heißt, wären sich die Experten bei jedem Kriterium bei allen Produkten uneins gewesen, hätten maximal 2275 Differenzpunkte erreicht werden können. Die Spalte DiffP in Tabelle 5.4 weist die Differenzpunkte je Bereich aus. Auffällig sind die relativ großen Abweichungen (8%) im Bereich Theorie, was sich durch die Schwierigkeit der exakten Operationalisierung der theoretischen Aspekte erklärt. Insgesamt wird die durchschnittliche Abweichung von 4% als unkritisch angesehen, zumal keine Ausschluss-Kriterien betroffen waren. Somit wird QuIT-L nach dieser ersten Pilotstudie als ein Instrument, welches reliable Bewertungsergebnisse liefert, angesehen.

5.6 Exemplarische deskriptive Produktdaten

Die Tabelle 5.6 zeigt in der Spalte P/N die Kriterien, die bei allen Produkten erfüllt bzw. nicht erfüllt wurden. Erfüllt wurden 57 von 455, das sind 12,5%. Die Spalte EB% zeigt im Mittelwert, welcher Prozentsatz der differenzierenden Kriterien darüber hinaus von den Produkten erfüllt wird. Die großen Standardabweichungen deuten die erheblichen Unterschiede zwischen den Produkten an. Die auffallend schlechten Ergebnisse im Bereich Datenspeicherung und -verarbeitung resultieren daher, dass die Produkte kaum Möglichkeiten zur Anzeige der Bearbeitungsergebnisse (Übungs- und Testaufgaben) und der Bearbeitungsstände implementiert haben.

Hervorzuheben ist auch noch der Bereich 7 – Kodierung der Information. Die Tatsache, dass von den ursprünglich 56 Kriterien (s. Tabelle 5.4) überhaupt nur 17 relevant waren, signalisiert, dass nicht alle Produkte die Möglichkeiten ausschöpfen, die Multimedia bietet. Dies ist nicht prinzipiell negativ zu bewerten, da nicht alles, was technisch möglich ist, auch sinnvoll ist. Bei den hier untersuchten Produkten

Tabelle 5.6 Ausgewählte deskriptive Ergebnisse

Bereich		RK	DK	P/N	EB%
Insgesamt		455	293	57/17	62% (12%)
1	Software-Ergonomie	172	112	16/4	69% (13%)
2	Rahmenbedingungen	59	24	9/2	58% (17%)
3	Technische Aspekte	53	37	12/1	49% (18%)
4	Datenspeicherung und -verarbeitung	23	22	2/1	44% (19%)
5	Funktionalitäten	40	28	4/1	61% (21%)
6	Theoretische Aspekte	60	44	5/6	60% (22%)
7	Kodierung der Information	17	10	4/1	68% (10%)
8	Spezielle Präsentationsformen	31	16	5/1	68% (14%)

AK = Anzahl der bewertenden Kriterien
RK = relevante Kriterien für die untersuchten CBTs
DK = Kriterien, die differenzieren
P/N = Anzahl der Kriterien, die durch alle Produkte erfüllt/nicht erfüllt wurden
$EB\%$ = erfüllt über Baseline% (d. h. abzgl. P) Mittelwert, Standardabweichung

hat sicherlich der Lerngegenstand Sprache zur etwas zu sparsamen Implementierung beigetragen.

Weitere Analysen zu den bewerteten Produkten, die ihre Stärken und Schwächen aufzeigen, sind im Internet einsehbar (http://131.234.146.240).

5.7 Fazit

Viele der derzeit verfügbaren E-Learning-Produkte machen es unübersehbar, dass es einer Qualitätssicherung bedarf, die nicht nur auf den Inhalt beschränkt bleibt. Während bei einem Auto das TÜV-Siegel die Verkehrstauglichkeit bescheinigt und zumindest technisch die Zielerreichung – Transport von Personen – sichergestellt ist, verhält es sich bei Lernprogrammen anders.

Im Unterschied zur Nutzung des Produkts Auto, bei der der Fahrer bereits erlernte Fertigkeiten anwenden muss, soll durch die Nutzung der Lernprogramme erst gelernt werden. Der Umstand, dass Lernen ein höchst individueller Prozess und von individuellen Medienpräferenzen, dem Vorwissen hinsichtlich des Lerngegenstandes, den allgemeinen Lernerfahrungen etc. beeinflusst wird, macht es ungleich schwieriger, Produkteigenschaften zu benennen, die einen Erfolg wahrscheinlich machen.

Die im Rahmen von QuIT-L entwickelten Kriterien können hierzu einen Beitrag leisten. Durch den Bereich 1 (Softwareergonomie) wird sichergestellt, dass eine Aussage über das Erfülltsein der ISO 9241 gemacht werden kann. Insbesondere dann, wenn E-Learning-Produkte in den Routine-Lehrbetrieb oder in den Arbeitsalltag aufgenommen werden, muss dies gegeben sein.

Durch seine weiteren Kriterienbereiche kann mit Hilfe von QuIT-L auch die Frage beantwortet werden, ob die Potenziale des Computers überhaupt genutzt wurden, oder ob das vorliegende Produkt genauso gut mit anderen Medien (als Buch, Video, Tonkassette, CD) hätte umgesetzt werden können.

QuIT-L kann aufgrund des Ansatzes für die Prüfung aller E-Learning-Produkte genutzt werden. Die feinen Details, die das erstplatzierte Produkt zum Sieger macht und einem anderen „nur" sehr gute Arbeit bescheinigt, können deshalb nicht abgebildet werden.

Die Kreativität sowie Produktindividualität wird durch das Etablieren von derartigen Kriterien und ggf. später entsprechenden Normen nicht per se negativ beeinflusst – wie dies übrigens schon bei Nicht-E-Learning-Softwareprodukten und der ISO 9241 festzustellen war.

QuIT-L wird nun in einer weiteren Studie mit WBTs und anderen Lerngegenständen einer zweiten Evaluationsstudie unterzogen. Teile von QuIT-L werden im Rahmen des Normenausschusses NI-36 des DIN e. V. und der entwicklungsbegleitenden Normung in die deutschen Vorschläge für eine „E-Learning-Norm" eingehen. Nach Abschluss der zweiten Studie wird QuIT-L vollständig veröffentlicht. Die jeweils aktuellen Informationen sind unter http://131.234.146.240 verfügbar.

Literatur

Rockmann, U. (2002): Software-Ergonomie und Normung von eLearning-Produkten. In: dvs-Nachrichten, 03, 2002

ISO 9241: Ergonomische Anforderungen für Bürotätigkeiten mit Bildschirmgeräten, Teile 1–17. Berlin: beuth-Verlag.

6 Das Kunststück, alle unter einen Hut zu bringen. Zielkonflikte bei der Akzeptanz des E-Learning

Lutz Goertz, Anja Johanning

Abstract
Erfolgreiches E-Learning hängt entscheidend von Wünschen und Bedürfnissen unterschiedlicher Akteure ab, die am Entscheidungs- und Einführungsprozess der netzgestützten Lernform in die betriebliche Weiterbildung beteiligt sind. Oftmals stehen ihre Wünsche im Widerspruch zueinander. Im Blickpunkt dieses Beitrags stehen drei Hauptakteure, die bei der Planung und beim Einsatz von E-Learning in Organisationen eine zentrale Rolle einnehmen: die Entscheider (wie Personalverantwortliche, Vorgesetzte und Geschäftsführer), die Trainer und die Mitarbeiter. Es werden zunächst die Argumente pro und contra E-Learning aus Sicht der verschiedenen Akteure beleuchtet. Anschließend geben die Autoren einige Empfehlungen, wie sich die Akzeptanz von E-Learning durch Kompromisse zwischen widersprüchlichen Bedürfnissen steigern lässt.

6.1 Einleitung

Grundsätzlich ist das Interesse an der Einführung von E-Learning in die berufliche Aus- und Weiterbildung groß. Die Zahl der tatsächlichen E-Learning-Anwender und -Nutzer ist hingegen noch sehr gering. Nach einer aktuellen Markterhebung setzen im Durchschnitt 14 Prozent der Unternehmen in Deutschland E-Learning ein (Köllinger und Ross 2003). Dabei handelt es sich nach Ergebnissen von MMB in der Mehrzahl der Fälle um Großunternehmen mit mehr als 1.000 Mitarbeitern (MMB/PSEPHOS 2001). Kleine und mittelständische Unternehmen verhalten sich dagegen eher zurückhaltend – nach einer aktuellen Erhebung nutzen rund fünf Prozent E-Learning-Angebote (Zinke 2002). E-Learning hat demnach ein Akzeptanzproblem.

6.2 Zum Akzeptanzbegriff

Der Akzeptanzbegriff spielt in der Ökonomie eine zentrale Rolle. Unter „Akzeptanz" versteht man dort „die positive Annahmeentscheidung einer Innovation durch die Anwender" (Simon 2001, S. 95). Verschiedene Akzeptanzmodelle stellen die Determinanten und den Prozess der Akzeptanz dar (vgl. u. a. Kollmann 1998, S. 106).

Simon (2001) hat diese Akzeptanzmodelle für die Einführung von Wissensmedien adaptiert. Er geht „davon aus, dass sich Anwender dann für das Wissensmedium entscheiden, wenn die vom Wissensmedium angebotenen Dienste und Funktionalitäten sie bei der Ausübung von organisationsspezifischen Aufgaben unter Berücksichtigung ihrer eigenen Fähig- und Fertigkeiten unterstützen und sie daraus einen Nutzen ziehen" (Simon 2001, S. 112). Unterschieden werden folgende Einflussgrößen:

- die Beschaffenheit des Lernmediums
- die Bedürfnisse des Nutzers
- die Voraussetzungen des Nutzers.

Dieses Modell lässt sich auch auf die Einführung von E-Learning in kleinen und mittelständischen Unternehmen übertragen. Denn letztlich bestimmen die Bedürfnisse und Voraussetzungen der E-Learning-Anwender und -Nutzer darüber, ob aus dem finanziellen Aufwand ein zufrieden stellender Erfolg resultiert. Werfen wir deshalb einmal einen Blick auf die Akteure, die an der Entscheidung für die Akzeptanz von E-Learning beteiligt sind.

6.3 Die Akteure in einem E-Learning-Projekt

Die Einführung neuer Technologien scheitert in 50 bis 75 Prozent der Fälle nicht an der Hard- oder Software, sondern an den Akteuren, die spezifische Anforderungen an ein Produkt stellen (Radiant Systems 2003). Das gilt auch für die Einführung technologiegestützter Lernanwendungen.

Die Akteure, die in einer Organisation an der Planung und dem Einsatz einer E-Learning-Lösung beteiligt sind, stellt Abbildung 6.1 dar. Eine besondere Position bei der erfolgreichen Einführung von E-Learning haben in diesem Beitrag drei Akteure, die in der grafischen Übersicht in den „Kernbereich der Akzeptanz" eingeordnet sind: Entscheider, Dozent und Lerner.

Die große Zahl der Studien und Publikationen, die speziell über E-Learning-Entscheider und -Nutzer erschienen sind, bestätigen eine hohe Relevanz dieser beiden Personengruppen im Entscheidungsprozess. Dagegen rücken die Bedürfnisse und Erfahrungen von Trainern bzw. Dozenten bislang nur vereinzelt in den Mittelpunkt einiger Fachartikel. Grund dafür dürfte die noch bis vor kurzem gängige Argumentation sein, dass dem Trainer im E-Learning – anders als in klassischen Seminaren – nur noch eine untergeordnete Rolle zukommt (Goertz und Raithel 2003). Spätestens die Ergebnisse aus Nutzerbefragungen haben diese These allerdings widerlegt (Michel und Johanning 2002). Für die Lerner ist der Tutor zugleich Berater, Betreuer und Motivator.

Welchen Einfluss nehmen nun die Anforderungen und Voraussetzungen der drei „Kernakteure" (Entscheider, Dozent/Tutor, Mitarbeiter/Lerner) auf die Akzeptanz und Nutzung von E-Learning in einer Organisation? Die Ausgangsbasis der Argumentation bildet folgendes Ebenenmodell, das einen Überblick über die Einflussfaktoren liefert.

Der Entscheider: Die Entwicklungen im E-Learning werden von Entscheidern aufmerksam verfolgt. E-Learning in die berufliche Aus- und Weiterbildung des Unter-

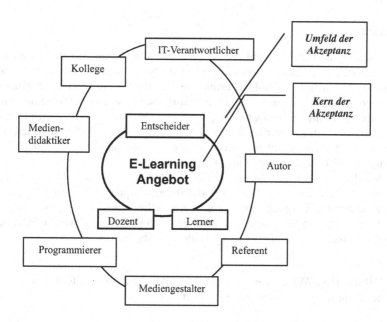

Abb. 6.1 Auswahl beteiligter Akteure in E-Learning-Projekten, (vgl. ©MMB 2001[1])

nehmens einzuführen, ist gekoppelt an eine Prüfung der unternehmensspezifischen Voraussetzungen und Rahmenbedingungen. Dabei spielen folgende Faktoren eine Rolle:

Voraussetzungen im Unternehmen

- *Technik:* Die Entscheidung über die Durchführung eines E-Learning-Projekts ist zunächst von den technologischen Ressourcen eines Unternehmens abhängig. Wenn diese grundlegenden Voraussetzungen (z. B. Hardware-Ausstattung, Online-Anschluss, Server-Infrastruktur) für E-Learning nicht gegeben sind, dann fällt der Aufwand meist höher aus als der zu erzielende Nutzen.
- *Personelle Ressourcen:* Gleiches gilt für die zeitlichen und personellen Ressourcen. Mitarbeiter haben nur ein begrenztes Zeitbudget, das produktiv genutzt werden soll. Oft genug nimmt die systematische Weiterbildungsplanung deshalb im Unternehmen einen geringen Stellenwert ein.
- *Erfahrungen des Entscheiders:* Die Gewichtung und Einschätzung der Ergebnisse hängt auch von den Einstellungen und Erfahrungen des jeweiligen Entscheiders ab. Aufgeschlossenheit gegenüber neuen technischen Entwicklungen und die Fähigkeit, komplexe Sachverhalte für die eigene Praxis nutzbar zu machen, können den Umgang mit dem Thema E-Learning fördern.
- *Anerkennung des Entscheiders im Unternehmen:* Ebenso können Entscheider die Diskussion über die Neue Lernform in Organisationen prägen, wenn sie bei Kollegen und Vorgesetzten als kompetente Gesprächspartner geschätzt werden.

---

[1] Bei den genannten Rollenträgern handelt es sich nicht um eine vollständige Auflistung.

Bedürfnisse

- *Kosten:* Grundsätzlich sind die Budgets zur Einführung von E-Learning beschränkt, und es besteht das Ziel, für einen bestimmten finanziellen Aufwand
  ein Optimum an Lernerfolg zu erreichen. Vor allem kleine und mittelständische
  Unternehmen beklagen häufig die hohen Investitions- und Betriebskosten netz-
  gestützter Lernformen. Daher ist gerade eine Aussage darüber, inwieweit sich
  Investitionen in E-Learning betriebswirtschaftlich rechnen, für Entscheider ein
  zentrales Argument, um auch das Interesse der Geschäftsführung an der Einführung von E-Learning zu gewinnen.
- *Anforderungen an die Lernergebnisse:* Jeder Personalentwickler muss dafür
  Sorge tragen, dass die Mitarbeiter die Informationen und Fertigkeiten haben,
  die sie zur Bewältigung ihrer Aufgaben brauchen. Demnach gibt er auch nach
  Abstimmung mit Abteilungsleitern klare Richtlinien vor, was welche Mitarbeiter
  lernen sollten. Lernzielerreichung ist hier das oberste Gebot.

Der Mitarbeiter: Welche Voraussetzungen sind bei den Mitarbeitern gegeben? Und
welche Anforderungen stellen sie an E-Learning-Angebote?

Voraussetzungen

- *Lernort:* Der Lernerfolg hängt auch entscheidend vom Lernort ab. Am Arbeitsplatz fehlt meist die Ruhe und Zeit, Lerninhalte durchzuarbeiten, da einerseits
  keine verbindlichen Regelungen über Lernzeiten getroffen worden sind und an-
  derseits Kollegen und Vorgesetzte nicht genügend Verständnis dafür haben, dass
  sich Mitarbeiter für einen kurzen Zeitraum aus dem laufenden Arbeitsprozess
  herausnehmen. Das ist ein Grund, warum Online-Lernende verstärkt ihre Lernphasen ins Privatleben verlagern. Damit übernimmt der Mitarbeiter zunehmend
  die Eigenverantwortung für die zeitliche Organisation des Lernprozesses und für
  den Erfolg einer Bildungsmaßnahme.
- *Selbstmotivation/Selbstorganisation:* Günstige Voraussetzungen für das Online-
  Lernen bringen Mitarbeiter mit, die über ein hohes Maß an Selbstmotivation und
  Selbstorganisationstalent verfügen.
- *Disposition der Zielgruppe:* Des Weiteren sind die demographischen Faktoren
  sowie die Vor-Qualifikation der Zielgruppe zu berücksichtigen. Beispielsweise
  werden in Erfahrungsberichten von Projektverantwortlichen häufig gewerblich-
  technische und auch ältere Mitarbeiter benannt, die mit der Computer- und
  Internettechnik noch nicht so vertraut sind.

Bedürfnisse

- *Praxisbezug der Lerninhalte:* Mitarbeiter lassen sich begeistern, wenn mit der
  neuen Lernform – im Gegensatz zu herkömmlichen Schulungen – das Lernen
  vereinfacht und das Gelernte am Arbeitsplatz unmittelbar angewendet werden
  kann.

- *Anpassung an Vorkenntnisse:* Eine wichtige Anforderung des Nutzers an ein Online-Lernangebot ist eine Lernumgebung, die sich mit seinen momentanen Computer- oder Internetkenntnissen erschließen lässt.
- *Zugang zur Lernumgebung:* Zudem erwarten Nutzer, dass sie jederzeit auf die virtuelle Lernumgebung zugreifen können. Die Motivation der User kann rasch abnehmen, wenn sie nicht auf den Server zugreifen können oder das Laden von Webseiten zu lange dauert (vgl. ECIN 2003).
- *Wünsche der Mitarbeiter:* Zudem sind auch die Zielvorstellungen der Mitarbeiter bei der Planung von Bildungsmaßnahmen zu berücksichtigen – nicht zuletzt auch, um die Lernmotivation zu steigern.
- *Einfluss des Betriebsrats:* Der Betriebsrat sollte in die Entscheidungsfindung mit einbezogen werden, auch weil er bei der Akzeptanzförderung innerhalb eines Unternehmens maßgeblich mitwirken kann.

Der Dozent: Ob ein Dozent E-Learning in sein bisheriges Schulungskonzept integriert, wird davon beeinflusst, ob er mit dieser Lernform den bisherigen Lehr-/Lernerfolg verbessern kann. Dies hängt u. a. von folgenden Faktoren ab:

Voraussetzungen

- *Arbeitsvorgaben:* Lernvorgaben durch Auftraggeber und Kunden. Hierzu gehören unter anderem die zu vermittelnden Lehr-/Lerninhalte, Lehr-/Lernziele und Lehrpläne.
- *E-Learning-Erfahrungen:* Bisherige Kenntnisse im Umgang mit der Lehr-/Lernmethode erleichtern den Zugang zu E-Learning. Zudem ist in diesem Falle der Dozent eher mit den Vorzügen und Nachteilen der Lernform vertraut.
- *Computer-Affinität:* Die Vertrautheit im Umgang mit Internet- und Kommunikationstechnologie könnte die Affinität gegenüber E-Learning vergrößern.
- *Breite der Berufserfahrungen:* Des Weiteren bringen Dozenten, die geübt im Zeit- und Projektmanagement sind, gute Voraussetzungen für die Integration von E-Learning in Seminaren mit. Förderlich dürfte auch die Fähigkeit sein, Gruppen zu moderieren, Personen einzuschätzen und zu beraten, Beiträge zu beurteilen und zu systematisieren.

Bedürfnisse

- *Einarbeitungszeit:* Für einen Dozenten dürfte relevant sein, wie groß der Zeitaufwand ist, um sich in die neue Lehrform einzuarbeiten.
- *Nutzwert im Vergleich:* E-Learning muss im Vergleich zum bisherigen Schulungskonzept einen Mehrwert darstellen, der dem Dozenten und seiner Reputation dient. Dabei spielt insbesondere die Betrachtung der Effizienz und Effektivität der Lernmethode eine Rolle.
- *Sicherung des eigenen Arbeitsplatzes:* Viele Dozenten befürchten, dass computergestützte Lernformen ihren Arbeitsplatz überflüssig machen. Aus diesem Grund verfolgen sie oftmals die Strategie, die Implementation von E-Learning nicht in ausreichendem Maße zu unterstützen.

6.4 Zielkonflikte in E-Learning-Projekten

Ein großes Manko der oben erwähnten Akzeptanzmodelle (u. a. Kollmann 1998 und Simon 2001) ist, dass sie immer nur die Entscheidung des gesamten Unternehmens bzw. eines einzelnen Akteurs berücksichtigen. Tatsächlich ist der Entscheidungs- und Umsetzungsprozess viel komplexer, da mehrere Akteure daran beteiligt sind. Die Auflistung oben hat bereits gezeigt, wie heterogen die Interessen dieser Akteure sind.

Dies führt beinahe zwangsläufig zu Zielkonflikten, die sich nur schwer auflösen lassen. Es ist durchaus möglich, dass diese unterschiedlich gelagerten Vorausset- zungen und Bedürfnisse dafür verantwortlich sind, dass E-Learning-Projekte in Un- ternehmen scheitern. Einige dieser Zielkonflikte und ihre Lösungsvarianten[2] wollen wir im Folgenden beispielhaft vorstellen:

Beispiel 1: Lernprozessunterstützung vs. Kosten. Akzeptanzstudien haben ergeben, dass E-Learning-Angebote von Nutzern vor allem dann akzeptiert werden, wenn der Lernprozess durch Tutoren und einen technischen Support begleitet wird und sich das Lernangebot an das individuelle Lernverhalten anpasst.

Das sind allerdings zwei Aspekte, die Produktionskosten und laufende Kosten in die Höhe treiben. Damit wird zugleich einer der häufig von Entscheidern genann- ten Gründe für die Einführung von E-Learning, Weiterbildungskosten einzusparen, unterlaufen.

Allerdings greift eine reine Kosten-Nutzenrechnung zu kurz, weil auch „weiche" Faktoren wie eine erhöhte Mitarbeitermotivation mit zu berücksichtigen sind.

Empfehlung: Unnötige Ausgaben in E-Learning-Projekten können verhindert werden, wenn vorab festgelegt wird, wie, wann, wofür, für wen und mit welchen Lernzielen E-Learning eingeführt werden soll.

Beispiel 2: Selbstgesteuertes Lernen vs. Arbeitszeit-Management. Nicht selten kla- gen E-Learning-Nutzer in Akzeptanzstudien darüber, dass das Lernen zunehmend in die Freizeit verschoben wird, da für die Konzentration auf das selbstgesteuerte Lernen während der Arbeitszeit kaum Zeit bleibt – die Arbeitsvorgaben nehmen auf das Lernen am Arbeitsplatz keine Rücksicht.

Zudem berichten Online-Lernende gelegentlich, dass Kollegen und Vorgesetzte Lernzeiten nicht genügend respektieren. Da der Lerner seine Informationen über das Internet abruft, ab und an Chat und E-Mail für den Informationsaustausch mit Mitlernenden einsetzt, bezweifeln Kollegen, dass es sich hier wirklich um Lernen handelt.

Empfehlung: Um das Verständnis und auch die Anerkennung von Lernzeiten zu erhöhen, ist die Transparenz des Lernprozesses für Außenstehende sehr wichtig. Es bietet sich beispielsweise an, Kollegen und Vorgesetzten die verschiedenen Kompo- nenten einer Online-Lernumgebung und deren Funktion vorzustellen. Eine andere Möglichkeit wäre, das Lernen vom Arbeitsplatz an einen anderen Ort (wie Lernin- sel, Lerncenter) zu verlagern. Zudem berichten E-Learning-Projektverantwortliche,

---

[2]Einige der Empfehlungen basieren auf Erfahrungen aus den elf LERNET-Projekten, die gefördert durch das BMWA E-Learning-Lösungen für Mittelstand und Verwaltung erstellen.

dass die zeitliche Flexibilität des Lernens erhöht wird, wenn Lerninhalte in möglichst kurze, in sich abgeschlossene Lern-„Nuggets" von nicht mehr als 20 Minuten Dauer aufbereitet sind.

Beispiel 3: User-Tracking vs. datenschutzrechtliche Bestimmungen. Mit E-Learning wird es technisch möglich, den Lernerfolg quantitativ und qualitativ abzubilden. In „Logfiles" werden das individuelle Lernverhalten und der Lernerfolg der Nutzer einer virtuellen Lernumgebung erfasst. Auf dieser Basis wäre eine Aufwand-/Nutzen-Analyse und eine individuelle Lernzielberatung durchführbar. Damit ist dem Bedürfnis des Personalentscheiders Rechnung getragen, den wirtschaftlichen Wert von Bildung und Qualifikation messbar zu machen.

Allerdings sind auch datenschutzrechtliche Bestimmungen zu beachten, deren Einhaltung nicht zuletzt von der Interessenvertretung der Arbeitnehmer angemahnt wird. Außerdem befürchten Betriebsräte durch die Einführung des netzgestützten Lernens einen zusätzlichen Leistungsdruck auf die Arbeitnehmer.

Empfehlung: Von vornherein sollte der Umfang und Zweck der Erfassung und Auswertung der Lernerprofildaten vor, während und nach dem Lernprozess den Beteiligten offen gelegt werden. Die Lerner sollten des Weiteren auch einen Einblick in die Auswertungen erhalten. So sind sie als gleichberechtigte Partner in die Planungen der Personalentwicklung eingebunden (BIZZcheck 2003).

Dieses ist nur eine kleine Auswahl möglicher Zielkonflikte. Weitere lassen sich aus den Voraussetzungen und Bedürfnissen der einzelnen Akteure (siehe oben) ableiten.

6.5 Lösungsansätze zur Akzeptanzförderung

Viele der Zielkonflikte könnten bereits im Vorfeld vermieden werden, wenn alle Akteure die Entscheidung für die Einführung von E-Learning mittragen würden. Wenn dem Nutzer klar ist, wozu er das Produkt einsetzen kann und welchen Gebrauchswert es für ihn hat, ist ein erster wichtiger Schritt in Richtung Akzeptanz von E-Learning getan. Aufmerksamkeit für und Interesse an der neuen Lernform lassen sich in den verschiedenen Prozessphasen eines E-Learning-Projekts durch folgende Maßnahmen schaffen:

- Alle Projektbeteiligten in den Entscheidungs- und Einführungsprozess einbinden
- Wahl des geeigneten Lernarrangements
- Regelung der Lernzeiten
- Vorbilder/Pioniere unter den Beteiligten gewinnen
- Internes Marketing durchführen
- Kompetitive und kooperative Komponenten in die E-Learning-Lernumgebung integrieren
- Monetäre, karrierefördernde Anreize für die Nutzung von E-Learning schaffen

Diese Maßnahmen werden im Folgenden kurz erläutert: Es gibt keinen Königsweg zum „richtigen" Lernarrangement. Um die für die jeweilige Zielgruppe und das jeweilige Lernziel beste Lösung zu finden, ist bereits in der Planungsphase die Ausgangssituation des Unternehmens zu erfassen. Diese Anforderungsanalyse sollte u. a. Einblick in das Weiterbildungsverhalten der avisierten Zielgruppe geben, die inhaltlichen Interessen abfragen und die technologischen Voraussetzungen der Organisation klären. Gang und gäbe ist es mittlerweile, einen „E-Learning Readiness Check" (Krämer und Sprenger 2002) durchzuführen. Mit diesem Instrument lässt sich erfassen, welche Erfahrungen eine Organisation mit dem Management komplexer IT-Projekte bereits gesammelt hat und welche E-Learning-Lösung für die definierten Lernziele, Lerninhalte und Zielgruppen sowie den Lernort am besten geeignet ist. Des Weiteren werden auch die technologische Infrastruktur des Unternehmens analysiert sowie zeitliche und personelle Ressourcen für den Betrieb einer E-Learning-Lösung erfasst. Dazu gehören auch die eingehende Analyse der Motivation und Erwartungen der Zielgruppe und der Entscheider. Darüber hinaus sollten aber auch weitere an einem E-Learning-Projekt beteiligte Akteure mit einbezogen werden.

In Projekten, in denen das Online-Lernen am Arbeitsplatz stattfinden soll, können zusätzliche Arbeitsplatzbeobachtungen Aufschluss darüber geben, ob und wann ein Mitarbeiter Zeit findet, Lerneinheiten durchzuarbeiten.

Ist die Entscheidung für E-Learning gefallen, so ist bereits in der Konzeptionsphase eine enge Zusammenarbeit nicht nur zwischen den Kernakteuren, sondern auch mit Autoren, Programmierern, Mediengestaltern u. a. notwendig („partizipative Produktentwicklung"). Zu einem klassischen E-Learning-Projektplan sollte auch die pilothafte Praxiserprobung des Lernarrangements durch ausgewählte Experten und avisierte Nutzer gehören. Damit lässt sich in einer kleinen Testgruppe erproben, inwieweit das Lernarrangement den Anforderungen der Zielgruppe genügt. Nach diesem Schritt kann man Korrekturen vornehmen, bevor eine breite Zielgruppe angesprochen wird.

Erkenntnisse aus Akzeptanzstudien zeigen, dass Lernende reines E-Learning in der Regel ablehnen, da sie den „face-to-face"-Austausch unter Mitlernenden für den Lernerfolg sehr hoch bewerten. Sie favorisieren eher kombinierte Lernmaßnahmen, in denen sich Präsenzphasen mit selbstgesteuerten Lernphasen abwechseln. Der Umfang von Präsenzveranstaltungen ist jeweils abhängig vom Lerninhalt, Lernziel und der Vertrautheit der Zielgruppe mit der neuen Lernform.

Die Anerkennung der Lernaktivitäten durch Vorgesetzte und Kollegen sowie die Schaffung von zeitlichen Freiräumen für die Lernmaßnahme sind für die weitere Akzeptanz von E-Learning extrem wichtig. Diese Faktoren können durch interne Marketingmaßnahmen und verbindliche Absprachen über Lernzeiten mit Kollegen und Vorgesetzen gefördert werden. Nicht weniger wichtig sind begeisterte „Pioniere" im E-Learning, die verständlich und differenziert die Möglichkeiten des E-Learning darstellen können.

Ein Anreiz für die Nutzung der neuen Lernform ist der Hinweis auf die Zusatzqualifikationen, die durch den Umgang mit IuK-Technologie quasi nebenbei erworben werden (Verbesserung der Computerkompetenz). Diese Kompetenzen lassen sich in verschiedenen Zusammenhängen nutzen und gewinnbringend einsetzen (ZEW IKT 2003).

Im Lernprozess bewerten Lernende die Möglichkeiten von Lernerfolgskontrollen in Form von Selbst- und Fremdtests positiv. Ferner äußern sie den Wunsch, Informationen über den Lernstand der Mitlernenden zu erhalten, um eine Selbsteinschätzung vornehmen zu können.[3]

Diese Informationen lassen sich auch in der Planung des Lehrprozesses nutzen und bei der Beratung der Lernenden einsetzen.

Der Erfahrungsaustausch mit Experten, die ansonsten für einen Austausch nur gelegentlich erreichbar sind, könnte für die Nutzer ein zusätzlicher Motivationsfaktor sein, um sich dem Lernarrangement zuzuwenden.

Motivationssteigernd dürften auch materielle Anreize (beruflicher Aufstieg, höheres Gehalt, Karriereaussichten) sein, um die Aufmerksamkeit auf das E-Learning-Angebot zu lenken.

6.6 Zusammenfassung und Ausblick

Zentrales Anliegen des Beitrags ist es, den Blick auf die Interaktion der Akteure zu erweitern, die an der Einführung von E-Learning beteiligt sind: Er setzt an der in Fachpublikationen häufig zitierten Formel an, nach der der Erfolg des E-Learning vom Nutzer abhängt, und lenkt die Perspektive auf die Bedürfnisse und Voraussetzungen von Entscheidern, Nutzern und Dozenten.

In Zukunft sollte die Einführung von E-Learning insbesondere in kleinen und mittelständischen Unternehmen als Chance angesehen werden, (neu) über Inhalte, Kosten, Zeit und Ort von betrieblicher Weiterbildung insgesamt nachzudenken, indem die vielfältigen Voraussetzungen und Bedürfnisse transparent gemacht und nach Möglichkeit in Einklang miteinander gebracht werden.

Literatur

BIZZcheck.de (2003), eLearning-Edition, Ausgabe 30/03, 21. Juli 2003 – SOMMER-SPE-CIAL Bildungscontrolling.

ECIN (Hrsg.) (2003): Finanzinstitute – die Performance macht den Unterschied. In: ECIN Newsletter vom 16.07.2003, http://www.ecin.de.

Goertz, L. und Raithel, B. (2003): Zehn aktuelle Trends des E-Learning in der beruflichen Weiterbildung. Essen/Marl 2003. Online verfügbar unter: http://www.lernet.info.

Köllinger, Ph. und Ross, A. (2003): Marktstudie E-Learning. Nachfrage – Anbieter – Empirische Ergebnisse. Düsseldorf: Symposium Publishing 2003.

Kollmann, T. (1998): Akzeptanz innovativer Nutzungsgüter und -systeme (Dissertation). Wiesbaden: Gabler Verlag 1998.

---

[3] Die Datenerfassung gründet auf Motivationskonzepten für virtuelle Learning Communities: In einem Fall werden die Anzahl der Beiträge, die Form und die inhaltliche Relevanz in Abhängigkeit von der Vorqualifikation der Teilnehmer bewertet. Die „aktivsten" Teilnehmer erhalten Sachpreise. Nach Aussagen der Community-Betreiber werden die Ranglisten häufig aufgerufen. Hier findet sich nach Meinung der Autoren der Gedanke des kompetitiven Lernens umgesetzt. Das Konzept setzt das LERNET-Projekt clear2b in seiner Learning Community um (Zinke 2002).

Krämer, W. und Sprenger, P. (2002): Step by Step – Von der Strategie zur Implementierung. In: Köllinger, Ph. (Hrsg.): E-Learning in deutschen Unternehmen, 1. Auflage. Düsseldorf: Symposium Publishing 2002, S. 175–235.

Michel, L. und Johanning, A. (2002): Aktuelle Studien zur E-Learning Akzeptanz, 2002. Online verfügbar unter: http://www.lernet-info.de.

MMB/PSEPHOS (Hrsg.) (2001): E-Learning zwischen Euphorie und Ernüchterung. Eine Kurzzusammenfassung ist abrufbar unter http://www.mmb-institut.de.

Simon, B. (2002): Wissensmedien im Bildungssektor. Eine Akzeptanzuntersuchung an Hochschulen. Dissertation 2001. Online verfügbar unter: http://nm.wu-wien.ac.at/lehre/dpas/ Bernd_Simon_Wissensmedien_im_Bildungssektor.pdf 8.

Radiant Systems (eds.) (2003): Training – A critical success Factor in Implementing a Technology Solution. 2003. Available at: http://www.radiantsystems.com.

ZEW (2003): IKT-Report – Unternehmen der Internetökonomie. Online verfügbar unter: ftp: //ftp.zew.de/pub/zew-docs/div/IKTRep/IKT_Report_2003.pdf.

Zinke, G. (2002): Lernförderliche Gestaltung von Facharbeitsplätzen durch neue Medien. Online verfügbar unter: http://www.apo-it.de/workshop2002/praesentationen/zinke.pdf.

7 Lerntechnologiestandards: Gegenwart und Zukunft

Jan M. Pawlowski

Abstract

Die Verwendung von Lerntechnologiestandards gewinnt maßgeblich an Bedeutung. Standards wie Learning Object Metadata (LOM) oder das Sharable Content Object Reference Model (SCORM) tragen zur Interoperabilität von Lernsystemen bei; dennoch ist der Einsatz in der Praxis noch nicht obligatorisch geworden: Daher werden in diesem Artikel Gestaltungsrichtlinien und Tipps gegeben, wie der reibungslose Einsatz ablaufen sollte. Ein Problem ist derzeit noch die Beschreibung didaktischer Aspekte, die in den gängigen Ansätzen noch weitgehend vernachlässigt werden. Es wird gezeigt, welche Standards verwendet werden können, um diesen Schwachpunkt zu beheben. Als übergeordneter Standard ist dazu das Referenzmodell für Qualitätsmanagement und -sicherung des DIN (DIN 2004b) zu sehen. Der Artikel schließt mit einem Ausblick auf die Zukunft der Lerntechnologiestandards.

7.1 Einleitung

Was sind Lerntechnologiestandards? Der Ausdruck „Standards" im Zusammenhang mit Lernen ruft häufig negative Assoziationen hervor. Soll die Didaktik des E-Learning standardisiert werden? Soll die Kreativität der Entwickler und Lehrer eingeschränkt werden? Oder sollen gar Einheitslösungen gefördert werden? Die klare Antwort lautet NEIN. Dieser Artikel klärt auf, in wie weit *beschreibende Standards* bei der Entwicklung von Lernumgebungen sinnvoll und hilfreich sein können. Es wird gezeigt, welche Standards schon heute sinnvoll genutzt werden können und in welchen Themengebieten noch Nachholbedarf besteht.

Warum werden Standards entwickelt? Die Vielzahl an Lernplattformen, Lernmanagementsystemen (LMS) und Lernumgebungen, die in den letzten Jahren entwickelt wurden, führten zu der Notwendigkeit, Standards zur Interoperabilität derartiger Systeme zu entwickeln. Die Nutzung von Standards erlaubt es, Lernressourcen nicht nur auf einem (einzigen) spezifischen System zu nutzen, sondern vielmehr Lernumgebungen systemunabhängig einsetzbar zu machen. Aktuelle Studien und Vergleiche (vgl. Baumgartner et al. 2002, Schulmeister 2003) zeigen ebenfalls die Vielfalt der LMS und belegen die Notwendigkeit, die vielen unterschiedlichen Systeme zumindest mit Schnittstellen zu unterstützen. Somit ist keine langfristige Bindung an ein einziges System erforderlich, die Flexibilität und Entscheidungsfreiheit der Nutzer von Lernmanagementsystemen steigt. Weiterhin machen die enormen Kosten zur Entwicklung von IT-unterstützten Lernumgebungen eine Mehrfachnutzung allein aus wirtschaftlichen Gründen unerlässlich. Hinzu kommt die unübersichtliche Marktlage von Lernumgebungen: Selbst in Bildungsdatenbanken ist es häufig schwer ersichtlich, ob ein Produkt den Anforderungen oder Präferenzen entspricht. Eine präzise und sinnvolle Verbraucherinformation ist bei Lernumgebungen noch nicht in Sichtweite.

Was können Standards leisten? Standards im Bereich der Lerntechnologien bedeuten keine Vereinheitlichung von Konzepten oder Systemen. Die folgenden Lerntechnologiestandards sind rein beschreibende Standards, die das Zusammenspiel von Systemen, aber insbesondere die Transparenz erhöhen. Dies wird in der zukünftigen Wissensgesellschaft immer wichtiger – die Entscheidung, welche Kurse oder Bildungsmaßnahmen ergriffen werden, werden immer weiter hin zum Lernenden selbst verlagert. Um gute, wohl begründete Entscheidungen zu treffen, brauchen Lernende selbstverständlich verlässliche Informationen (über Inhalte, didaktische Konzepte, eingesetzte Technologien, Kosten, Zeitaufwand etc.). Standards wie Learning Object Metadata stellen diese Informationen bereit und helfen somit Lernenden wie Entwicklern, ihre Entscheidung bei Bildungsmaßnahmen oder Auswahl von Lernsystemen besser zu fundieren. Neben den beschreibenden Standards werden Schnittstellen zwischen Systemen beschrieben. In der Zukunft werden Lernressourcen auf beliebigen Lernmanagementsystemen oder Plattformen einsetzbar sein.

Welche Initiativen spielen eine Rolle? Die Landschaft der Standardisierungsinitiativen ist auf den ersten Blick unüberschaubar – daher sollen kurz die maßgeblichen Initiativen vorgestellt werden: In verschiedenen Initiativen (z. B. Learning Technology Standards Committee der IEEE, Advanced Distributed Learning Network, Instructional Management Systems Project) werden Konzepte zur Standardisierung entwickelt. Der Fokus dieser Konzepte liegt auf der Austauschbarkeit, Rekombinierbarkeit und Wiederverwendbarkeit der Komponenten computergestützter Lernumgebungen. Das bedeutet, dass Lernumgebungen unabhängig von der verwendeten Systemumgebung, dem verwendeten Autorensystem oder dem Kontext eingesetzt werden können. Eine solche Wiederverwendbarkeit ist für die wirtschaftliche Entwicklung qualitativ hochwertiger Lernumgebungen unerlässlich.

Spezifische Lerntechnologiestandards werden insbesondere vom *Learning Technology Standards Committee (LTSC)* der IEEE erarbeitet. Die Standards der LTSC sollen die Entwicklung, Umsetzung, Wartung und Interoperabilität von Lernsystemen unterstützen. Ausgehend von einer Systemarchitektur, der Learning Technology Systems Architecture (LTSA) (vgl. IEEE Learning Technology Standards Committee 2003) werden Standards für verschiedene Teilbereiche entwickelt, wie zum Beispiel *Learning Object Metadata (LOM)* zur Beschreibung von Lernressourcen (IEEE Learning Technology Standards Committee 2002) oder *Public and Private Information for Learners (PAPI)* zur Beschreibung von Lernerprofilen (IEEE Learning Technology Standards Committee 2000). Das *Sharable Content Object Reference Model*

Tabelle 7.1 Initiativen und ihre Standards (vgl. Heddergott, Pawlowski 2002)

Interessengruppen/ Initiativen	Standard/Zielsetzung	Weiterführende Informationen (Links)	Schwerpunkt
ADL (Advanced Distributed Learning) Initiative	SCORM (Sharable Content Object Reference Model)	http://www.adlnet.org	Interoperabiltät von Lernmanagementsystemen, Metadaten
IEEE (Institute of Electrical and Electronics Engineers) LTSC (Learning Technology Standards Committee)	Verschiedene Standards, u. a. • LOM (Learning Object Metadata) • PAPI (Public and Private Information for Learners) • CMI (Computer Managed Instruction)	http://www.ieee.org	Metadaten Lernerprofile Interoperabilität von Learning Management Systemen
IMS (Instructional Management System)-Global Learning Consortium, Inc.	Verschiedene Spezifikationen, u. a. Metadaten, RCD (Reusable Competencies Definitions) – insbesondere Content Packaging und Learning Design	http://www.imsproject.org	Verschiedene Schwerpunkte
AICC (Aviation Industry CBT Committee)	AICC	http://www.aicc.org	Zertifizierung von Lernplattformen (hinsichtlich Konventionen zu Nutzerdaten und Kursstrukturen)
DIN, Deutsches Institut für Normung e.V.	Nationale Normung	http://www.ebn.din.de http://elm.wi-inf.uni-essen.de/en/standard/din.html	Qualitässicherung, Modellierung didaktischer Konzepte
CEN/ISSS	Europäische Normung	http://www.cenorm.be/isss/Workshop/lt/Default.htm	Europäische Aspekte der Standardisierung von Lerntechnologien
ISO/IEC	Internationale Normung	http://jtc1sc36.org/	Internationale Normung

(SCORM) des Advanced Distributed Learning Network (ADLNET) integriert verschiedene Lerntechnologiestandards (vgl. Dodds 2001). Aufgrund der Beteiligung der maßgeblichen Standardisierungsinitiativen (LTSC, IMS, ARIADNE, AICC) ist dieser Standard als besonders erfolgversprechend anzusehen. Wichtigste Standards der *Instructional Management Systems Global Consortiums (IMS)* sind die Standards *Content Packaging* und *Learning Design*, die die Beschreibung didaktischer Aktivitäten ermöglichen.

Hinzu kommen die formalen Normungsgremien auf nationaler und internationaler Ebene. Im *Deutschen Institut für Normung e.V. (DIN)* werden zurzeit in verschiedenen Arbeitsgruppen Lösungen im Bereich der Qualität von Lernumgebungen und der Didaktik erarbeitet (vgl. Abschnitt 7.2.4). Ebenso sind auf europäischer Ebene der „Workshop Learning Technologies" des CEN/ISSS und international das Gremium ISO/IEC JTC1 SC36 „Information Technology for Learning, Education, and Training" aktiv. Die Ergebnisse dieser Gremien sind durch die Vorgehensweise und das Einbeziehen aller relevanten Aktoren konsens-orientiert und partizipativ. Eine Übersicht über die maßgeblichen Aktivitäten gibt Tabelle 7.1.

7.2 Lerntechnologiestandards

Im Folgenden sollen nun die wichtigsten Standards und ihre Einsatzbereiche vorgestellt werden, um einen Überblick und Entscheidungsempfehlungen zu geben.

7.2.1 Learning Object Metadata (LOM)

Ziel der LOM-Spezifikation ist die Beschreibung digitaler und nicht-digitaler Ressourcen, die im Kontext computerunterstützten Lernens genutzt werden (IEEE Learning Technology Standards Committee 2002). Als Lernobjekte werden dabei alle Ressourcen verstanden, die von computerunterstützten Lernumgebungen verwendet werden. Dies können sowohl Kurse, Softwaretools, einzelne Lerneinheiten, multimediale Objekte oder auch menschliche Trainer sein. Die Beschreibung durch LOM soll ein Lernobjekt eindeutig identifizieren. Damit wird das Auffinden, die Distribution und die Wiederverwendung von Ressourcen wesentlich vereinfacht. Derzeit besteht eine LOM-Beschreibung aus neun Kategorien, die in Tabelle 7.2 verkürzt dargestellt werden. Für eine vollständige Darstellung sei auf Koper (IEEE Learning Technology Standards Committee 2002) verwiesen.

Die LOM-Spezifikation umfasst allerdings nur Basiselemente und -attribute und ist jeweils erweiterbar. Andere Spezifikationen von Lernobjekten (IMS, ARIADNE) verwenden Teilbereiche von LOM und ergänzen Attribute. Die LOM-Spezifikation

Tabelle 7.2 Learning Object Metadata

Typ	Beschreibung	Beispielattribute
Allgemein	Ressource als Ganzes	Bezeichner, Titel, Katalogeintrag, Sprache, Beschreibung
Lebenszyklus	Entwicklungshistorie und aktuelle Version einer Ressource	Status, Autor, Rollen
Meta-Metadaten	Metadatensatz	Katalog, Autor, Metadatenschemata
Technisch	Technische Anforderungen und Merkmale	Format, Ort, Größe, Plattform, Netzwerke
Pädagogisch	Pädagogische Merkmale	Interaktivität, Typ der Ressource, Schwierigkeitsgrad, Benutzerrolle
Rechte	Urheberrecht, geistiges Eigentum und die Nutzungsbedingungen	Kosten, Urheberrecht
Beziehung	Beziehungen zwischen den Ressourcen	Betreffende Ressource, Beschreibung, Anmerkungen, Voraussetzungen, Art der Beziehung
Erläuterung	Bemerkungen bzgl. der Ressource	Person, Datum, Beschreibung
Klassifikation	Position einer Ressource im Klassifikationssystem	Zweck, Taxonomie, Quelle, Schlüsselworte

Tabelle 7.3 LOM kompakt

	LOM kompakt
Name	Learning Object Metadata (LOM) der IEEE Kategorie: Metadaten
Ziel und Einsatz	Standard zur Beschreibung von Lernressourcen, wie z. B. Kursen, Lernumgebungen, Modulen und Lerneinheiten. Nutzung zur vereinfachten Suche, Rekombination und Wiederverwendung von Lernressourcen
Reifegrad und Praxisrelevanz	Hoher Reifegrad: IEEE-Standard Die meisten Datenbanken unterstützen zumindest Teilbereiche von LOM
Praxistipps	Beschreiben Sie Ihre Kurse und Module nach LOM LOM ist erweiterbar; passen Sie die Elemente und Werte nach Ihrem Bedarf an Nutzen Sie LOM: Stellen Sie Ihre Lernobjekte in Bildungsdatenbanken, Wissenspools oder Netzwerken zur Verfügung!

dient als Basis, die in wesentlichen Aspekten ergänzt werden muss, beispielsweise indem die Beschreibung der pädagogischen Aspekte eines Lernobjektes wesentlich erweitert wird. Zurzeit ist es weder möglich, die Eignung von Ressourcen für konkrete didaktische Methoden zu bestimmen, noch können pädagogische Planungsdetails (wie z. B. die Kommunikationsstruktur, Evaluation) erschlossen werden. Dieser Aspekt muss einbezogen werden, um die Akzeptanz der Lehrer und Trainer sicherzustellen. Für weitere Details sei auf (Adelsberger et al. 2000) verwiesen.

Ferner müssen für verschiedene Attribute allgemein akzeptierte Ausprägungen (z. B. durch Best Practice) spezifiziert werden: Um eine Lernressource eindeutig einordnen zu können, ist es notwendig, für diese als Ausprägung eine Taxonomie bzw. ein Klassifikationsschema anzugeben. Gerade im universitären Umfeld existieren derartige Taxonomien zur eindeutigen Abbildung von Lerninhalten derzeit nicht. Es wird in der Zukunft notwendig sein, für verschiedene Branchen, Fachbereiche und Domänen Taxonomien zu entwickeln, die eine eindeutige Zuordnung eines Lerninhaltes zulassen.

Abschließend lässt sich feststellen, dass die LOM-Spezifikation in den nächsten Jahren weite Verbreitung und Akzeptanz gewinnen wird. Eine individuelle Erweiterung ist jedoch dringend notwendig. Weiterhin werden Tools und Entwicklungswerkzeuge benötigt, die den Spezifikationsprozess weitgehend automatisieren. Eine integrierte Einbindung in den Entwicklungsprozess von Lernumgebungen und entsprechende Vorgehensmodelle sind für den Erfolg von LOM unerlässlich (Pawlowski 2002a, 2002b).

7.2.2 Sharable Content Object Reference Model (SCORM)

Das *Sharable Content Object Reference Model (SCORM)* ist ein Beispiel für einen Standard, der verschiedene Lerntechnologiestandards integriert. Aufgrund der Be-

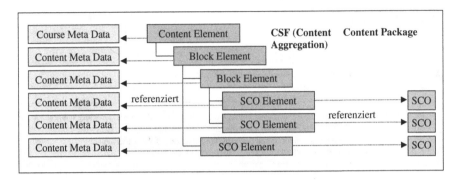

Abb. 7.1 Inhaltsaggregation in SCORM (Dodds 2001)

teilung der maßgeblichen Standardisierungsinitiativen (LTSC, IMS, ARIADNE, AICC) kann dieser Standard als besonders erfolgversprechend eingeschätzt werden. Die Zielsetzung entspricht dem ebenfalls häufig verwendeten Standard des AICC, der hier jedoch nicht weiter behandelt wird.

SCORM ist ein Referenzmodell zur Integration verschiedener Standards. Die Zielsetzung von SCORM ist es, Spezifikationen für webbasierte Lernmanagementsysteme zur Verfügung zu stellen, die system- und plattformunabhängig Lerneinheiten verwenden und verarbeiten können. Es besteht aus zwei maßgeblichen Komponenten:

- Das *Content Aggregation Model* (Inhaltsaggregationsmodell) ist eine Repräsentationsform zur Zusammenstellung von Lernsequenzen aus einzelnen Lernobjekten. So soll die Möglichkeit geschaffen werden, einzelne Lerneinheiten in (organisationsübergreifenden) Repositories abzulegen und daraus neue Inhalte und Module zusammenzustellen.
- Die *Run-Time Environment* (Laufzeitumgebung) stellt eine Schnittstelle zwischen Lernmanagementsystem und einzelnen Lerneinheiten zur Verfügung. Dabei sollen Lernobjekte unabhängig von einer LMS-Instanz genutzt werden können.

Das *Content Structure Format (CSF)* ist ein Format zur Definition von Kursobjekten, das die Struktur, Metadaten und Referenzen zu externen Objekten zusammenfasst (vgl. Abbildung 7.1). Die kleinsten in Lernprozessen eigenständig verwendbaren Einheiten sind dabei *Sharable Content Objects (SCO)*. Diese werden im Rahmen von Lernumgebungen oder der Curricula-Planung strukturiert und in Blöcken, z.B. Kursen, zusammengefasst (CSF). Darüber hinaus werden zu jedem dieser Elemente Metadaten generiert, die Informationen über deren Zusammensetzung liefern.

Die Beschreibung durch CSF ermöglicht die Identifikation, die Definition und die Wiederverwendung von Lernobjekten verschiedener Ebenen. Dabei werden Strukturen, Metadaten und Laufzeitverhalten in standardisierter Form zur Verfügung gestellt. Das Modell bietet so eine einsatzfähige Umsetzung unter Beachtung von

Tabelle 7.4 SCORM kompakt

SCORM kompakt	
Name	Sharbale Content Object Reference Modell (SCORM) der ADL Initiative
	Kategorie: Modularisierung, Ablaufsteuerung
Ziel und Einsatz	Standard zur Beschreibung, Strukturierung und zur Ablaufsteuerung von Lernressourcen, Kommunikation und Datenübergabe zwischen Lernmanagementsystemen und Lernressourcen.
	Nutzung zur Wiederverwendung von Modulen in unterschiedlichen Lernmanagementsystemen
Reifegrad und Praxisrelevanz	Hoher Reifegrad, Zertifizierungsmöglichkeit
	Immer mehr Lernmanagementsysteme unterstützen SCORM
Praxistipps	Modularisieren Sie Ihre Kurse.
	Beschreiben Sie Ihre Kurse mit Metadaten und bedenken Sie, welche Anpassungs- und Individualisierungs-Aspekte bestehen.
	Entwickeln Sie SCORM-kompatible Schnittstellen für Ihre Lernmodule.

Metadaten sowie managementorientierten und inhaltsorientierten Standards. Die Möglichkeiten von Entwicklern werden durch SCORM nicht eingeschränkt, auch wenn die jetzige Version noch nicht ausgereift ist: So gibt es derzeit nur geringe Möglichkeiten zur Adaptation an Lernende. Daher müssen die Datenmodelle, die zum Austausch übergeben werden, in verschiedene Richtungen erweitert werden (Lernermodelle, Methodenmodelle).

Die neueste Version 1.3 von SCORM (vgl. Advanced Distributed Learning Initiative 2002) integriert weitere neue Spezifikationen und unterscheidet zwischen ausführbaren (Sharable Content Objects) und nicht-ausführbaren Ressourcen (Sharable Content Assets). Es ist abzuwarten, wann die maßgebliche Schwäche von SCORM angegangen wird: Die Einbindung der Modellierung von didaktischen Konzepten (wie zum Beispiel IMS Learning Design, vgl. Abschnitt 7.2.4).

7.2.3 Korrespondierende Standards

Lerntechnologiestandards, die Metadaten einbeziehen, basieren auf dem „Dublin Core"-Standard zur Beschreibung von Metadaten für elektronische Ressourcen. Dieser Standard wurde entwickelt, um eine allgemeingültige formale Repräsentation von Metadaten zur Verfügung zu stellen und dient als Basis für spezialisierte Metadaten.

Des Weiteren greift man derzeit bei der Implementierung der Lerntechnologiestandards auf verschiedene technologische Standards wie XML, HTML oder RDF zurück, um allgemeingültige, austauschbare Formate zu verwenden. Auch diese Standards befinden sich derzeit noch in der Entwicklung, daher müssen die entsprechenden Implementierungen auch in der Zukunft weiter angepasst werden.

Als vielversprechende Entwicklung ist das Themengebiet des Semantic Web zu beurteilen (semantic-web.org 2002). Es wird derzeit versucht, ein semantisches Netz zur Abbildung der im Internet veröffentlichten Inhalte zu erstellen. Die Beschreibung von Ressourcen im Internet enthält neben den beschreibenden Elementen selbst weiterhin die Semantik, Struktur und Syntax der Elemente (vgl. Berners-Lee et al. 2001). Daraus entsteht ein Beziehungsgeflecht von Internetressourcen, das die einfache Suche, Auffindbarkeit und Nutzung ermöglichen soll. Die Nutzung dieses Konzepts für Lernressourcen liegt nahe, um langfristig die Spezifikation von Beschreibungen, Beziehungen und Einsatzmöglichkeiten von Lernressourcen zu vereinfachen. Erste Projekte (vgl. SEMANTICWEB.ORG, 2002) zeigen, dass dieser Ansatz in der Zukunft zunehmende Bedeutung erreichen wird. Verbunden damit ist der Bedarf, Metadaten (wie z. B. LOM) wesentlich stärker zu nutzen.

7.2.4 Didaktische Standards

Derzeit sind Aktivitäten der Standardisierungsinitiativen größtenteils auf die Entwicklung technologischer Standards beschränkt, wobei didaktische Komponenten vernachlässigt werden. Unter einem didaktischem Standard versteht man jedoch nicht das Vorschreiben oder Vereinheitlichen didaktischer Konzepte; es handelt sich vielmehr um ein Beschreibungsformat, das den Austausch und Vergleich von Methoden und Konzepten erlaubt und damit auch methodisches Wissen wiederverwendbar macht. Derzeit sind nur wenige solche Ansätze vorhanden (vgl. auch Tergan und Zentel 2002, Schulmeister 2003).

Educational Modeling Language: Vorreiter der didaktischen Modellierung. Die *Educational Modeling Language (EML)* basiert auf einem Metamodell zur pädagogischen Modellierung von Lernumgebungen. Zentraler Aspekt ist die Einbettung von Lernobjekten in einen didaktischen Kontext (Koper 2001). Das Metamodell besteht aus vier Komponenten:

- Die *Theories of learning and instruction (Lern- und Lehrtheorien)* beschreiben Theorien, Prinzipien und Modelle des Lernens und Lehrens.
- Das *Learning Model (Lernermodell)* beschreibt, wie Lernende konsensbasiert lernen. Das Lernmodell besteht aus der Beschreibung von Interaktionen in bestimmten Lernsituationen.
- Das *Domain Model (Domänenmodell)* ist eine Abbildung der Anwendungsdomäne, für die Lernprozesse initiiert werden.
- Das *Units of Study Model (Modell der Lerneinheiten)* bildet ab, wie Lerneinheiten bei gegebenen Lerntheorien, Lernermodellen und Domänenmodellen gestaltet werden können.

Didaktische Ontologien: Umfangreiche Beschreibung von Lernstoff. Die Beschreibung *didaktischer Ontologien* (Meder 2001) ist ein vielversprechender Ansatz zur Beschreibung didaktischer Konzepte. Dabei werden *didaktische Objekte* durch fünf Kategorien beschrieben:

- *Sachkategorie*: Problem, dem ein didaktisches Objekt zugeordnet wird.
- *Zielkategorie*: Zielsetzung, für die ein didaktisches Objekt verwendet wird.

- *Knowledge-Organisation-Kategorie:* Wissensarten.
- *Mediale Kategorie:* Präsentationsformen, mit denen Inhalte angezeigt werden können (Präsentationsmedien, Kommunikationsmedien).
- *Relationale Kategorie*: Bestimmung des Verlaufs der Wissensaneignung durch Methoden (sachlogische Beziehungen).

Learning Roles: Die Beschreibung der Beteiligten. Ein weiterer vielversprechender Ansatz zur Beschreibung didaktischer Konzepte und Annahmen sind Learning Roles (nach Allert et al. 2002, 2003). Learning Roles legen das Rollenkonzept zu Grunde, das einerseits Personen charakterisiert, aber ebenso Aktivitäten oder Ressourcen charakterisieren kann. In diesem Ansatz werden Systeme als Handlungsabfolgen modelliert. Systeme basieren dabei auf einer epistemologischen Fundierung und werden durch spezifische Lern- bzw Wissensbegriffe, Perspektiven oder Rollen bestimmt (vgl. Allert et al. 2003).

Der Ansatz beschränkt sich somit nicht auf die inhaltliche Beschreibung, sondern erweitert die Metadatenkonzepte um weitere Perspektiven. Learning Roles sind als umfassender Ansatz zu betrachten und ermöglichen die Repräsentation didaktischer Konzepte wie auch der zugrundeliegenden Theorien und Methoden.

Essener-Lern-Modell: Das integrierte Gesamtkonzept. Das Essener-Lern-Modell (ELM) bietet einen weiteren Ansatz zur Beschreibung didaktischer Methode (Pawlowski 2001, 2002a, 2002b). Das Essener-Lern-Modell ist ein generisches Vorgehensmodell, das den Entwicklungsprozess von computerunterstützten Lernumgebungen unterstützt. Während Modelle der Softwareentwicklung, didaktische Modelle oder Domänen-spezifische Modelle nur Teilbereiche des Entwicklungsprozesses umfassen, unterstützt das Essener-Lern-Modell den Entwicklungsprozess von der Curriculumentwicklung bis zur Entwicklung von Lerneinheiten. Insbesondere unterstützt dieses Modell die ausgewogene Konzeption von Lernumgebungen durch die Gleichstellung didaktischer und technologischer Ansätze. Das Modell erlaubt die Beschreibung didaktischer Methoden und fördert somit die Wiederverwendbarkeit (vgl. Adelsberger et al. 2000).

IMS Learning Design: Der erste Standard. Als neueste Entwicklung in diesem Bereich wurde auf Basis der Educational Modeling Language vom Instructional Management System Consortium die Spezifikation *IMS Learning Design (IMS-LD)* (vgl. Koper et al. 2002) entwickelt, die die Einbindung der didaktischen Modelle bzw. Aktivitäten in so genannten „Content Packages" ermöglicht. *Content Packaging* (Anderson 2000) stellt Methoden bereit, die das Zusammenstellen verschiedener Inhalte (z. B. zu einem oder mehreren Kursen) unterstützen. Insbesondere Hersteller von Lernsoftware und Lernumgebungen sollen unter Verwendung dieser Spezifikationen die Möglichkeit erhalten, größere Zielgruppen zu erreichen. Die Basisstruktur ist in Abbildung 7.2 dargestellt. Zentraler Aspekt dieses Standards ist die Beschreibung von Packages, die als wiederverwendbare Einheiten gesehen werden und als solche distribuiert werden können. Sie bestehen aus den tatsächlichen Dateien der Lernumgebungen und einem Manifest, welches Metadaten, die Struktur (Organisation) der einzelnen Einheiten und den Verweis auf die Ressourcen enthält.

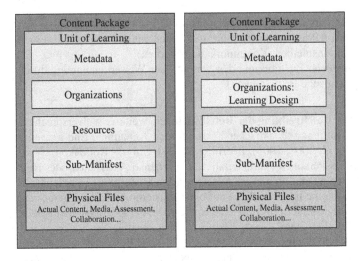

Abb. 7.2 IMS Content Packaging

Die Erweiterung der Content Packages um die Konzepte der Educational Modeling Language hat zur Spezifikation *Learning Design (LD)* geführt. Das Basiskonzept ist wie in EML die Lerneinheit (Unit of Learning), die neben den Kategorien des Content Packaging innerhalb der Kategorie „Organizations" zusätzlich die „Learning Design"-Spezifikation enthält. Diese Spezifikation umfasst folgende maßgebliche Kategorien:

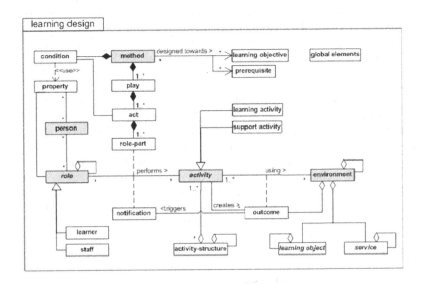

Abb. 7.3 IMS Learning Design (Koper et al. 2002)

- *Activities* beschreiben Handlungen innerhalb eines Lernprozesses. Es werden Lernaktivitäten und Support-Aktivitäten unterschieden. Aktivitäten können zu einer *Activity Structure* aggregiert werden.
- Die Ablaufsteuerung erfolgt über so genannte *Methods*. Innerhalb einer solchen Methode werden durch die Abfrage von Bedingungen (*Conditions*) individuelle Abläufe erzeugt.
- Die Anpassung an den Nutzer erfolgt über das Konzept von Rollen (*Roles*), wie z. B. Lerner (Learner) und Mitarbeiter (Staff). Durch unterschiedliche Attribute (*Properties*) können individuelle Szenarien oder Lernpfade generiert werden.
- In den Aktivitäten stehen Ressourcen (*Environment*) zur Verfügung. Unter Ressourcen werden sowohl *Learning Objects* als auch *Services* verstanden (z. B. E-Mail, Conferencing, Suchfunktion, Monitoring).

Das konzeptuelle Modell ist in Abbildung 7.3 zusammengefasst. Es zeigt sich, dass verschiedene Schwächen im Umfang der „Learning Design"-Spezifikation zu finden sind. So ist die Erfassung des Kontextes, in dem eine Lernressource genutzt wird, nur durch aufwändige Modellierung möglich; eine konzeptuelle Abbildung des Kontextes fehlt ebenfalls. Weiterhin sind Erfahrungen, die mit einer Lernressource oder einem Lernszenario gemacht wurden, nicht bzw. nur über den Umweg der Metadaten erfassbar. Gerade diese Schwächen müssen aus Perspektive des Wissensmanagements und -austausches behoben werden. Eine Erweiterung ist zur sinnvollen Nutzung daher dringend notwendig.

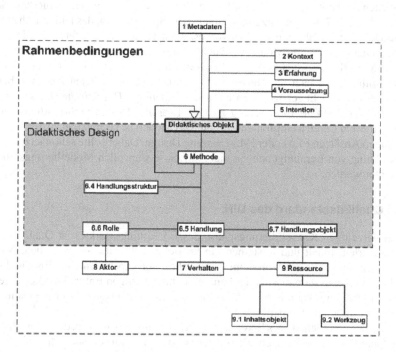

Abb. 7.4 DIN-Modell „Didaktisches Objektmodell" (DIN 2004a)

Tabelle 7.5 Didaktische Standards kompakt

	Didaktische Standards kompakt
Name	Verschiedene sich ergänzende Ansätze: Educational Modelling Language (EML), Essener-Lern-Modell (ELM), Instructional Roles, Web-Didaktik, IMS Learning Design Kategorie: Didaktische Modellierung
Ziel und Einsatz	Ansätze zur Beschreibung von Konzepten, Methoden und Aktivitäten in didaktischen Prozessen, wie z. B. Planspiele oder Diskussionen Nutzung zum Vergleich und zur Wiederverwendung von Methodenexpertise
Reifegrad und Praxisrelevanz	Mittlerer Reifegrad: Verschiedene, noch nicht harmonisierte Entwicklungen IMS Learning Design häufig genutzt, aber Harmonisierung muss vorangetrieben werden
Praxistipps	Denken Sie um – Modellieren Sie nicht nur Inhalte, sondern modellieren Sie didaktische Szenarien inklusive der Methoden und Aktivitäten. Nutzen Sie Standards wie IMS Learning Design bzw. das Didaktische Objekt-Modell des DIN – dann werden Sie leichter auf kommende Entwicklungen umsteigen können.

Ausblick: Das Didaktische Objektmodell des DIN. Die Ansätze von EML, der didaktischen Ontologien, der Instructional Roles und des Essener-Lern-Modells unterstützen die Modellierung und Beschreibung didaktischer Konzepte. Mittelfristig werden die beschriebenen Modelle harmonisiert werden müssen – innerhalb des DIN (siehe Abb. 7.4) wird zurzeit eine integrierte Spezifikation, das Didaktische Objektmodell, unter Einbeziehung aller vorgestellten Modelle erarbeitet (vgl. DIN e.V. 2004a). Dieses integrierte Modell wird langfristig eine Weiterentwicklung der didaktischen Modellierungsstandards vorantreiben. Eine Übersicht gibt Abbildung 7.4.

Es sollte schon jetzt die Nutzung eines didaktisch orientierten Ansatzes bzw. Standards in Betracht gezogen werden. Insbesondere das *Didaktische Objektmodell des DIN*, das 2004 als Erweiterung zu IMS Learning Design veröffentlicht wird, kann in diesem Bereich empfohlen werden. Das Modell ist kompatibel zu den bereits erwähnten Ansätzen ELM oder IMS Learning Design. Daher sollte schon jetzt in der Entwicklung von Lernumgebungen nicht auf diese sinnvollen Modellierungshilfen verzichtet werden.

7.2.5 Qualitätsstandard des DIN

In der derzeitigen Konsolidierungsphase des E-Learning-Marktes ist Qualität von Lernszenarien, Inhalt und Systemen ein kritischer Erfolgsfaktor geworden. Nach dem ersten Boom des E-Learning muss der Schritt von experimentellen Entwicklungen hin zu einer systematischen und qualitativ hochwertigen Entwicklung erfolgen. Diese Entwicklung kann nur durch die Bereitstellung adäquater, offener Qualitätsstandards ermöglicht werden.

Das Hauptproblem dieses Bereiches ist die Vielzahl an Ansätzen, die unterschiedliche Qualitätsziele aus verschiedenen Perspektiven mit variierender Methodik verfolgen. Ein erster Schritt, eine Vergleichbarkeit zu erreichen, ist die Entwicklung eines Referenzmodells, das die Abbildung und Bewertung anderer Ansätze ermöglicht. Weiterhin ist aufgrund der geringen Akzeptanz aktueller Qualitätskonzepte die Schaffung eines harmonisierten, offenen und damit anpassbaren Qualitätsstandards unerlässlich. Um eine allgemeine Akzeptanz und eine Harmonisierung der Ansätze zu erreichen, werden derzeit verschiedene Aktivitäten durchgeführt: Im Deutschen Institut für Normung e.V. (DIN) wird in der entwicklungsbegleitenden Normung diskutiert, wie auf nationaler Ebene ein gemeinsamer Qualitätsstandard erreicht werden kann.

Das Referenzmodell des DIN (vgl. DIN e.V. 2004b) ist ein Prozessmodell, das dem Vergleich von prozessorientierten Qualitätskonzepten dient. Im ersten Schritt wurde ein Beschreibungsmodell entwickelt, das aufzeigt, wie Qualitätsziele, -anforderungen und -prozesse vergleichbar beschrieben werden können. Die folgende Tabelle 7.6 zeigt das Beschreibungsschema.

Tabelle 7.6 Beschreibungsschema für Qualitätsansätze

Attribut	Erklärung	Beispiel
Identifikation	Eindeutige Bezeichnung des Prozesses	QA_0123
Name	Name des Prozesses	Methodenauswahl
Kategorie	Jedem Prozess oder Aktivität wird eine Kategorie des Basisprozessmodells zugeordnet	Kursentwicklung
Ziel	Zielsetzung eines Prozesses	Auswahl einer oder mehrerer didaktischer Konzepte für einen Kurs „Buchhaltung"
Beschreibung	Beschreibung des Prozesses	In der Methodenauswahl werden die Sozialformen des Kurses und die einzelnen Lernaktivitäten gestaltet
Methode	• Methodik, nach der ein Prozess bearbeitet wird • Verweis auf eine Richtlinie oder Verfahrensanweisung	• Methode wird aufgrund der Komplexität der Inhalte und der Lernerfahrung der Teilnehmer ausgewählt • Auswahl nach Methodenhandbuch ABC
Beziehung	Beziehung zu anderen Prozessen	Vor der Durchführung muss eine Analyse der potenziellen Lerngruppe (Prozess LGA_1213) durchgeführt werden
Ergebnis	Ergebnis(se) oder Teilergebnisse der Prozesse	• Spezifikation der Lernmethode und der Rolle des Lehrers • Dokumente, die erstellt und bearbeitet werden
Aktor	Verantwortliche und beteiligte Aktoren	Team Didaktik-Design
Evaluation	Evaluation zur Bewertung der Ergebnisse	Dmmv-E-Learning-Kriterien
Standards	Verwendete Standards	Reihe DIN EN ISO 9241, LOM

Auf Basis dieses Vergleichs wurden Qualitätskonzepte untersucht und die Basisprozesse des Lebenszyklus von Lernressourcen identifiziert. Das Basisprozessmodell umfasst Entwicklungs-, Lern- und Querschnittsprozesse. Das Referenzmodell des DIN (DIN 2004b) unterteilt sich in folgende Prozesse (siehe Tabelle 7.7):

Tabelle 7.7 Referenzmodell des DIN (DIN 2004b)

ID	Prozesskategorie	ID	Prozess	Beschreibung
1	Anforderungsermittlung	1.1	Initiierung	Initiierung eines Bildungsprojektes durch Erkennung und Dokumentation von Bildungsbedarf und Bildungsbedürfnis
		1.2	Identifikation der Stakeholder	Identifikation, Beschreibung und Bewertung der Stakeholder
		1.3	Zieldefinition	Beschreibung und Bewertung der Ziele der relevanten Stakeholder
		1.4	Bedarfsanalyse	Identifikation, Beschreibung und Bewertung des Bildungsbedarfs
2	Rahmenbedingungen	2.1	Analyse des externen Kontextes	Identifikation, Beschreibung und Bewertung des Kontextes der Bildungsprozesse
		2.2	Analyse der personellen Ressourcen	Beschreibung der Kompetenzen und der Verfügbarkeit von Aktoren
		2.3	Analyse der Zielgruppe	Beschreibung der Zielgruppe und der Lernerprofile
		2.4	Analyse des organisationalen und institutionellen Kontexts	Beschreibung der Organisation
		2.5	Termin-/Budgetplanung	Beschreibung der zeitlichen, finanziellen und vertraglichen Rahmenbedingungen
		2.6	Analyse der Ausstattung	Beschreibung der räumlichen und technischen Rahmenbedingungen
3	Konzeption	3.1	Lernziele	Definition und Festlegung der Lernziele und des Kompetenzmodells
		3.2	Inhaltliche Konzeption	Konzeption der Lerninhalte
		3.3	Didaktik/Methodik	Didaktische Modelle, und Konzepte; Curriculum und Lernszenarien
		3.4	Rollen	Beschreibung der Rollen
		3.5	Organisatorische Konzeption	Konzeption der organisatorischen Rahmenbedingungen
		3.6	Technische Konzeption	Konzeption der technischen Umsetzung
		3.7	Gestaltungskonzeption	Entwicklung des Screen- und Interaktions-Designs
		3.8	Konzeption Medieneinsatz	Auswahl der einzusetzenden Medien
		3.9	Konzeption der Kommunikationsformen	Auswahl und Beschreibung der einzusetzenden Kommunikationsformen und Interaktionsmöglichkeiten
		3.10	Konzeption der Testmöglichkeiten	Festlegen der Testformate und des Testverfahrens

Tabelle 7.7 (Fortsetzung)

ID	Prozess-kategorie	ID	Prozess	Beschreibung
4	Produktion	4.1	Inhaltliche Realisation	Realisation der Lerninhalte
		4.2	User Interface Design	Realisation des Screen- und Interaktions-Designs
		4.3	Medienrealisation	Produktion der einzusetzenden und ausgewählten Medien/medialen Ressourcen
		4.4	Technische Realisation	Umsetzung des technischen Konzeptes
5	Einführung	5.1	Test der Lernressourcen	Überprüfung und Validierung der Lernressourcen
		5.2	Anpassung der Lernressourcen	Sicherstellung der Angemessenheit und Nachvollziehbarkeit der Anpassungen der Funktionalität, der Gestaltung und der Dokumentation
		5.3	Freigabe der Lernressourcen	Ablauf der Bereitstellung und Freigabe einer Lernressource
		5.4	Überprüfung der Organisation der Betriebsumgebung	Überprüfung der organisatorischen Voraussetzungen anhand der Anforderungen für die Nutzung des Bildungsangebots
		5.5	Überprüfung der technischen Lern- und Nutzungsumgebung	Überprüfung der technischen Voraussetzungen den anhand der Anforderungen für die Nutzung des Bildungsangebots
		5.6	Betrieb und Pflege der Lernressourcen	Beschreibung von Betrieb und Pflege der Lernumgebung
6	Durchführung	6.1	Administration	Beschreibung der Administration und der begleitenden Maßnahmen
		6.2	Aktivitäten	Beschreibung von Lern-, Unterstützungs- und Transferaktivitäten
		6.3	Überprüfung von Kompetenzniveaus	Beschreibung der Aktivitäten zur Feststellung von Kompetenzniveaus
7	Evaluation	7.1	Planung	Beschreibung der Parameter, Kriterien, Instrumente und Methoden sowie der organisatorischen Rahmenbedingungen zur Durchführung einer Evaluation
		7.2	Durchführung	Umsetzung des Evaluationsplans
		7.3	Auswertung	Auswertung der ermittelten Messdaten
		7.4	Prozessoptimierung	Verbesserung von Produkten und Prozessen

Das Prozessmodell ist als Basis für die weitere Harmonisierung der prozessorientierten Qualitätskonzepte anzusehen. Dabei ist der Einsatz flexibel, so dass die Prozesse zunächst als Rahmenkonzept angesehen werden können. In einem weiteren Schritt ist dann die Nutzung dieses Modells zu bestimmen. So können für die Prozesse Anforderungen oder Richtlinien (z. B. Dokumentationsanforderungen für die Bedarfsanalyse; Richtlinien/Empfehlungen für die Durchführung von Lernprozessen) spezifiziert werden. Eine weitere Möglichkeit ist die Verwendung der Prozesse innerhalb von Vorgehensmodellen (Pawlowski 2002a, 2002b), um Handlungsempfehlungen oder Entwicklungsrichtlinien zu spezifizieren.

7.3 Die Zukunft

Welche Auswirkungen haben Standards. Die beschriebenen Lerntechnologie-standards wie LOM, SCORM oder auch didaktische Standards werden mittel- bis langfristig zu einer wesentlich verbesserten Transparenz und Austauschbarkeit von Lernsoftware, Lernszenarien und Lernressourcen führen. Die beschreibenden Standards ermöglichen somit wesentlich vereinfachte kooperative Entwicklungspro-zesse. Dennoch können und werden Standards nicht die Funktion von Entwicklern oder Trainern übernehmen. Es bleibt Aufgabe von Anwendern, Entwicklern und Wissenschaftlern, neue Lernszenarien zu erproben und zu evaluieren und damit innovative Entwicklungen voranzutreiben.

Noch viele ungenutzte Forschungspotenziale. Es ist zu erwarten, dass sich in den nächsten Jahren die Standards LOM, SCORM und IMS Learning Design in der Praxis durchsetzen werden. Aufgrund der rechtlichen Situation und zu erwartender Akzeptanzprobleme ist der Standard PAPI zur Modellierung von Lernerprofilen der-zeit als noch nicht einsetzbar anzusehen und muss weiter entwickelt und angepasst werden. Wesentliche Forschungs- und Entwicklungspotenziale bietet der Bereich der Qualitätssicherung von Lernumgebungen und Lernprozessen sowie die Model-lierung didaktischer Konzepte und Methoden. Die Arbeiten des DIN sind dabei richtungsweisend für zukünftige Entwicklungen.

Fazit ist, dass Standards sinnvoll zur Beschreibung, Wiederverwendung und Mo-dellierung genutzt werden können und eine Voraussetzung für die wirtschaftliche und qualitativ hochwertige Entwicklung von Lernumgebungen sind. In der derzei-tigen Situation des E-Learning- und Bildungssektors ist die Nutzung von Standards eine Investition in eine sicherere Zukunft.

Die Standards werden sich weiterhin dynamisch entwickeln, sie spiegeln den E-Learning-Markt und entsprechende Trends wieder. Daher müssen die Entwicklungen aufmerksam verfolgt werden. Zurzeit können die Nutzung von LOM, SCORM, IMS Learning Design, die DIN-Spezifikationen (Didaktisches Objektmodell und Quali-tätsstandard) und mit Einschränkung auch der AICC-Standard empfohlen werden, um den Anschluss nicht zu verpassen. Trotz der notwendigen Anfangsinvestitionen werden Standards dazu beitragen, die Wettbewerbsfähigkeit langfristig zu sichern.

Literatur

Adelsberger, H.H., Bick, M.H., Pawlowski, J.M. (2000): The Essen Learning Model – A Step Towards a Standard Model of Learning Processes. In: Bordeau, J., Heller, R. (eds.): Proceedings of ED-MEDIA 2000, World Conference on Educational Multimedia, Hyper-media & Telecommunications. AACE, Charlottesville, VA 2000, pp. 118–123.

Advanced Distributed Learning Initiative (2002): ADL SCORM Version 1.3; Application Profile, Working Draft 0.9, 2002.

Allert, H., Dhraief, H., Nejdl, W. (2002): How are Learning Objects Used in Learning Pro-cesses? Instructional Roles of Learning Objects in LOM. In: Proceedings of ED-MEDIA 2002, Denver USA 2002, pp. 40–41.

Allert, H., Richter, C., Heidl, W. (2003): Extending the Scope of the Current Discussion on Metadata Towards Situated Models. In: Proceedings of EURO-CSCL 2003, Bergen, Norway, pp. 353–359.

Anderson, T. (2000): IMS Content Packaging Information Model, Version 1.0. Available at: http://www.imsproject.org/content/packaging/cpinfo10.html (2000-08-12).

Baumgartner, P., Häfele, H., Maier-Häfele, K. (2002): E-Learning Praxishandbuch – Auswahl von Lernplattformen: Marktübersicht – Funktionen – Fachbegriffer. Innsbruck/Wien: Studien-Verlag 2002.

Berners-Lee, T., Hendler, J., Lassila. O. (2001): The Semantic Web. Scientific American, May 2001. Available at: http://www.sciam.com/article.cfm?articleID=00048144-10D2-1C70-84A9809EC588EF21 (2002-11-14).

CEN/ISSS Workshop Metadata for Multimedia Information – Dublin Core (2000): CWA 13988, DELIVERABLE D2, GUIDANCE INFORMATION FOR THE USE OF DUBLIN CORE IN EUROPE. CEN, Brüssel 2000.

DIN e.V. (2004a): Aus- und Weiterbildung unter besonderer Berücksichtigung von e-Learning – Didaktisches Objektmodell – Modellierung und Beschreibung didaktischer Szenarien, PAS, Beuth Verlag, erscheint Februar 2004.

DIN e.V. (2004b): Aus- und Weiterbildung unter besonderer Berücksichtigung von e-Learning – Referenzmodell für Qualitätsmanagement und Qualitätssicherung – Planung, Entwicklung, Durchführung und Evaluation von Bildungsprozessen und Bildungsangeboten, PAS, Beuth Verlag, erscheint Januar 2004.

Dodds, P. (Hrsg.) (2001): Advanced Distributed Learning Initiative – Sharable Content Object Reference Model – The SCORM Overview, version 1.2. Available at: http://www.adlnet.org/library/documents/scorm/specifications/SCORM_1.2_Overview.pdf, (2001-11-01).

Heddergott, K. und Pawlowski, J.M. (2002): Qualität mit verlässlichen Standards sichern. In: Personalwirtschaft, Sonderheft E-Learning, 11/2002, S. 20–23.

IEEE Learning Technology Standard Committee (2000): Draft Standard for Learning Technology – Public and Private Information (PAPI) for Learners (PAPI Learner), version 7.0. Available at: http://edutool.com/papi/papi_learner_07_main.doc, 2000-11-28.

IEEE Learning Technology Standard Committee (2002): Learning Object Metadata Standard, IEEE 1484.12.1-2002, 2002.

IEEE Learning Technology Standard Committee (2003): P1484.1/D11, Draft Standard for Learning Technology – Learning Technology Systems Architecture, Version 11. Available at: http://ltsc.ieee.org/wg1 (2003–02-01).

Koper, R. (2001): Modeling units of study from a pedagogical perspective – the pedagogical meta-model behind EML. Available at: http://eml.ou.nl/introduction/articles.htm (2001-07-01).

Koper, R., Oliver, B., Anderson, T. (2002): IMS Learning Design Information Model, version 1.0, Available at: http://www.imsglobal.org/learningdesign/ldv1p0pd/imsld_infov1p0pd.html, 2002.

Meder, N. (2001): Didaktische Ontologien. Online verfügbar unter: http://www.l-3.de/de/literatur/download/did.pdf (2001-12-01).

Nejdl, W., Wolf, B., Siberski, W., Qu, C., Decker, S., Sintek, M., Naeve, A., Nilsson, M., Palmer, M., Risc, T.: Edutella: P2P Networking for the Semantic Web Technical Report, 2003.

Pawlowski, J.M. (2001): Das Essener-Lern-Modell (ELM): Ein Vorgehensmodell zur Entwicklung computerunterstützter Lernumgebungen, Dissertation. Essen 2001.

Pawlowski, J.M. (2002a): Modellierung didaktischer Konzepte, In: Tagungsband der Jahrestagung der Gesellschaft für Informatik, Dortmund, 1.-3.10.2002, pp. 369–376.

Pawlowski, J.M. (2002b): Reusable Models of Pedagogical Concepts – a Framework for Pedagogical and Content Design. In: Proceedings of ED-MEDIA 2002, Denver USA, 2002, pp. 1563–1568.

Tergan, S.-O. und Zentel, P. (2002): Lernplattformen und die Zukunft des E-Learning. In: Bett, K. und Wedekind, J. (Hrsg.): Lernplattformen in der Praxis. Münster: Waxmann 2002, S. 223–240.

Schulmeister, R. (2003): Lernplattformen für das virtuelle Lernen. Evaluation und Didaktik. München u. a.: R. Oldenbourg Verlag 2003.

SEMANTICWEB.ORG (2002): Markup Languages and Ontologies. Available at: http://www.semantic-web.org/knowmarkup.html (2002-12-15).

**Webgestützte Instrumente
zur Evaluation von E-Learning**

8 Evaluation vom Bedarf bis zum Transfer: Einsatz eines webbasierten Werkzeugs zur Qualitätssicherung in der Bildung

Thomas Mayer, Christian Pfänder, Andrea Wellmann

Abstract

Wenn Evaluation einem umfassenden Anspruch gerecht werden will und nicht nur Teilnehmerfeedback, sondern Wirkungsanalyse, Transfersicherung oder Bildungscontrolling betrieben werden sollen, dann stellt das hohe Anforderungen an die einzusetzenden Instrumente. Hier werden Evaluationsdienstleistungen mit der Software CUE effect 4.5 vorgestellt. Dieses Instrument liefert einen datenbank- und webbasierten Werkzeugkasten, mit dem anspruchsvolle Evaluationen routinemäßig und flächendeckend mit vertretbarem Aufwand durchgeführt werden können. Dabei kommt insbesondere dem Trainer eine Schlüsselrolle zu.

8.1 Einleitung

Elektronisch unterstützte Evaluation ermöglicht schnelle Aussagen über die Qualität und die Effekte von Trainings und anderen Qualifizierungs- und Personalentwicklungsmaßnahmen. Durch die Fortschritte im Bereich des E-Learning verbreiten sich auch automatisierte Befragungsfunktionen, die oft Bestandteil von Lernplattformen sind. Aber bisher handelte es sich dabei meist um einfache Feedbackinstrumente.

Soll eine Evaluation methodisch anspruchsvoll, statistisch exakt, inhaltlich relevant, zielgerichtet und transferorientiert sein, so werden meist aufwändige Untersuchungen angestellt, die dann nur durch Fachleute mit wissenschaftlichem Hintergrund korrekt umsetzbar sind. Heute kann man diesem Anspruch mit machbarem Aufwand und vertretbaren Kosten einfach, schnell und unkompliziert mit den automatisierten Funktionen eines elektronischen Werkzeugs gerecht werden. Damit eröffnen sich auch Möglichkeiten zu einem gesamtheitlichen Bildungscontrolling (vgl. Landsberg und Weiss 1995). Die Qualität, Effektivität und Kosten-Nutzen-Relation von Maßnahmen im „Human Ressource"-Bereich kann kontinuierlich gesichert und optimiert werden.

Wir setzen in unseren Evaluationsdienstleistungen ein webbasiertes Werkzeug ein, CUE effect 4.5, das wir gemeinsam mit unserem dänischen Partner CUE Consult A/S anbieten. Dieses Tool ermöglicht es, eine große Zahl von gleichen oder auch verschiedenen Maßnahmen routine- und standardmäßig anspruchsvoll zu evaluieren – und das mit überschaubarem Aufwand. So kann Evaluation zur selbstverständlichen Routine in Trainingsprozessen werden.

8.2 Warum evaluieren?

Wer heute eine Maßnahme – egal in welchem Dienstleistungsbereich – anbietet, muss deren *Qualität*, ihre *Wirkung* und ihren *Nutzen* gemäß dem *Bedarf* nachweisen, wenn er damit auf Dauer als interner oder externer Dienstleister wettbewerbsfähig bleiben will. Evaluation ist zur wesentlichen Anforderung geworden, ohne die sich Investitionen in zielgerichtete Bildungsmaßnahmen kaum noch rechtfertigen lassen. Insbesondere durch die Verbreitung von Methoden des E-Learning, als zur Zeit deutlichstem und prominentestem Innovationsimpuls, ist der Ruf nach Evaluation in der Zwischenzeit wieder lauter geworden. Vielerorts leistete man sich einige Jahre des unkritischen Vorgehens nach dem Prinzip von Versuch und Irrtum beim Einsatz der neuen Methoden und Medien. Inzwischen stehen bei der Einführung von Neuerungen stets Fragen nach deren Wirkung und Nutzen im Vordergrund.

Das gilt letztlich für alle Arten zielgerichteter Maßnahmen. Beschränkt man sich auf den Human-Ressource-Bereich, kann man sicher neben den expliziten Qualifizierungsmaßnahmen (denen auch E-Learning zuzurechnen ist), zusätzlich den Bereich des impliziten Wissensmanagements und die Bereiche, die stärker mit der Organisation und ihren Strukturen und Prozessen verbunden sind, etwa Personalentwicklung und Organisationsentwicklung, unterscheiden.

Der besondere Fokus auf die Evaluation von E-Learning mit seinen innovativen Besonderheiten für Qualifizierungsmaßnahmen war Gegenstand des Workshops auf dem Kongress Learntec 2003, der die Grundlage für die Herausgabe dieses Buches ist (vergleiche aber auch bereits Schenkel et al. 2000). An dieser Stelle sei vor allem auf die Diskussion um kriterien- vs. effektorientierte Evaluation verwiesen. Wir vertreten einen Ansatz konsequenter Effektmessung auf mehreren Ebenen. Damit soll zwar eine Orientierung an gesicherten Qualitätskriterien für Maßnahmen nicht abgelehnt werden, jedoch eine kritische Betrachtung der Herkunft und Gewinnung dieser Kriterien gefordert sein.

Ob Evaluation für E-Learning oder, allgemeiner, im Qualifizierungsbereich oder sogar für beliebige zielgerichtete Maßnahmen betrieben wird, und wie sehr sich die expliziten Fragestellungen in Bezug auf die jeweils untersuchte Maßnahme auch unterscheiden, die Grundfragestellungen sind immer die selben und betreffen Qualität, Wirkung und Nutzen bzw. Effekt der jeweiligen Maßnahme:

- Was sollten wir tun? Oder: Deckt die geplante Maßnahme einen aus der Praxis abgeleiteten realen *Bedarf* des Kunden? Ist sie notwendig?
- Tun wir das Richtige? Oder: Bringt die Maßnahme dem Kunden den erwünschten *Nutzen*?
- Welche Wirkung hat unser Tun? Oder: Zeigt die Maßnahme unmittelbar den beabsichtigten *Effekt*?
- Tun wir es richtig? Oder: Verläuft die Maßnahme wie gefordert bzw. angemessen (*Qualität der Durchführung*)?
- Wie kommen wir zu unserem Tun? Oder: Entsteht die Maßnahme wie gefordert bzw. in einem angemessenen Designprozess (*Qualität der Herstellung*)?
- Wie können wir es noch besser tun? Oder: Gibt es einen *Verbesserungsprozess*, durch den die bewerteten Erfahrungen Anlass für Veränderungen im Sinne einer *Weiterentwicklung* geben?

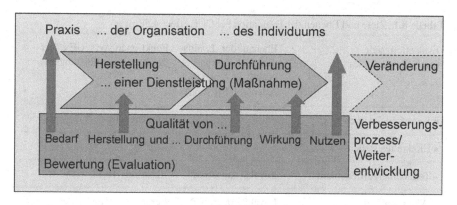

Abb. 8.1 Die Evaluation einer Maßnahme kann sich auf sämtliche Bestandteile der Prozesskette richten – vom Bedarf bis zum Praxisnutzen

8.3 Was wird evaluiert – und mit welchem Ziel?

Evaluation ist ein ganzheitliches Bewertungsgeschehen, das nicht nur die Maßnahme selbst betrachtet, sondern auch und vor allem ihren Bezug zur Praxis, in der sie wirken soll, und dies in einer prozessualen Weise: Eine Bedarfsanalyse als initialer Bewertungsschritt liefert den Bezugspunkt für die spätere Analyse des Effekts, insbesondere des Transfereffekts, also der tatsächlichen Auswirkungen der Maßnahme auf die Praxis, auf die sie abzielt. Während sich zwischen diesen beiden Polen – Bedarfsanalyse und Praxistransfer – verschiedene Effektmaße ableiten lassen, kann eine prozesshafte Evaluation die Maßnahme auch in ihrem Verlauf betrachten: von der Entstehung (Konzeption, Design, Produktion) über die Einführung (Implementation) bis zu beliebigen Stadien der Durchführung – und das womöglich wiederholt, so dass von Durchführung zu Durchführung eine kontinuierliche Verbesserung zu erreichen ist. Hierbei können verschiedenste Maße – von Effekten über Zufriedenheit bis hin zu klassisch kriterienbezogener Messung – zum Tragen kommen.

Zu evaluierende Qualifizierungsmaßnahmen können sich in verschiedenen Aspekten unterscheiden:

- in ihrem Umfang,
- den ausgewählten und ggf. kombinierten Methoden,
- den erstellten und verfügbaren bzw. eingesetzten Medien,
- den beteiligten Akteuren,
- den Lernzielen bzw. den zu vermittelnden Inhalten,
- den Teilnehmern oder Zielgruppen,
- dem Lernort.

Tabelle 8.1 Ziele und Ebenen der Evaluation bei CUE effect 4.5

Evaluationsziele (nach Mayer, 2002)	Ebenen der Evaluation nach Kirkpatrick (1998) (eigentlich Arten von Effekten)	Funktionen von CUE effect [Weitere Dienstleistungen]
● Bedarf analysieren		Eingangs-Test
● Effekte feststellen		
– Teilnehmerzufriedenheit	Level 1: „reaction"	Reaktions-Test
– Wissenserwerb	Level 2: „learning"	Lernerfolgs-Test
– Wissenstransfer in die Praxis	Level 3: „behavior"	Transfer-Test
– Verhaltensänderung in der Praxis		Reaktions-Test mit verschiedenen Befragten (z. B. Vorgesetzten) [Transfer-Studie auf der Basis von Verhaltensbeobachtung]
– Resultate (Nutzen) in der Praxis – Kosten-Nutzen-Relation (ROI)	Level 4: „results"	[Individuelle Evaluationsstudien]
● Qualität verbessern – Durchführung der Maßnahme verbessern – Herstellung der Maßnahme verbessern	Levels 1, 2, 3	Reaktions-Test Lernerfolgs-Test Transfer-Test [Prozess-Design, Trainings-Qualitätsmanagement, Beratung]
● Lernprozess steuern	Levels 1, 2	Lernerfolgs-Test [Monitoring, Betrieb von Qualifizierungsmaßnahmen]
● Entscheidungen finden	Levels 1, 2, 3, 4	[Beratung]
● Erkenntnisse gewinnen	Levels 1, 2, 3, 4	[Forschung]

Beim E-Learning oder Blended Learning ist aufgrund einer meist stärkeren Flexibilität und Variabilität die potenzielle Vielfältigkeit von Maßnahmen eher noch größer:

● Methodenmix
● Multimedialität
● Individualisierung des Ablaufs

- Zugang und Lernumgebung
- Arbeitsteilung zwischen Akteuren
- Offenheit für verschiedene Adressatengruppen
- Inhaltsmodularisierung
- Wahlfreiheit der Lernumgebung.

Wesentlich für die Brauchbarkeit eines Instruments ist die Frage, welche *Evaluationsziele* damit untersucht werden können: Beschränkt man sich auf die Erfassung von Teilnehmerfeedback? Kann man auch Lerneffekte messen? Oder ermöglicht es sogar Rückschlüsse auf einen Transfer in die Praxis?

Wir teilen die Evaluationsdienstleistungen nach den erreichbaren Zielen ein. Tabelle 8.1 zeigt, welche Leistungen durch die Software CUE effect 4.5 unterstützt werden und wo ergänzende Dienstleistungen weiterführen: Die vier Ebenen des bekannten Modells von Donald L. Kirkpatrick (1998) heben dabei auf Effektziele ab. Darüber hinaus können noch Bedarf, Qualität der Maßnahme selbst, der Lernprozess der Teilnehmer, Entscheidungen im Zusammenhang mit der Maßnahme sowie wissenschaftliche Erkenntnis bewertet werden.

Ein Verständnis der Ebenen basiert auf der Annahme unterschiedlicher Ursache-Wirkungsketten der vier Ebenen. Ein Kurs kann z. B. sehr positive Zufriedenheitswerte auf der Reaktionsebene erzeugen, ohne dass Lerneffekte stattfinden. Ebenso gibt es keine Garantie dafür, dass hohe Lerneffekte zu Veränderungen auf den nachfolgenden Ebenen führen. Vordringliches Ziel der Effektmessung ist deshalb die Beschreibung der Effekte auf den verschiedenen Ebenen, um zu erklären, warum die Effekte erreicht oder nicht erreicht wurden.

8.4 Anforderungen an ein elektronisches Evaluationstool

An ein automatisiertes Evaluationstool werden widerstreitende Anforderungen gestellt: Einerseits soll eine methodisch anspruchsvolle, inhaltlich relevante, zielgerichtete und auch transferorientierte Evaluation betrieben werden – andererseits soll dies mit überschaubarem Aufwand, vertretbaren Kosten, schnell, einfach und unkompliziert unter Nutzung weitgehend automatisierter Funktionen machbar sein, so dass Evaluation ggf. zum routinemäßigen Bestandteil einer großen Anzahl oder der Gesamtheit aller durchgeführten Maßnahmen werden kann.

Um dies sicherzustellen sind etwa nachfolgende Merkmale hilfreich:

- *Online-Verfügbarkeit:* Die Zugriffsmöglichkeit für alle Berechtigten auf die Datenverwaltung, -erfassung und -analyse ist bei geeigneten technischen Voraussetzungen ortsunabhängig möglich.
- *Online-Eingabe:* Fragebögen werden von den Teilnehmern online bearbeitet und in der Datenbank automatisch erfasst.
- *Offline-Befragung:* Mit ausgedruckten „Paper&Pencil"-Fragebögen ist es alternativ möglich, Daten zu erheben und diese dann über eine Online-Eingabe durch den Trainer in der Software zu erfassen.
- *Automatisierte Auswertungen:* Trainer, Evaluator oder andere Berechtigte können jederzeit verschiedenste Auswertungen auslösen, einsehen und ausdrucken.

Auch der Teilnehmer selbst kann sofort nach der Online-Beantwortung des Fragebogens ein Feedback mit dem Ergebnis erhalten.

• *Komfortable Fragenerstellung:* Das Werkzeug macht es sehr einfach Fragen anzulegen und bietet dennoch viele Variationen und Spielarten. Fragen können gespeichert und wieder benutzt werden; beliebige Antwortskalen können gewählt werden; auch ja/nein-Fragen oder qualitative Fragen sind möglich. Die Eingabeprozeduren sind für Lern- und Reaktionsfragebögen weitgehend identisch. Wissensfragen werden per Multiple-Choice mit alternativen Antwortoptionen und der Option „weiß ich nicht" erfragt, wobei der Evaluator viele Möglichkeiten hat, durch die Art der Fragestellungen und Antwortoptionen nützliche qualitative Hinweise auf das Was und Wie des Gelernten zu erhalten.

• *Flexible Fragebogenerstellung:* Durch die Datenbankstruktur können Fragebögen beliebig zusammengesetzt werden aus neuen Fragen, bereits vorhandenen Fragebögen und zuvor definierten Modulen thematisch zusammengehöriger Fragen. Der Fragebogendesigner kann Fragen und Module beliebig editieren oder herausnehmen. Er kann ohne großen Aufwand neue Versionen erstellen oder einen vollständigen Fragebogen kopieren. Die Fragebögen können aus Modulen und Submodulen von Fragekomplexen bestehen, so dass bei Reaktionsmessungen optional auch die Analyse von Unterthemen ermöglicht wird, anstatt sich auf individuelle Fragen stützen zu müssen.

• *Speicherung von Standardfragebögen:* Fragebögen können als Standardfragebögen angelegt und gespeichert werden, welche dann automatisch Kursen zugewiesen werden. Eine effiziente Prozessgestaltung bei freigegebenen Befragungsinstrumenten ist somit sichergestellt.

• *Versionskontrolle:* Für Befragungen und eingesetzte Fragebögen existiert eine Versionskontrolle, die es ermöglicht, neue Versionen des selben Lernfragebogens zu kreieren, ohne historische Daten zu verlieren. Mit sukzessiver Änderung und Optimierung des Trainings werden so Änderungen des Lernfragebogens dokumentiert.

• *Veränderbarkeit:* Das Datenbanksystem ermöglicht jederzeit Zugriff und Veränderung bei der Kursverwaltung, bei den Fragebögen mit den dazugehörigen Modulen und den Einzelfragen, bei der Datenerfassung und der Benutzerverwaltung.

• *Datenschutz und Vertraulichkeit:* Durch anonyme Personen-Kennungen werden zeitliche oder räumliche Rückschlussmöglichkeiten auf Teilnehmer ausgeschlossen. Das System verfügt über eine eigenständige und isolierte Teilnehmerverwaltung. Schnittstellen zu Personalsystemen sind verfügbar.

Die Anforderungen an eine Software entsprechen eher denen an einen gut sortierten Werkzeugkoffer als an ein einzelnes Werkzeug. Die wünschenswerten Funktionen unterstützen den gesamten Prozess eines Evaluationsvorhabens. Die Evaluationssoftware CUE effect 4.5 erfüllt diese Anforderungen.

8.5 Einsatz von CUE 4.5 im Evaluationsprozess

Die Software CUE effect 4.5 ist ein datanbankgestütztes intra- und internetfähiges Evaluationssystem zur Qualitätssicherung von Bildungsmaßnahmen. Es basiert auf den unter 8.3 genannten Stufen des Evaluationsmodells von Kirkpatrick und vermag die Evaluation auf den ersten drei Stufen zu unterstützen. Damit liegt ein Werkzeug vor, mit dem insbesondere auch Aussagen über den Transfereffekt (dritte Ebene) von Bildungsmaßnahmen getroffen werden können. Auswertungsroutinen für die vierte Ebene nach Kirkpatrick sind in Entwicklung.

Die Software unterstützt den Prozess eines Evaluationsprojekts, wobei der Benutzer bei der Anwendung die erforderlichen Schritte vollzieht:

1. *Kursverwaltung:* Zuerst werden Kurse so angelegt, dass sie in der Datenbank in einer klaren Hierarchie gespeichert sind: Kurstypen teilen sich in Kurse auf, und diese wiederum in Gruppen. So können einzelne Durchführungen desselben Kurses auch als solche verwaltet und z.B. verglichen werden.
2. *Benutzerverwaltung:* Auch Benutzer werden flexibel verwaltet. Trainer und Teilnehmer werden in der Datenbank angelegt und den Kursen zugeordnet. Einmal eingegeben, kann immer wieder auf die Daten zugegriffen werden.
3. *Fragebogen-Verwaltung:* Die *Fragebögen* werden ebenfalls in der Datenbank verwaltet. Sie werden aus einzelnen Fragen zusammengestellt, die mit einer einfachen, aber sehr flexiblen Maske erstellt werden. Einmal gespeichert, können jederzeit neue Fragebögen aus vorhandenen Fragen oder thematischen „Modulen" zusammengestellt werden. Auch eine Aktualisierung von Fragebögen als neue Version ist möglich, wobei die Zuordnung zum Kurs für eine vergleichende Auswertung erhalten bleibt.
4. *Datenerhebung:* Die Gewinnung der Daten erfolgt zu verschiedenen Messzeitpunkten: (1) Der „Eingangs-Test" dient einer Bedarfsanalyse im Vorfeld des Trainings. (2) Der „Pre-Test" misst den Wissensstand unmittelbar vor dem Training und stellt die Vergleichsbasis für alle weiteren Messungen dar. (3) Der „Post-Test" unmittelbar nach dem Training liefert die Vergleichsgrößen zum Ermitteln des Lerneffekts. (4) Der „Transfer-Test" nach einiger Zeit der Anwendung des Gelernten in der Praxis gibt Hinweise auf die Übertragung der Lerneffekte auf die Praxis. Für die Transfermessung wird von der Schlussfolgerung ausgegangen, dass Wissen, wenn es nach einem gewissen Zeitraum immer noch in hohem Maße reproduziert werden kann, folgerichtig in der Praxis angewandt worden sein muss, statt bei Nichtnutzung dem normalen Vergessen anheim gefallen zu sein. Dabei kann eine unterschiedlich starke Transferwirkung gemessen werden.
5. *Dateneingabe:* Die *Eingabe* der Daten erfolgt online durch die Teilnehmer über jeden beliebigen Intra- oder Internetanschluss. Dies ist insbesondere für E-Learning oder Kurse mit PC-Nutzung relevant. Alternativ aber können Fragebögen auch ausgedruckt und von Hand beantwortet werden. Die Eingabe ins System erfolgt dann durch den Trainer. Anonymität kann in beiden Fällen gewährleistet werden.
6. *Ergebnisauswertung:* Die *Auswertung* kann sofort nach Beantwortung der Fragen mit wenigen Mausklicks angestoßen werden. Dabei steht eine Anzahl ver-

schiedener Analysen zur Auswahl. Sie erzeugen unterschiedliche Ergebnisdarstellungen, die zum größten Teil grafisch visualisiert sind. Auch der Teilnehmer selbst kann seine Ergebnisse selbstständig einsehen, wenn das gewünscht ist. Je nach Ziel wird man einen Teil der verfügbaren Analysen einsetzen, sei es für Teilnehmerfeedback, Lerneffekt oder Transfer. Nachfolgend werden die Auswertungsmöglichkeiten und Ergebnisdarstellungen ausführlicher besprochen.

8.6 Auswertungen und Ergebnisdarstellung

Das System bietet eine große Anzahl von Analysemöglichkeiten für die verschiedenen Evaluationsebenen. Dadurch ergibt sich einerseits eine einfache Auswertung, die „auf Knopfdruck" präsentierbare Ergebnisdarstellungen liefert, andererseits eine flexible Auswahl jeweils passender und der Fragestellung und den Daten angemessener Auswertungen aus der Liste der Möglichkeiten.

Analysemöglichkeiten für Bedarfsanalyse. Zu einem Befragungszeitpunkt vor dem Start der Maßnahme kann eine Erhebung des inhaltsbezogenen Bedarfs der Teilnehmer oder einer gesamten Zielgruppe stattfinden. Diese zielt auf das Vorwissen bzw. Wissenslücken der Teilnehmer und findet auf der Lernebene statt. Hier lassen sich die einzelnen Fragen danach kategorisieren, ob ihre korrekte Beantwortung „erforderlich" oder „nicht erforderlich" ist. Die Auswertung zeigt dann die richtig bzw. falsch beantworteten Inhalte – getrennt nach den erforderlichen und nicht erforderlichen – an. Diese Ergebnisse können sowohl für die befragte Gesamtgruppe, als auch für die Einzelperson dargestellt werden.

Analysemöglichkeiten für Teilnehmerfeedback auf der Reaktionsebene. Mit dem Reaktionsfragebogen werden den Teilnehmern beliebige Fragen zur Beurteilung des Trainings gestellt. Auch wenn diese Form der Befragung häufig als Zufriedenheitsmessung bezeichnet wird, bietet sie doch die Möglichkeit auch nach der Einschätzung von Lern- oder Transfererfolg sowie vorab nach Bedarfseinschätzungen zu fragen. Wichtig ist dabei nur, zu beachten, dass es sich dabei um die subjektiven Einschätzungen der Teilnehmer handelt, die nicht mit Effektmessungen auf Lernebene oder Resultatebene korrelieren müssen.
Auf der Reaktionsebene stehen z. B. folgende Auswertungsformen zur Verfügung:

Reaktion – Mittel zeigt die Mittelwerte der Antworten aller Gruppenmitglieder für jede einzelne Frage des Reaktionsfragebogens, Standardabweichung und Anzahl der Nennungen. Dabei wird die Überschreitung von zuvor eingestellten kritischen Werten farbig gekennzeichnet (Abbildung 8.2).

Reaktion – Verteilung der Antworten stellt die Verteilung der Antworten der Gruppe über die verwendete Skala für jede Frage dar. Zusätzlich werden die Mittelwerte und die Standardabweichungen angegeben (Abbildung 8.3).

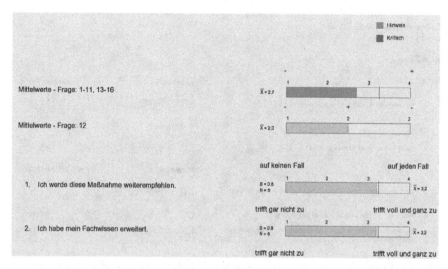

Abb. 8.2 Ergebnisdarstellung der Mittelwerte der beantworteten Fragen

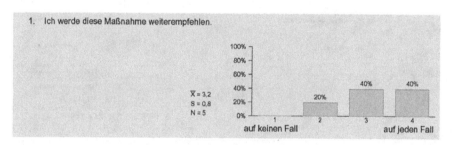

Abb. 8.3 Ergebnisdarstellung der Verteilung der Antwortausprägungen für die einzelnen Fragen des Reaktionsfragebogens

Reaktion – Mittel für die Kursteilnehmer erstellt ein Feedback für jeden einzelnen Teilnehmer, aus dem er seine Angaben zu jeder Frage der Reaktionsbefragung im Vergleich zu seiner Gesamtgruppe ersehen kann (Abbildung 8.4).

Reaktion – Teilnehmerkommentar ist eine Darstellung der qualitativen Anmerkungen der Teilnehmer zu quantitativen Fragen. Da man jeder Frage Kommentarzeilen hinzufügen kann, werden die vom Teilnehmer gemachten Kommentare dem entsprechenden Wert auf der Bewertungsskala zugeordnet. Auch reine Textfragen (offene Fragen) sind möglich. Diese werden dann unskaliert wiedergegeben (Abbildung 8.5).

Reaktion – Entwicklung Zeilen ist ein Gruppenvergleich, der die Mittelwerte verschiedener frei auszuwählender Teilnehmergruppen zueinander in Bezug setzt. Dadurch ist auch die Entwicklung der Bewertungen über einen zeitlichen Verlauf möglich, wenn bei diesen Gruppen die selbe Maßnahme mehrfach durchgeführt wird (Abbildung 8.6).

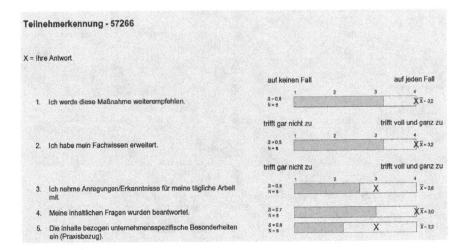

Abb. 8.4 Ergebnisdarstellung des Feedbacks für die Zufriedenheitswerte der Teilnehmer

Abb. 8.5 Ergebnisdarstellung der Auswertung von qualitativen Teilnehmerkommentaren

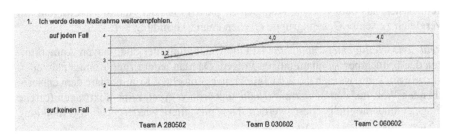

Abb. 8.6 Ergebnisdarstellung eines Gruppenvergleiches

Analysemöglichkeiten für Effekte auf Lernebene und Resultatebene (Transfer).
Datenbasis für alle Analysen auf der Lernebene sind die Antworten auf die inhaltlichen Wissensfragen vor und nach der Maßnahme (Pre-Test und Post-Test). Dabei
entstehen vier Schlüsselkennzahlen:

- *Wissen-Vorher:* Prozentwert richtig beantworteter Fragen vor der Maßnahme
  (Vorwissen).
- *Wissen-Nachher:* Prozentwert richtig beantworteter Fragen unmittelbar nach der
  Maßnahme.
- *Wissen-Praxis:* Prozentwert richtig beantworteter Fragen nach einer Transferzeit
  in der Praxis.
- *Kurs- oder Lern-Effekt:* Prozentwert der Differenz zwischen „Wissen-Vorher"
  und „Wissen-Nachher" als unmittelbarer Lerneffekt durch den Kurs oder die
  Maßnahme. Bei hohem „Vorher-Wissen" fällt der absolute Lerneffekt unter Um-
  ständen klein aus und gibt damit wichtige Hinweise auf Deckeneffekte und den
  angemessenen Schwierigkeitsgrad für die Maßnahme.
- *Kurs- oder Lern-Index:* Prozentwert auf einer Basis, die um das Vorwissen bereinigt ist, d. h. der Anteil nachher richtig beantworteter Fragen – aber nur von
  denjenigen, die nicht vorher schon richtig beantwortet worden waren (Vorwis-
  sen). Dieser Kennwert bezieht sich also auf das, was möglich gewesen wäre.
  Er zeigt an, wie viel der einzelne Teilnehmer tatsächlich dazu gelernt hat. Im
  Gegensatz zum Effektmaß ist der Index um Decken- und Bodeneffekte bereinigt.
- *Transfer-, Praxis- oder Job-Effekt:* Prozentwert der Differenz zwischen dem
  „Wissen-Nacher" (also unmittelbar nach dem Kurs) und dem „Wissen-Praxis"
  (also nach einer weiteren Zeitspanne des Praxistransfers).
- *Job- oder Praxis-Index:* Transfereffekt, der wie beim „Kurs-Index" um das Vor-
  wissen bereinigt ist.

Die Kennzahlen können sowohl für einzelne Fragen über alle Teilnehmer (oder
Teilgruppen) errechnet werden, als auch für einzelne Teilnehmer über alle Fragen
oder Teilmodule (Abbildung 8.7).

Der Blick auf die einzelne *Frage* zeigt an, was die Gruppe zu diesem Inhalt schon
wusste, dazu gelernt hat, verloren hat oder nicht aufgenommen hat. Sehr nützlich
ist diese Sicht aber auch für eine *Item-Analyse:* der Trainer, der die Maßnahme
auch durchgeführt hat, wird aus diesen Daten sofort erkennen, ob das Ergebnis statt
auf die Leistung der Teilnehmer auf die Formulierung der Frage zurückzuführen
ist. Er kann nach Kriterien der Augenscheinplausibilität entscheiden, in wie weit
eine Frage passend, im Schwierigkeitsgrad angemessen, verständlich, eindeutig etc.
war. Dagegen hilft der Blick auf den einzelnen *Teilnehmer* dem Trainer, in einem
individualisierten Lernprozess dem einzelnen Lerner besser gerecht zu werden.
Und schließlich als Feedback für den Teilnehmer selbst dient diese Sichtweise der
Selbststeuerung des eigenen Lernprozesses.

Insgesamt stehen auf der Lern- und der Transferebene verschiedenste Auswertungsformen zur Verfügung, die sich auf die Antworten der Wissensfragen vor und
nach der Maßnahme stützen. Nachfolgend ist eine Auswahl der möglichen Auswer-
tungsvarianten dargestellt:

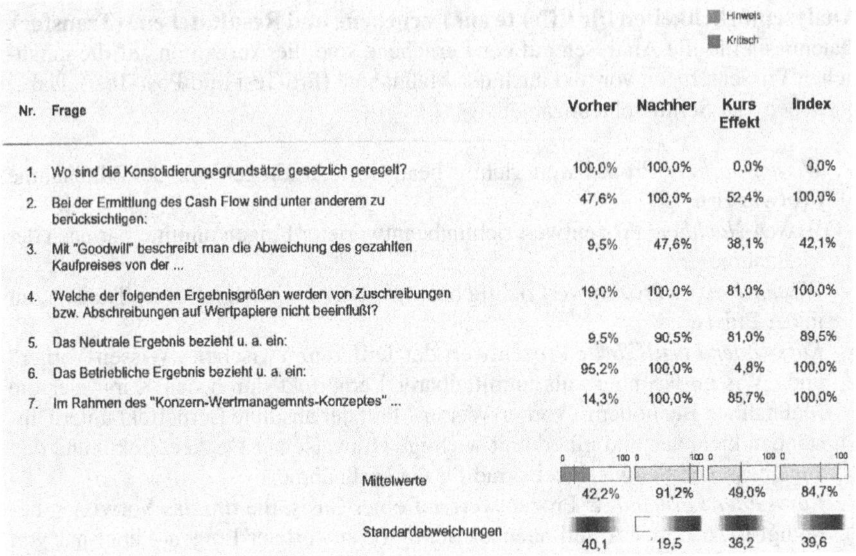

| | | | | | Hinweis |
| | | | | | Kritisch |

Nr.	Frage	Vorher	Nachher	Kurs Effekt	Index
1.	Wo sind die Konsolidierungsgrundsätze gesetzlich geregelt?	100,0%	100,0%	0,0%	0,0%
2.	Bei der Ermittlung des Cash Flow sind unter anderem zu berücksichtigen:	47,6%	100,0%	52,4%	100,0%
3.	Mit "Goodwill" beschreibt man die Abweichung des gezahlten Kaufpreises von der ...	9,5%	47,6%	38,1%	42,1%
4.	Welche der folgenden Ergebnisgrößen werden von Zuschreibungen bzw. Abschreibungen auf Wertpapiere nicht beeinflußt?	19,0%	100,0%	81,0%	100,0%
5.	Das Neutrale Ergebnis bezieht u. a. ein:	9,5%	90,5%	81,0%	89,5%
6.	Das Betriebliche Ergebnis bezieht u. a. ein:	95,2%	100,0%	4,8%	100,0%
7.	Im Rahmen des "Konzern-Wertmanagemnts-Konzeptes" ...	14,3%	100,0%	85,7%	100,0%
	Mittelwerte	42,2%	91,2%	49,0%	84,7%
	Standardabweichungen	40,1	19,5	36,2	39,6

Abb. 8.7 Ergebnisdarstellung der Lerneffekte für die einzelnen Fragen

Lernerfolg – Effekt Fragen setzt pro Frage die von allen Teilnehmern vorher und nachher richtig beantworteten Fragen prozentual in Beziehung und gibt den „Lern-Effekt" und den um das Vorwissen bereinigten „Index" an. Die Mittelwerte und Standardabweichungen über die Gesamtgruppe werden grafisch visualisiert. Insbesondere die Visualisierung der Standardabweichung (zusätzlich zur Mittelwertshöhe) hilft statistisch weniger Kundigen, die Effekte zu interpretieren und daraus z. B. Handlungsbedarf für eine Veränderung der Maßnahme aufzuzeigen. Die Überschreitung zuvor eingestellter kritischer Schwellenwerte wird farbig angezeigt (Abbildung 8.7).

Wissenstransfer – Kursteilnehmer zeigt pro Teilnehmer den Lerneffekt zwischen Vorher-, und Nachher-Messung sowie den zusätzlichen Transfereffekt nach einer weiteren Praxiszeit an. Die Auswertung setzt pro Teilnehmer die vorher und nachher richtig beantworteten Fragen prozentual in Beziehung und gibt den persönlichen „Lern-Effekt", oder „Kurs-Effekt". Bei dieser Auswertung wird auch der dritte Messzeitpunkt, der Transfer-Test, berücksichtigt. Deshalb wird auch der dort erreichte Prozentwert („Job") angegeben und neben dem „Kurs-Effekt" ein „Job-Effekt" errechnet, als Differenz zwischen „Job"-Ergebnis und „Nachher"-Ergebnis (Abbildung 8.8).

Lernerfolg für die Kursteilnehmer – Gesamtfeedback hält für jeden Teilnehmer unter einem Code sein Ergebnis der Befragung fest. Der Teilnehmer kann diese Auswertung als sofortiges Feedback nach der online Beantwortung des Fragebogens erhalten. Der Anteil der vorher und der nachher richtig beantworteten Fragen wird aufgelistet und in Vergleich zum Mittelwert der Gesamtgruppe gesetzt. Gleichzeitig

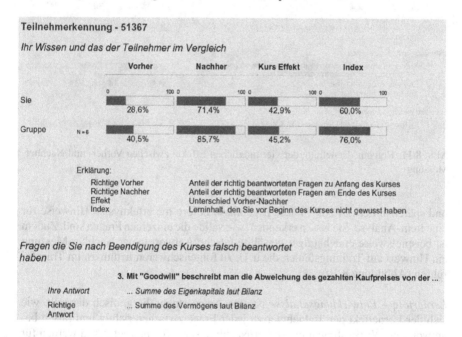

Teilnehmerkennung	Vorher	Nachher	Job	Kurs Effekt	Job Effekt	Index
56881	42,9%	85,7%	85,7%	42,9%	0,0%	0,0%
52582	42,9%	85,7%	85,7%	42,9%	0,0%	0,0%
56581	42,9%	85,7%	85,7%	42,9%	0,0%	0,0%
58487	100,0%	85,7%	71,4%	-14,3%	-14,3%	-71,4%
56280	42,9%	85,7%	57,1%	42,9%	-28,6%	-66,7%
51287	42,9%	85,7%	85,7%	42,9%	0,0%	0,0%
56389	100,0%	85,7%	71,4%	-14,3%	-14,3%	-71,4%
56772	28,6%	100,0%	57,1%	71,4%	-42,9%	-60,0%

Abb. 8.8 Ergebnisdarstellung Lern- und Transfereffekt pro Teilnehmer

Teilnehmerkennung - 51367

Ihr Wissen und das der Teilnehmer im Vergleich

	Vorher	Nachher	Kurs Effekt	Index
Sie	28,6%	71,4%	42,9%	60,0%
Gruppe N = 6	40,5%	85,7%	45,2%	76,0%

Erklärung:

Richtige Vorher	Anteil der richtig beantworteten Fragen zu Anfang des Kurses
Richtige Nachher	Anteil der richtig beantworteten Fragen am Ende des Kurses
Effekt	Unterschied Vorher-Nachher
Index	Lerninhalt, den Sie vor Beginn des Kurses nicht gewusst haben

Fragen die Sie nach Beendigung des Kurses falsch beantwortet haben

3. Mit "Goodwill" beschreibt man die Abweichung des gezahlten Kaufpreises von der ...

Ihre Antwort	*... Summe des Eigenkapitals laut Bilanz*
Richtige Antwort	... Summe des Vermögens laut Bilanz

Abb. 8.9 Ergebnisdarstellung der Lerneffekte als Teilnehmer-Feedback

werden für die Fragen, die der Teilnehmer falsch beantwortet hat, die richtigen Antworten gegeben, um zu verhindern, dass falsche Optionen memoriert werden (Abbildung 8.9).

Lernerfolg – Verteilung der Antworten zeigt für jede einzelne Frage, welche der Antwortalternativen wie häufig angekreuzt wurden – und zwar „Vorher", „Nachher"

RA bezeichnet richtige Antwort

1. Wo sind die Konsolidierungsgrundsätze gesetzlich geregelt?

		Vor		Nach		Praxis	
1	Im Bürgerlichen Gesetzbuch	0	0,0 %	0	0,0 %	0	0,0 %
RA 2	Im Handelsgesetzbuch	21	100,0 %	21	100,0 %	20	95,2 %
3	Im Aktiengesetz	0	0,0 %	0	0,0 %	0	0,0 %
4	Im Gesetz über Unternehmensbeteiligungsgesetze	0	0,0 %	0	0,0 %	1	4,8 %
5	Weiss nicht	0	0,0 %	0	0,0 %	0	0,0 %
	Missing	0	0,0 %	0	0,0 %	0	0,0 %
		N = 21	100,0 %	N = 21	100,0 %	N = 21	100,0 %

Abb. 8.10 Ergebnisdarstellung des Lernerfolgs mit Verteilung der angekreuzten Antwortalternativen

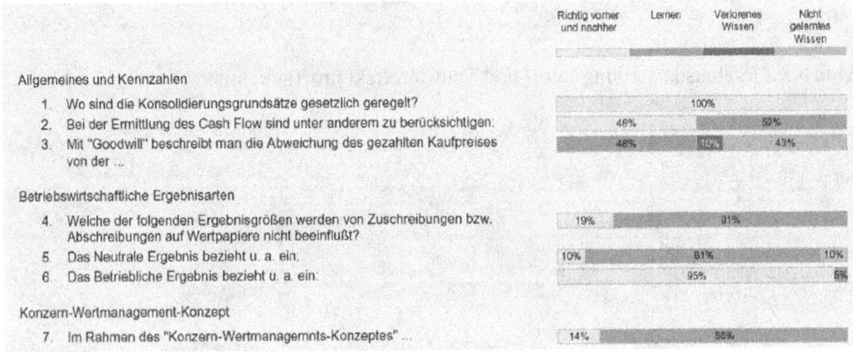

Abb. 8.11 Ergebnisdarstellung der vier möglichen Effekte zwischen Vorher- und Nachher-Messung

und später in der „Praxis". Diese Ergebnisse liefern die effektivsten Hinweise für eine Item-Analyse. Sie lassen erkennen, wie valide die einzelnen Fragen sind. Zudem ist beispielsweise eine häufiger gewählte falsche Antwort in der Nachher-Messung ein Hinweis auf Trainingsfehler, die u. U. zu folgenschweren Irrtümern im Transfer führen (Abbildung 8.10).

Lernerfolg – Entwicklungsanalyse ist eine Auswertung, die grafisch darstellt, wie sich der Lerneffekt der Teilnehmer zu jeder Frage zwischen richtig und falsch beantworteten Wissensfragen im Vorher/Nachher-Vergleich bewegt. Dazu werden für jede einzelne Frage die prozentualen Anteile von Teilnehmern angezeigt, die

- vor und nach dem Training die richtige Antwort wussten,
- einen echten Lerneffekt hatten, die richtige Antwort also vorher nicht, nachher aber doch wussten,
- Wissen verloren haben, d. h. zwar vorher richtig, nach der Maßnahme aber falsch antworteten,
- zu dieser Frage keinen Lernerfolg hatten, also weder vorher noch nachher die richtige Antwort wussten.

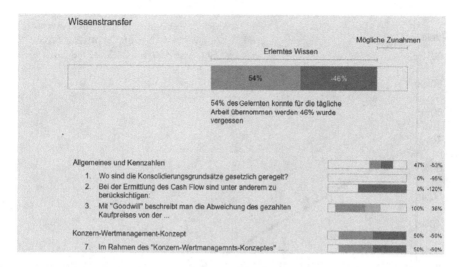

Abb. 8.12 Ergebnisdarstellung des positiven oder negativen Effekts beim Wissenstransfer

Hier kann insbesondere der Trainer unabhängig vom Effekt-Index sofort erkennen, wie viele Teilnehmer bestimmte Trainingsinhalte nicht richtig erfasst haben, oder ob es gar zu bestimmten Inhalten durch das Training zu Verwirrung oder Missverständnissen kam. Ein solchermaßen identifiziertes Defizit kann in weiteren Trainings berücksichtigt werden (Abbildung 8.11).

Wissenstransfer ist eine Auswertung, die zu einem bestimmten Inhalt – entweder pro Einzelfrage, pro Modul oder für alle Inhalte – vergleicht, welcher Anteil der Inhalte von den Teilnehmern gelernt wurde und wie viel nach der Transferphase entweder verloren ging oder noch zusätzlich dazu gewonnen werden konnte. Dieser Transfereffekt muss dann mit einer durchschnittlichen Vergessensquote verglichen werden, die eintreten würde, wenn das Gelernte überhaupt nicht mehr genutzt werden würde (Abbildung 8.12).

Dynamische Effektanalyse ist ein anspruchsvolles Instrument zur Planung und Optimierung künftiger Trainingsmaßnahmen. Auf Knopfdruck wird eine Regressionsanalyse über alle oder einen Teil der Fragen bezüglich der beiden Dimensionen „Wissen-Vorher" und „Lern-Effekt" berechnet. Wenn „Wissen-Vorher" plus „Lern-Effekt" zusammen immer 100% ergäben, wenn also gelernt würde, was noch nicht Vorwissen ist, dann würden die Koordinatenpunkte für alle Fragen auf einer idealen Regressionsgerade liegen. Dann läge der „Index" bei 100%. An der Steigung der Regressionsgerade lässt sich also ablesen, wie stark der „Lern-Effekt" vom Vorwissen abhängt: Bei flacher Gerade spielt das Vorwissen kaum eine Rolle, bei steiler Gerade steigt der Effekt, je geringer oder möglicherweise auch je höher das Vorwissen ist. Je näher sich die Koordinatenpunkte der Fragen um die Regressionsgerade verteilen, um so eindeutiger und durchgängiger ist diese Aussage. Diese Auswertung liefert aber nicht nur ein Bild darüber, was im Training passierte, sondern es

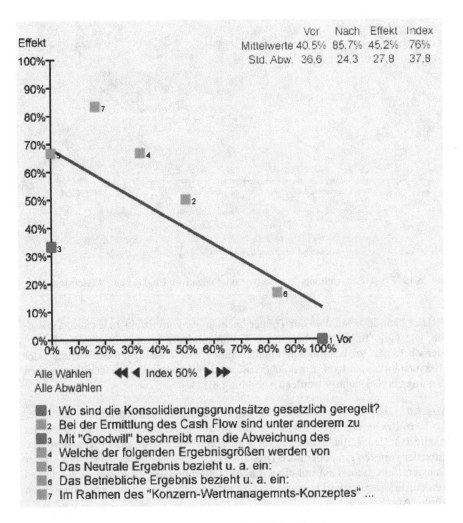

Abb. 8.13 Ergebnisdarstellung der „Dynamischen Effektanalyse"

können auch hypothetische künftige Trainings simuliert werden: Einzelne Fragen können deaktiviert werden, um das Bild zu verändern. Das hilft, einzelne Inhalte zu identifizieren, die womöglich für ein negatives Gesamtergebnis ausschlaggebend waren. Außerdem kann der „Index" erhöht oder erniedrigt werden, um zu sehen, wie sich dann das Bild verändert. So kann dargestellt werden, was von einem künftigen Training im optimalen Fall zu erwarten ist.

Die vielfältigen Auswertungen eines automatisierten Evaluationstools können nie alle Fragestellungen an eine Maßnahme beantworten. Selbst wenn das Werkzeug, wie in diesem Fall, Ergebnisse zur Einschätzung des Transfers liefert, handelt es sich noch nicht um konkrete Aussagen über die Resultate in der Praxis. Sowohl für verhaltensbezogenen Transfer als auch für indirekte Resultate sowie Auswirkungen auf und Wechselwirkungen mit anderen Variablen des Praxisfeldes, in dem sich die Resultate manifestieren, ist es fallweise notwendig, gezielte Untersuchungen vorzunehmen.

8.7 Die beteiligten Akteure – ihre Interessen und Möglichkeiten

Eine Reihe von verschiedenen Akteuren kann an einer Evaluation beteiligt sein: die Teilnehmer selbst, ihre Kollegen, Mitarbeiter oder Vorgesetzte, der Trainer/Tutor/ Dozent, die Designer oder Entwickler der Maßnahme, ein Koordinator oder Manager, die Administratoren, ein Auftraggeber für die Maßnahme und ggf. ein anderer für die Evaluation, bisweilen noch jemand anderes als Sponsor für das eine und das andere, im Unternehmen meist der Sozialpartner und schließlich der Evaluator. All diese Akteure können mit der Evaluation unterschiedliche und zum Teil sich widersprechende Interessen verfolgen. Zu dem damit verbundenen Risiko sei hier nochmals auf die Notwendigkeit einer eindeutigen Zielklärung hingewiesen.

Um dieser Problematik Herr zu werden, wird im Allgemeinen ein unabhängiger Evaluator gefordert. Wir stimmten dem zu, sehen aber dennoch die anderen Akteure in wichtigen Rollen. Ein neutraler Evaluator ist insbesondere für die Zieldefinition und Konzeption eines Evaluationsvorhabens nötig. Wenn Evaluation allen Beteiligten helfen soll, ihr Handeln im Lichte der systematisch erfassten Erfahrung neu auszurichten, dann werden sie auch zu Akteuren: Beispielsweise erhalten die Teilnehmer Feedback zu ihrem Lernfortschritt um diesen zu fördern; die Trainer zum Erfolg ihres didaktischen Vorgehens – um dieses zu optimieren; die Designer des Lernsystems zur Brauchbarkeit ihres Produkts – um dieses weiter zu entwickeln; die Koordinatoren zum Gesamterfolg der von ihnen verantworteten Programme – um diesen langfristig sicher zu stellen; die Auftraggeber zum return on investment – um diesen zu erreichen; die Sozialpartner zu den sozialen Implikationen der Maßnahme – um diese an den Interessen der Mitarbeiter auszurichten; zuletzt der Evaluator zur Qualität seiner Dienstleitung gegenüber seinem Auftraggeber – um die Evaluation selbst zu optimieren.

Für die Wahl der Vorgehensweise sind die Ziele eines Evaluationsvorhabens von zentraler Bedeutung. Je nach Zielsetzung wird man unterschiedliche Vorgehensweisen wählen. Evaluation kann durchaus Bestandteil einer umfassenden Qualitätssicherung in der Qualifizierung sein. Letztlich kann die gesamte Prozesskette eines Bildungsanbieters betrachtet und auch gestaltet werden. Die Kombination professioneller Konzeption von Maßnahmen mit der Ausbildung der Beteiligten, z. B. durch „Train-the-trainer"-Maßnahmen oder die Auswahl oder Auditierung der Akteure, vervollständigt das Portfolio eines ganzheitlichen Qualitätsmanagements im Training.

Wir sehen insbesondere in der Rolle des Trainers oder allgemein desjenigen, der die Maßnahme durchführt, eine besondere Bedeutung für die Evaluation. Er kennt gewöhnlich die Maßnahme am besten, hat den engsten Kontakt zu den Teilnehmern und ist häufig derjenige, der am besten mit den Inhalten und Lernzielen sowie natürlich mit der Methode der Vermittlung vertraut ist, in vielen Fällen das Training gar selbst entwickelt hat. Damit ist er zwar alles andere als unabhängig gegenüber der Evaluation seiner „eigenen" Maßnahme, das ist aber angesichts des Nutzens, den er als Evaluator für „seine" Maßnahme erwirtschaften kann unerheblich – vorausgesetzt, man überlässt ihm nicht die Entscheidung über strategische Ausrichtung und Zieldefinition der Evaluation. Um den Aufgaben als Evaluator der eigenen Trainingsmaßnahmen gerecht zu werden, ist eine entsprechende Qualifizierung unerlässlich. Neben den einzusetzenden Methoden und Werkzeugen ist es vor allem die Fähigkeit, aus den Lernzielen valide Wissensfragen zu formulieren, die der Trainer erlernen muss. Denn mit der Qualität der Items steht und fällt jegliche Effektmessung. Hier ist es aber auch der Trainer selbst, der als profundester Kenner „seiner" Inhalte und des jeweiligen Ablaufs eines Trainings die beste Item-Analyse zur Validität seiner Fragen schaffen kann.

Wenn man Evaluation als integralen Bestandteil des Prozesses einer Qualifizierungsmaßnahme betreiben will, dann ist es unerlässlich, alle Akteure auf die ihrer Rolle entsprechenden Aufgaben vorzubereiten. Der Hauptfokus liegt dabei auf dem Trainer, der dabei zum durchführenden Evaluator seiner eigenen Maßnahmen wird.

Literatur

Kirkpatrick, D.L. (1998): Evaluating Training Programs. The Four Levels. San Francisco: Berrett-Koehler 1998.

Landsberg, G.v. und Weiss, R. (Hrsg.) (1995): Bildungs-Controlling. Stuttgart: Schäffer-Poeschel 1995.

Mayer, T. (2002): I-Learning statt E-Learning. Ein integratives und universelles Modell für Lernsysteme jenseits von Schulbank und Seminarraum, Multimedia und Internet. Institut für Psychologie I, Friedrich-Alexander-Universität Erlangen-Nürnberg. Erlangen: Dissertation 2002.

Schenkel, P., Tergan, S.-O., Lottmann, A. (2000): Qualitätsbeurteilung multimedialer Lern- und Informationssysteme. Evaluationsmethoden auf dem Prüfstand. Reihe: Multimediales Wissen in der Berufsbildung. Nürnberg: BW Bildung und Wissen 2000.

9 Das Evaluationsnetz zur Evaluation von E-Learning

Peter Schenkel, Arno Fischer, Sigmar-Olaf Tergan

Abstract

Von E-Learning-Angeboten wird erwartet, dass diese die Akzeptanz bei Nutzern erhöhen sowie zur Sicherung des Lernerfolgs und zum Transfer erworbenen Wissens in die Anwendungspraxis beitragen. Im betrieblichen Kontext bestehen darüber hinaus Erwartungen hinsichtlich der Verbesserung der Effizienz betrieblichen Handelns sowie der Einsparung von Kosten im Sinne eines Return on Investment (ROI). Bestehende Evaluationsansätze sind nur selten geeignet, eine umfassende Qualitätsevaluation zu unterstützen. Mit dem Online-Evaluationssystem „*Eva*luationsnetz" wird versucht, Defizite bestehender Ansätze zu überwinden. Im vorliegenden Beitrag werden die Konzeption sowie die Eigenschaften des Evaluationssystems vorgestellt.

9.1 Einleitung

Es bedarf heute keiner besonderen Begründung mehr, dass E-Learning ein Teil der Lernarrangements in der Aus- und Weiterbildung sein wird. Empirische Studien dokumentieren jedoch, dass sich die Entwicklung nicht in der von Anbietern prognostizierten Geschwindigkeit vollzieht. Zwar erkennen die Betriebe die Vorteile, insbesondere Klein- und Mittelbetriebe scheuen sich jedoch, E-Learning einzusetzen. Eine kritische Barriere bildet vor allen Dingen die fehlende Übersicht über vorhandene Angebote und die ungelösten Probleme bei der Qualitätsbeurteilung. An dem Defizit der Qualitätsbeurteilung der Angebote setzt das Evaluationsnetz (http://www.evaluationsnetz.de) an.

Ein zweiter Begründungszusammenhang entsteht aus der zunehmenden Bedeutung des Bildungscontrolling. Weiterbildung muss sich heute im Hinblick auf die Lernerfolge, die Auswirkungen auf das Arbeitshandeln und in Bezug auf die Kosten-Nutzen-Relation rechtfertigen. Diese Informationen werden in die Entwicklung der Unternehmensstrategie und des Weiterbildungssystems einbezogen. Die Bereitstellung von Instrumenten zum Bildungscontrolling wird national und international als eine der großen Herausforderungen der beruflichen Bildung gesehen.

Die Defizite bei Qualitätsbeurteilung der Angebote und beim Controlling der Wirkungen in der beruflichen Praxis zeigen sich auf verschiedenen Ebenen:

- Es ist oftmals nicht unmittelbar festzustellen, ob ein E-Learning-Angebot überhaupt für einen bestimmten betrieblichen Bildungsbedarf, in einem gegebenen Lernarrangement und für die Zielgruppe angemessen ist.
- Die Produkteigenschaften von E-Learning-Angeboten können selbst von Experten nur schwer beurteilt werden.
- Beim Erwerb eines E-Learning-Angebots kann kaum eingeschätzt werden, ob damit überhaupt erfolgreich gelernt werden kann.
- Es fehlt an Instrumenten, die es problemlos ermöglichen, die Akzeptanz bei Lehrenden und Lernenden zu ermitteln.
- Genaue Informationen über den Lernerfolg fehlen bzw. sind nur mit großem Aufwand zu erheben.
- Viele Anwender verfügen nicht über das erforderliche Wissen, um Evaluationen systematisch und ergebnisorientiert durchzuführen.

Solange die Wirkung von E-Learning nicht konkret nachgewiesen werden kann, besteht für die meisten Betriebe kein Anlass, sich mit der Einführung von E-Learning zu beschäftigen.

Eine Weiterentwicklung der beruflichen Bildung durch den Einsatz von E-Learning ist erschwert, solange nicht konkrete Informationen über die Ursachen von Erfolgen und Misserfolgen vorliegen. Erst auf dieser Grundlage können Bildungsangebote optimiert werden.

Diese Probleme sind nachvollziehbar und bedürfen einer Lösung. Betriebe und Weiterbildungsinstitutionen warten dringend auf geeignete Instrumente der Qualitätsbeurteilung. Daher wurde ein praktisch einsetzbares Evaluationsnetz entwickelt und erprobt. Dieses wird im Folgenden vorgestellt.

9.2 Anforderungen an das Netzwerk

Um eine praxisorientierte Lösung anzubieten zu können, fanden eine Reihe von Vorüberlegungen statt. Als Anforderungen an das System ergaben sich:

- Vollständige Integration in das Internet (nur ein an das Internet angeschlossener Web-Browser wird benötigt)
- Bereitstellung von Fachwissen und Erfahrungen zur Planung und Durchführung von Evaluationen
- Entwicklung von Evaluationsinstrumenten, die von Anwendern direkt eingesetzt werden können
- Anpassbarkeit aller Instrumente an die Problemlagen des Nutzers (Evaluators) durch den Nutzer selbst
- Ein organisatorisches Netzwerk zur Evaluation sollte unterstützt werden (Idee: das Wissen in der Community des Evaluationsnetzes wächst, da viele Evaluatoren ihr Wissen in das System integrieren)

9.3 Eigenschaften des realisierten Netzwerks

Das Evaluationsnetz konnte auch aufgrund der Förderung durch das BMBF/BiBB in einer ersten Ausbaustufe realisiert werden. Es ist ein internet-basiertes Informations- und Beratungsinstrument für E-Learning-Angebote. Jeder Nutzer, der über einen Internetzugang verfügt, kann auf das Netz zugreifen. Die Inhalte und Evaluationswerkzeuge sind in Datenbanken gespeichert und können problemlos aktualisiert und neuen Fragestellungen angepasst werden. Eine ausgewählte Gruppe von Experten hat Zugang zu einer hinter der Nutzeroberfläche liegenden Administrationsebene. Auf dieser Ebene sind sämtliche Inhalte zugänglich, können erweitert und verändert werden (Abbildung 9.1).

Abb. 9.1 Begrüßungsbild zum Evaluationsnetz (Administrationsebene)

Das Evaluationsnetz ist damit ein wachsendes System, das in seiner Grundstruktur von Betrieben übernommen und dann betriebsspezifisch angepasst werden kann. Auch die Betreiber können es weiterentwickeln. Beide Merkmale sind gerade bei der Dynamik der technischen Entwicklung besonders interessant.

9.4 Die Arbeitsbereiche des Evaluationsnetz

Mit dem Aufruf der Webadresse (http://www.evaluationsnetz.de) gelangt man zur Einstiegsseite des Evaluationsnetzes (Abbildung 9.2). Hier wählt man, nach erfolgreichem Login in das System, den gewünschten Arbeitsbereich. Der Arbeitsbereich

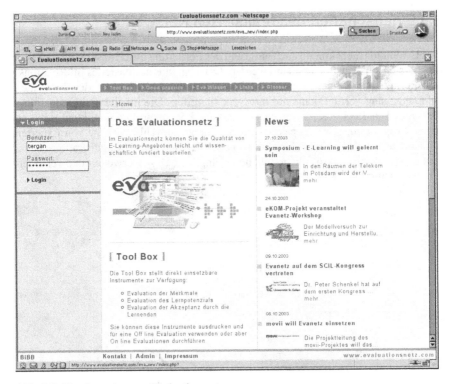

Abb. 9.2 Einstiegsseite zum Evaluationsnetz

Toolbox enthält fertige, wissenschaftlich abgesicherte Evaluationsinstrumente, der Arbeitsbereich *Good Practice* enthält Beispiele bereits durchgeführter Evaluationen (als wachsendes System), *EVA Wissen* enthält praxisorientierte Arbeitsanleitungen zu den Evaluationsebenen, dem Prozess der Durchführung von Evaluationen und zu den Evaluationsmethoden. Der Bereich *Links* enthält eine Linksammlung zu relevanten Websites und Institutionen. Ein *Glossar* rundet den Informationsbereich des Evaluationsnetzes ab.

9.4.1 Der Arbeitsbereich Toolbox

Über den Menüpunkt „Toolbox" erreicht man wissenschaftlich fundierte Evaluationsinstrumente zu den Merkmalen eines E-Learning-Angebotes, zur Akzeptanzuntersuchung von Lernern und zum Lernpotenzial. Das Instrument zum Lernpotenzial ist ein Online-Kriterienkatalog. Es erlaubt nach einem ersten Kurzcheck eine umfangreiche Qualitätsevaluation, in der folgende Bereiche zur Evaluation der Qualität des E-Learning-Angebotes geprüft werden (vgl. Tergan und Schenkel, Kapitel 13 in diesem Buch).

1. Inhalt
2. Technik
3. Rahmenbedingungen
4. Praxistauglichkeit
5. Didaktisches Design
6. Kommunikationsdesign

Der Kurzcheck dient dazu, mit geringem Zeitaufwand eine erste Untersuchung des Angebotes durchzuführen. Das Ergebnis dieser Untersuchung erleichtert die Entscheidung, entweder eine umfangreiche Evaluation anzuschließen oder aufgrund einer zu geringen Übereinstimmung von Produkteigenschaften und Einsatzziel keine weiteren Evaluationsschritte mehr durchzuführen.

Will man die ausführliche Evaluation durchführen, wird man durch die verschiedenen Bereiche geführt und erhält zu jeder Einzelfrage des Systems kontextspezifische Hilfestellungen. Hierdurch wird eine zielführende Überprüfung von Einzelaspekten mit Hilfe von insgesamt 53 Fragen (Kriterien) möglich. Besteht hierbei die Notwendigkeit, eine Antwort zu kommentieren, kann dies über ein vorhandenes Anmerkungsfeld erfolgen. Mit Hilfe dieses Konzeptes gelingt es, eine ausführliche Evaluation auf eine überschaubare Anzahl von Einzelfragen abzubilden (Abbildung 9.3).

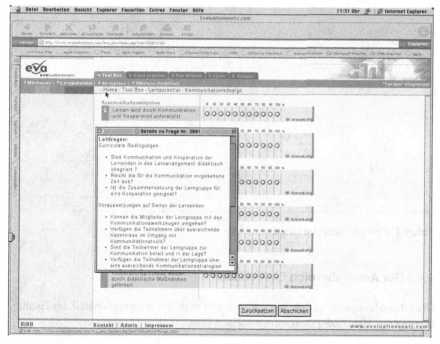

Abb. 9.3 Darstellung von Leitgesichtspunkten zur Beurteilung des Kriteriums „Kommunikationssituation". Screenshot eines Ausschnitts aus dem Instrument „Lernpotenzial" (Quelle: http://www.evaluationsnetz.de)

Die Ergebnisse der Evaluation können als „Kurzauswertung" oder „Ausführliche Auswertung" abgerufen werden. Dabei können die erstellten Reporte z. B. als PDF-Dokumente auf den eigenen PC heruntergeladen werden.

9.4.2 Der Arbeitsbereich Good Practice

Über den Menüpunkt „Good Practice" erreicht man einen freien Pool von Fragebögen bereits durchgeführter Evaluationen, die man online für eigene Evaluationen nutzen kann. Dieser Bereich unterstützt den Netzwerkgedanken einer Community of Practice zur Evaluation von E-Learning. Nutzer des Systems können eigene erfolgreich entwickelte Evaluationsinstrumente ablegen und damit anderen Teilnehmern zur Verfügung stellen (Abbildung 9.4).

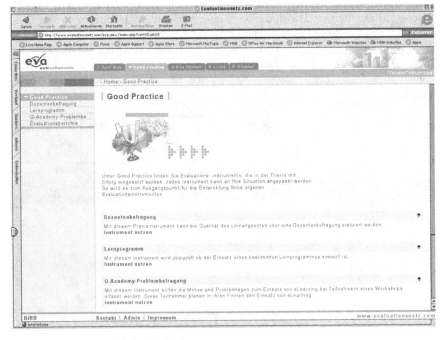

Abb. 9.4 Praxisbeispiele im Evaluationsnetz

9.4.3 Der Arbeitsbereich EVA Wissen

Über den Menüpunkt „EVA Wissen" erreicht man den Informationsteil des Evaluationsnetzes. Hier findet man Informationen über:

- die Durchführung von Evaluationen (Menüpunkt: Prozess)
- mögliche Ziele einer Evaluation (Menüpunkt: Ebenen)
- verfügbare Evaluationsmethoden (Menüpunkt: Methoden)

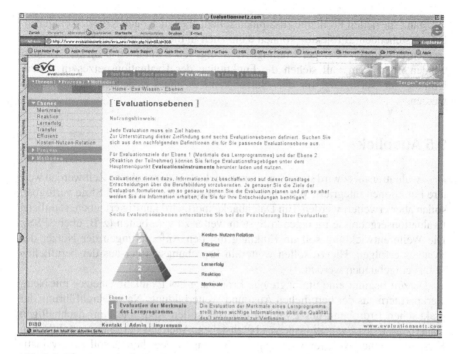

Abb. 9.5 Einstiegsseite in den Beratungsteil des Evaluationsnetzes

Die Inhalte sind durchgängig praxisorientiert aufgebaut. An sinnvollen Stellen wurden Arbeitshilfen, Checklisten und Diagramme platziert. Diese können als PDF-Dokumente abgerufen und zu eigenen Zwecken verwendet werden (Abbildung 9.5).

Weitere Menüpunkte, welche aus einer dynamischen Datenbank gespeist und regelmäßig aktualisiert werden, sind:

- eine Datenbank mit Weblinks (Menüpunkt: Links)
- ein Wörterbuch wichtiger Begriffe (Menüpunkt: Glossar)

Die Datenbank enthält eine Liste von Institutionen, die sich mit Evaluation beschäftigen, sowie eine Liste von interessanten Internet-Links zum Thema Evaluation. Das Glossar umfasst eine Liste von Begriffen, die in der Literatur und in den Texten des Evaluationsnetzes benutzt werden.

9.4.4 Der Arbeitsbereich Admin

Dieser Arbeitsbereich ist nur einem begrenzten Kreis von Experten mit einem Passwort über den Menüpunkt „admin" zugänglich. Die Datenbanken, Adressen, Links und das Glossar können hier erweitert und verändert werden.

In diesem Bereich kann auch auf den gesamten Pool von Kriterien und Fragen zugegriffen werden. Nutzer können sich aus diesem Pool eigene Instrumente für ihre ganz speziellen Probleme zusammenstellen, aber auch neue Kriterien eingeben. Die entstehenden „Projekte" können dann auch in die eigene Homepage integriert werden (als Link), oder per Mailingliste in eigenen Evaluationsprojekten genutzt werden. In diesem Fall stehen die Funktionen des Evaluationsnetzes in vollem Umfang zur Verfügung, für den Nutzer kann es, muss es jedoch nicht sichtbar werden.

9.5 Ausblick

Das Evaluationsnetz wird ständig weiterentwickelt. In der nächsten Zeit werden weitere Funktionen integriert. Wissenstests sind bereits in einer ersten Stufe verfügbar, sollen aber erweitert werden. Ein Datenbankexport wird künftig erlauben, sämtliche Evaluationsergebnisse im eigenen System weiter zu verarbeiten (z. B. über SPSS). Die Weiterentwicklung soll im Einklang mit den Anforderungen der Nutzer des Systems erfolgen. Hierzu sollen weiterhin Erprobungspartner aus der beruflichen Praxis eingebunden werden.

Derzeit beginnt eine umfangreiche Erprobung des Evaluationsnetzes mit Netzwerkpartnern aus der beruflichen Aus- und Weiterbildung. Nach Durchführung der praktischen Erprobung des Evaluationsnetzes sollen Konzepte zum nachhaltigen Dauerbetrieb des Evaluationsnetzes bereitstehen. Auch aus der bildungspolitischen Perspektive einer Weiterentwicklung des Bildungswesens heraus soll das Evaluationsnetz einen Beitrag liefern, der die Struktur und Transferdefizite besonders bei den KMU überwinden hilft. Insbesondere KMU sollten sich mit Hilfe des Evaluationsnetzes Entscheidungsgrundlagen zum Einsatz von E-Learning-Angeboten schaffen. Eine Erweiterung des Netzes bis zur Zielebene eines Return on Investment ist daher ebenfalls Ziel des Evaluationsnetzes.

10 Praxisorientierte Qualitätsanalyse von Lernsoftware mit den webbasierten Tools Basic"Clear und Exper"Clear

Franziska Zeitler, Dirk Ablass

Abstract

Die Wichtigkeit, die Qualität von E-Learning-Angeboten beurteilen zu können, wächst in dem Maße, in dem das Angebot und die Fülle an E-Learning-Kursen und multimedialen Lernprogrammen steigt. Potenzielle Kursteilnehmer, aber auch kleine und mittlere Unternehmen oder Bildungsträger sind oft ratlos angesichts der Frage, welches das für sie geeignete Lernprogramm ist.

Die ExperTeam AG in Köln hat im Rahmen des Forschungsprojektes clear2b eine praxisnahe Analyse der Qualität von Lernprogrammen entwickelt. Mit Hilfe von webbasierten Fragebögen kann die Qualität von Online-Kursen schnell, benutzerfreundlich und trotzdem fundiert beurteilt werden. Hierbei geht es nicht um eine objektive Qualität, sondern mit Hilfe eines differenzierten Fragebogens werden der konkrete Einsatz, die angestrebten Lernziele und die potenziellen Lerner mit ihren Voraussetzungen berücksichtigt.

ExperTeam hat ein elektronisches Evaluierungstool für zwei Anwendungsfälle entwickelt: Basic"Clear als Hilfe bei dem Kauf eines Lernprogramms, also vor dem Einsatz, und Exper"Clear für die Beurteilung durch die Lerner nach Absolvierung eines E-Learning-Kurses.

10.1 Einleitung

E-Learning gewinnt zunehmend an Bedeutung und hat sich inzwischen – neben den klassischen Präsenzseminaren – als zweite Säule der Weiterbildung etabliert. In vielen Unternehmen und bei Bildungsträgern ist man heute über das Stadium von Pilotprojekten hinaus und setzt Online-Lernen langfristig ein. Die bisherigen Erfahrungen aus der Praxis zeigen, dass die Qualität der E-Learning-Contents, d. h. der Bildungsinhalte, über den dauerhaften Erfolg von internetgestütztem Lernen entscheidet. ExperTeam hat einen neuen Ansatz und ein webbasiertes Tool zur Beurteilung der Qualität von E-Learning-Programmen entwickelt

Das Angebot an Lernsoftware ist in den letzten Jahren stark gestiegen. Auf dem internationalen Markt haben sich inzwischen viele Anbieter etabliert, die Standardsoftware erstellen oder für Unternehmen und Weiterbildungsträger individuelle Lernprogramme entwickeln. Thematisch konzentrieren sich E-Learning-Programme gegenwärtig auf die Bereiche Software, Sprachen, Soft Skills und Wirtschaftswissenschaften.

Insgesamt ist der Markt für E-Learning-Programme sehr intransparent und vielschichtig geworden. Einerseits gibt es standardisierte Lernsoftware, die im kommerziellen und privaten Weiterbildungsbereich eingesetzt wird und am Markt frei erhältlich ist. Zum anderen entwickeln zahlreiche Multimedia-Agenturen kundenspezifische Lernprogramme für Unternehmen, Bildungsträger und Wirtschaftsverbände. Sie werden in der Regel exklusiv beim jeweiligen Unternehmen eingesetzt.

In beiden Fällen – Standardsoftware oder individuelle Lösung – spielt die Beurteilung der Qualität von Lernsoftware eine wichtige Rolle. Das Problem: Die Beurteilung eines Lernprogramms ist sehr komplex und kann – im Fall von Standardsoftware – vor dem Kauf häufig nicht sorgfältig durchgeführt werden. Bei der Entwicklung eigener („customer designed") Lernprogramme wiederum ist der unmittelbare Vergleich mit anderen multimedialen Lösungen oft nicht möglich.

Innovative methodische und didaktische Entwicklungen im E-Learning, wie z. B. hohe kommunikative und kollaborative Anteile in Lernszenarien sowie die Verknüpfung von E-Learning und Präsenzlernen im Blended Learning erschweren die Vergleichbarkeit.

10.2 Wie lässt sich die Qualität von Lernsoftware beurteilen?

Die Qualität von E-Learning, insbesondere von Lernsoftware und Contents, ist in jüngster Zeit in den Fokus der Fachdiskussionen gerückt. Es sind inzwischen eine Reihe von Initiativen und Institutionen entstanden, die sich mit der Definition von Qualitätskriterien, Qualitätsstandards und der Zertifizierung von Lernprogrammen befassen. Beispiele sind die Zentralstelle für Fernunterricht, das Deutsche Institut für Normung DIN und der Bereich Bildungstests der Stiftung Warentest. Bisher sind jedoch noch keine allgemein gültigen Qualitätsstandards oder -siegel verfügbar, die den Kunden und Lernern verlässlich Auskunft über die Qualität eines Produktes geben.

Neuere Studien haben mehrfach nachgewiesen, dass Qualität keine „voraussetzungslose" Größe ist. Auch die Qualität von Lernsoftware kann daher nicht absolut gesehen werden: „So wird deutlich, dass es keine absolute Qualität von Lernsoftware, sondern nur eine relative Qualität im Rahmen gegebener Bedingungen, für eine bestimmte Zielgruppe und im Hinblick auf gewählte Ziele gibt" (Schenkel 2000). Die Auswahl einer Software wäre somit auch bei verfügbaren allgemeinen Gütekriterien immer noch sehr stark kontextabhängig, und eine eingehende Prüfung der sinnvollen Einsetzbarkeit ist notwendig.

Die Qualität der Contents entscheidet über den langfristigen Erfolg von E-Learning. Wie aber kann man die (relative) Qualität eines Lernprogramms zuverlässig ermitteln und beurteilen? Welche Qualitätskriterien sind relevant und welche Verfahren zur Bewertung gibt es gegenwärtig?

Die aktuell angewandten Methoden zur Bewertung von Lernsoftware können in zwei Gruppen unterteilt werden: Kriterienkataloge und ganzheitliche, theoriebegleitete Ansätze.

10.2.1 Kriterienkataloge

Kriterienkataloge sind Listen mit einzelnen Qualitätskriterien, die von einer bewertenden Person Punkt für Punkt durchgearbeitet werden. Die Einzelmerkmale werden nach einer vorgegebenen Skala (z. B. „sehr gut" bis „sehr schlecht", „vorhanden" oder „nicht vorhanden") eingestuft. Die Summierung der Bewertungen ermöglicht ein Gesamturteil über die Qualität eines Lernprogramms. In der Regel umfassen die Qualitätskriterien alle wichtigen Dimensionen wie Inhalt, Didaktik, Design usw. Bekannte Kriterienkataloge sind beispielsweise die CBT-Kriterienkataloge AKAB, MEDA'97, SODIS und Evit@ sowie WBT-Kataloge des Multimedia Verbandes und verschiedener Universitäten.

Wegen der einfachen Anwendung ist die Qualitätsbewertung von Lernsoftware mithilfe von Kriterienkatalogen weit verbreitet. Eine Schwäche der Kriterienkataloge liegt jedoch darin, dass die Qualitätskriterien vorgegeben sind und den konkreten Einsatz (Lernziele, Zielgruppe, Rahmenbedingungen) nicht berücksichtigen. Eine kontextbezogene, realitätsnahe Bewertung der Qualität eines Lernprogramms ist aufgrund der Standardisierung nicht möglich.

10.2.2 Ganzheitliche, theoriegeleitete Ansätze

Die ganzheitlichen Ansätze stellen bei der Beurteilung von Lernsoftware den konkreten Bezug zum Lernumfeld in den Vordergrund. Bekannte Ansätze sind z. B. das „Heuristische Modell zur Evaluierung" von Professor Baumgartner, Fernuniversität Hagen, oder „ELISE – Effiziente Lern- und Informations-System-Evaluation" von Professor Schott, Technische Universität Dresden.

Die Qualität eines Lernprogramms hängt hier nicht allein von der professionellen Erstellung (objektive Qualität) ab, sondern auch davon, inwieweit ein Programm für den spezifischen Einsatz geeignet ist. Pädagogische Lernmodelle (z. B. das heuristische Lernmodell oder UCIT Universal Constructive International Theory) bilden die Basis für die Qualitätsanalyse. Aufgrund der Komplexität und des erforderlichen Fachwissens kann die praktische Durchführung jedoch meist nur von Experten geleistet werden.

Gründe, um die Qualität von Lernsoftware sorgfältig zu prüfen, gibt es genug: E-Learning soll klassische Präsenzseminare ersetzen können. Um dies leisten zu können, muss die Lernsoftware didaktisch und inhaltlich eine hohe Qualität aufweisen.

- Stehen verschiedene Standard-Lernprogramme zur Auswahl, so ist zu entscheiden, welches der Programme für den konkreten Einsatz am besten geeignet ist und gleichzeitig die individuellen Qualitätsanforderungen erfüllt.
- Wird ein eigenes Lernprogramm entwickelt oder gekauft, so muss es den Lernzielen, der Zielgruppe und den allgemeinen Qualitätsstandards des Unternehmens oder Bildungsträgers entsprechen.
- Wird E-Learning bereits praktiziert, hilft eine Qualitätsbeurteilung bei der Entscheidung, ob das Lernprogramm weiterhin eingesetzt, optimiert oder durch ein anderes ersetzt werden sollte.

Zur Klärung dieser wichtigen Fragen zum Einsatz von Lernprogrammen in der beruflichen Weiterbildung war es Ziel der ExperTeam AG, eine Methodik zu entwickeln, die die Vorteile des schnellen und unkomplizierten Einsatzes von Kriterienkatalogen mit den Ansprüchen ganzheitlicher aufwändiger Evaluationsverfahren verknüpft.

10.3 Neuer Ansatz und neue Tools zur Qualitätsbeurteilung

Unter Federführung der ExperTeam AG wurde von Mai 2001 bis Oktober 2003 das Projekt „E-Learning Business Community", kurz clear2b (www.clear2b.de), durchgeführt. Weitere Projektpartner waren die TÜV-Akademie Rheinland GmbH, die Pallas GmbH und die Qualitus GmbH, ein Spinn-off der Universität zu Köln. Das Bundesministerium für Wirtschaft und Arbeit förderte das Projekt als eine der zehn besten Projektideen im Rahmen des Forschungsprogramms LERNET.

Im Projekt clear2b entwickelte die ExperTeam AG ein Konzept zur *Qualitätsanalyse von Lernsoftware und Lernprogrammen* (WBTs). Zielsetzung des Konzepts ist eine Qualitätsanalyse für Lernsoftware, die insbesondere für KMU geeignet ist und einen hohen Grad an Praxisrelevanz aufweist. Wichtige Aspekte sind hierbei die konkrete Anwendbarkeit der Qualitätsanalyse für KMU sowie die Übertragbarkeit des Konzepts auf unterschiedliche Kontexte (z.B. Unternehmen verschiedener Branchen und Bildungsträger).

Im Projekt clear2b wurde ein so genannter *„synoptischer Ansatz"* zur *Qualitätsanalyse* von Lernsoftware entwickelt. Er verbindet die einfach anwendbaren Kriterienkataloge mit einem ganzheitlichen Evaluierungsansatz. Diese Vorgehensweise ermöglicht eine praxisnahe Qualitätsbewertung von Lernprogrammen.

Grundlegende Zielsetzungen des Ansatzes sind die folgenden:

- Die Qualitätsanalyse soll Schwachstellen der Lernsoftware identifizieren und daraus Ansatzpunkte zur Verbesserung entwickeln.
- Die Evaluation soll einem ganzheitlichen Ansatz entsprechen.
- Die Ergebnisse der Qualitätsanalyse sollen transparent, nachvollziehbar und effizient sein.
- Die Evaluation soll auch von Personen durchgeführt werden können, die keine Evaluations- bzw. E-Learning-Erfahrung haben.

Der synoptische Ansatz zur Qualitätsanalyse von Lernprogrammen basiert auf dem ganzheitlichen Evaluierungskonzept in Anlehnung an das heuristische Modell (Prof. Baumgartner, Fernuniversität Hagen) und ELISE (Prof. Schott, Technische Universität Berlin). Der wesentliche Aspekt ist hierbei, dass die Qualitätsanalyse eines Lernprogramms nicht „losgelöst" und isoliert durchgeführt wird, sondern dass sie immer im Bezug zu dem konkreten Lernkontext steht (Schenkel et al. 2000). Das bedeutet, dass ein Lernprogramm hinsichtlich konkreter Lernziele, der Zielgruppen und der Lernumgebung analysiert und bewertet wird. Voraussetzung für die praktische Durchführung der kontextbezogenen Qualitätsanalyse ist, dass bekannt ist, wo, wann und für wen Lernprogramme eingesetzt werden sollen.

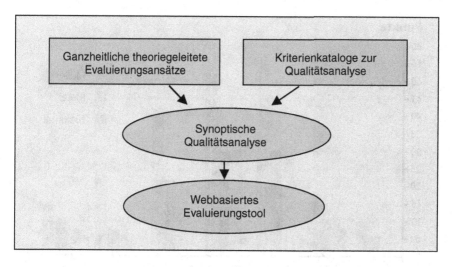

Abb. 10.1 Synoptischer Ansatz zur Qualitätsbewertung von Lernsoftware

Als zweite Säule der Qualitätsanalyse wurden Kriterienkataloge entwickelt. Die Kriterienkataloge umfassen alle wichtigen Bewertungsdimensionen der Qualitätsanalyse (Inhalt, Didaktik, Design, interaktive und multimediale Elemente etc.). Diese Kriterien sind als ganzheitlicher Ansatz so formuliert, dass sie immer den Lernkontext (Zielgruppe, Lernziele, Lernumgebung) berücksichtigen. Dies stellt einen wichtigen Aspekt für eine realitätsnahe praktische Anwendung der Qualitätsanalyse dar.

10.3.1 Anwendung der Qualitätsanalyse in der Praxis: Basic˙Clear, Exper˙Clear und der Kriterienpool

Zur Anwendung dieser synoptischen Qualitätsanalyse in der Praxis entwickelte die ExperTeam AG auch das geeignete Instrumentarium: die webbasierten Tools „Basic˙Clear", „Exper˙Clear" sowie einen „Kriterienpool".

Kriterienpool: Im Projekt clear2b wurde ein Pool an möglichen Bewertungskriterien zusammengestellt, in den auch bereits bestehende Kriterienkataloge Eingang gefunden haben. Durch den Kriterienpool stehen den Evaluatoren umfassende Möglichkeiten für die unterschiedlichsten Evaluierungsziele zur Verfügung. Der Pool ist erweiterbar und an spezielle Bedürfnisse der Evaluation von E-Learning-Maßnahmen und der beruflichen Weiterbildung anpassbar.

Basic˙Clear hilft Unternehmen und Bildungsanbietern bei der Qualitätsbewertung von Lernsoftware, zum Beispiel im Rahmen der Produktauswahl oder als Basis für eine Zertifizierung (vgl. Abbildung 10.2). Mit dem Tool Exper˙Clear können Lernende ein Lernprogramm, mit dem sie gearbeitet haben, im Sinne einer Effizienz- bzw. Wirkungsanalyse bewerten.

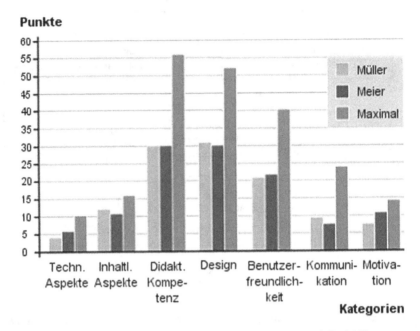

Abb. 10.2 Beispiel einer Gesamtauswertung durch zwei Bewerter mit Basic"Clear

Basic"Clear und Exper"Clear erfassen die wichtigsten Bewertungsdimensionen von Lernsoftware wie inhaltliche und didaktische Qualität, Design, Kommunikation und Motivation. Exper"Clear enthält darüber hinaus Fragen zur Wirkung der Lernprogramme und zum Transfer des Gelernten. Die Fragen- und Kriterienkataloge lassen sich jederzeit an individuelle Anforderungen anpassen und erweitern.

Technische Realisierung. Zur technischen Realisierung und Anwendung der Kriterienkataloge wird ein elektronisches, webbasiertes Befragungstool eingesetzt. Mit Hilfe des Befragungstools können die Kriterienkataloge bzw. Fragebögen Basic"Clear und Exper"Clear online ausgefüllt werden. Zielsetzung des elektronischen Evaluierungstools ist es, schnelle und einfache Handhabung sowie zentrale Auswertungsmöglichkeiten zu gewährleisten. Im Forschungsprojekt clear2b wird das elektronische Befragungstool X-PerQuest von Dynamic Works, einem Unternehmen der ExperTeam Gruppe verwendet.

Auswertung. Die Auswertung der online ausgefüllten Kriterienkataloge erfolgt mit Hilfe des Tools auf Basis statistischer Methoden. Die Auswertungsergebnisse werden zusätzlich grafisch aufbereitet. Die Auswertung kann online oder als Printversion zur Verfügung gestellt werden.

10.3.2 Die Standardfragebögen Basic"Clear und Exper"Clear

Basic"Clear. Basic"Clear ist ein elektronisches Evaluierungstool, das bei der Auswahl von Lernsoftware schnelle, aber fundierte Entscheidungsgrundlagen schaffen kann. Dieses Tool eignet sich insbesondere für KMU oder kleinere Bildungsträger, die eigenständig geeignete Standard-Lernsoftware auswählen wollen, jedoch über geringe oder keine didaktischen oder E-Learning-Kenntnisse verfügen.

Das Tool bewertet Lernprogramme für den konkreten Einsatz. Grundlage bildet ein differenzierter Kriterienkatalog, der jedoch jederzeit auf individuelle Anforderungen abgestimmt und erweitert werden kann. 60 Fragen wurden in Basic▪Clear aufgenommen, die durch eine Skala von ++ bis –– bewertet werden. Durch ein Feld für individuelle Bemerkungen besteht die Möglichkeit zu qualitativen Beurteilungen.

Folgende Kriterienkategorien werden berücksichtigt:

- Inhaltliche Qualität
- Didaktische Qualität

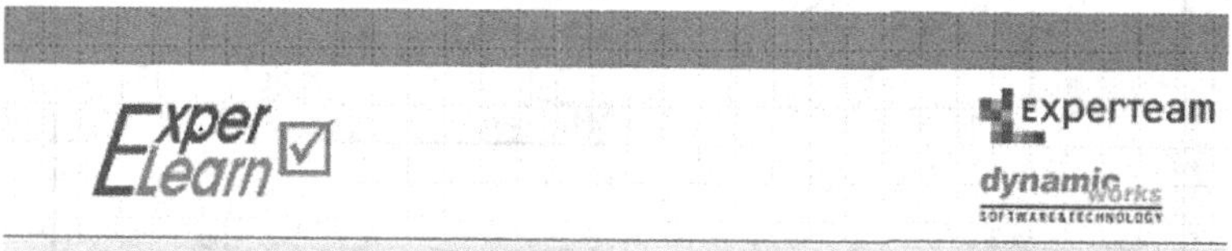

Abb. 10.3 Fragenkategorie „Didaktische Kompetenz" des Kriterienkatalogs Basic▪Clear

- Design
- Benutzerfreundlichkeit
- Kommunikation
- Motivationsfähigkeit

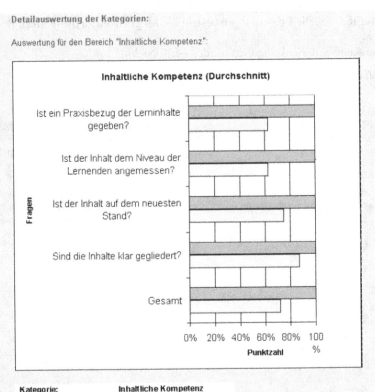

Abb. 10.4 Beispielauswertung mit Basic"Clear

Basic•Clear erfasst die wichtigsten Bewertungsdimensionen von Lernsoftware, ohne den Bewertenden mit einer Flut von Einzelfragen zu überlasten. Das Ausfüllen/Bearbeiten des Kriterienkataloges erfordert bei guter Kenntnis des zu beurteilenden WBTs ca. 20–30 Minuten.

Das Befragungstool ermöglicht es, die wichtigsten Bewertungsdimensionen (Inhalt, Didaktik, Design etc.) aggregiert oder einzelne Key-Kriterien individuell zu erfassen. Die Auswertungen werden zur besseren Interpretierbarkeit grafisch dargestellt (vgl. Abbildung 10.4).

Durch die Zusammenfassung der Ergebnisse kann problemlos eine Analyse und weiterführende Auswertung der Beurteilungen vorgenommen werden. Grundsätzlich sind vier Standardauswertungen vorgesehen:

1. Gesamtauswertung eines Fragebogens inkl. Zusammenfassung
2. Detailauswertung eines Fragebogens
3. Direkter Vergleich zweier (oder mehrerer) getesteter Lernprogramme
4. Vergleich eines Lernprogramms durch unterschiedliche Bewerter

Exper•Clear. Zielsetzung von Exper•Clear ist eine Effizienzanalyse von Lernprogrammen, d. h. die Beurteilung von WBTs durch die Lerner, nachdem sie ein Lernprogramm durchgearbeitet haben (vgl. Abbildung 10.5). Dabei spielen insbesondere auch subjektive Bewertungskategorien wie Lernzufriedenheit, erlebte Qualität des

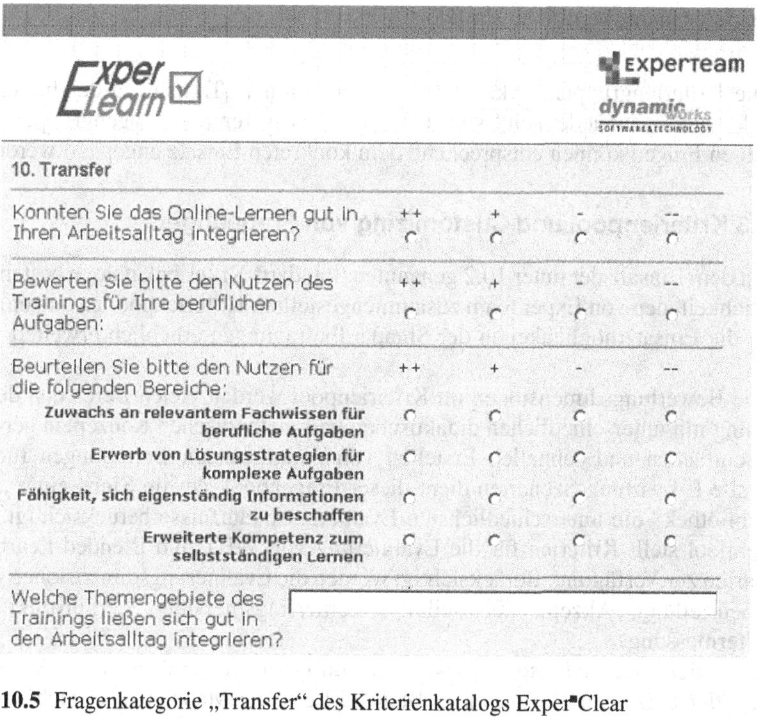

Abb. 10.5 Fragenkategorie „Transfer" des Kriterienkatalogs Exper•Clear

Lernangebotes sowie die emotionale und motivationale Einstellung als entscheidende Messgrößen für den Lernerfolg eine Rolle.

Neben der Bewertung der subjektiven, vom Lerner eingeschätzten Qualität ermöglicht die Konzeption auch Rückschlüsse über die Eignung eines Lernprogramms für bestimmte Zielgruppen oder Lernkontexte.

Bei Exper"Clear wird, wie bei Basic"Clear, von einem ganzheitlichen Ansatz ausgegangen. Die Qualität einer Lern-Maßnahme bemisst sich nicht an objektiven Standards, sondern gilt für eine bestimmte Zielgruppe, bei bestimmten Lernzielen und unter gegebenen Rahmenbedingungen. Das heißt konkret, dass ein WBT zwar Schwächen im Design aufweisen kann, wenn es jedoch einen hohen Transfer in die Berufspraxis zulässt, kann es durchaus als besser eingestuft werden als ein WBT, das allen design-technischen Anforderungen genügt, aber der Zielgruppe nicht entspricht.

Exper"Clear umfasst folgende Kriteriengruppen:

- Inhalte
- Didaktische Aspekte
- Design
- Benutzerfreundlichkeit
- Kommunikation
- Tests und Übungen
- Akzeptanz
- Motivation
- Transfer in das berufliche Umfeld
- Zufriedenheit

Die Kriteriengruppen „Akzeptanz", „Motivation", „Transfer in das berufliche Umfeld" und „Zufriedenheit" sind bei Exper"Clear zentrale Fragengruppen. Die einzelnen Fragen können entsprechend dem konkreten Einsatz angepasst werden.

10.3.3 Kriterienpool und Customizing von Fragebögen

Neben dem Einsatz der unter 10.2 genannten Standard-Kriterienkataloge besteht die Möglichkeit, den von ExperTeam zusammengestellten Kriterienpool zu nutzen, wodurch die Einsatzmöglichkeiten der Standardbefragungen erheblich erweitert werden.

Die Bewertungsdimensionen im Kriterienpool werden vielen Bereichen des E-Learning mit unterschiedlichen didaktischen und methodischen Konzepten gerecht. Zum einfachen und schnellen Erstellen von punktgenauen Befragungen für nahezu alle E-Learning-Szenarien dient dieser Fragenpool, der im Sinne einer „Fragenbibliothek" die unterschiedlichsten Evaluationsbedürfnisse berücksichtigt. Der Fragenpool stellt Kriterien für die Evaluierung von WBT und Blended-Learning-Szenarien zur Verfügung. Berücksichtigt werden die Evaluierungsdimensionen Qualitätsbeurteilung, Akzeptanzbeurteilung, Lernerfolgsmessung, Lernprozess und Transfermessung.

Im Projekt clear2b beispielsweise wurde durch die Pool-Lösung eine Vergleichbarkeit der einzelnen Phasen einer Blended-Learning-Maßnahme erreicht, durch

Abb. 10.6 Customizing von Kriterienkatalogen

die z. B. Schwachstellen im Trainingskonzept ermittelt und anschließend beseitigt werden konnten.

Die Merkmale des Kriterienpools sind:

- Fragenpool mit über 700 Items für die unterschiedlichsten Evaluierungsbedürfnisse aufgeteilt nach Funktionsbereichen
- Zielgerichtete Analyse aller E-Learning-Szenarien
- Aufnahme neuer Kriterien
- Weitreichende Administration von Befragungen und Auswertungen
- Einfache Zusammenstellung neuer Befragungen durch den Fragenpool
- Spezifische Anpassungen des Layouts und des Designs
- Lizenz für ein leistungsfähiges Online-Befragungstool (keine Programmierkenntnisse erforderlich)

Der Fragenpool besteht momentan aus ca. 700 Kriterien, die jederzeit erweitert werden können. Der Fragenpool dient als Fragenbibliothek, durch die bestehende Kriterienkataloge verändert oder aber auch komplett neue Befragungen für Evaluierungen erstellt werden können.

Customizing des Kriterienpools. Aus dem allgemeinen Kriterienpool können in einem Customizing-Prozess ganz spezifische Evaluierungen mit ganzheitlich orientierten Kriterienkatalogen erstellt werden.

Zur Erhebung der Anforderungen von Unternehmen oder Bildungsträgern empfiehlt sich die Durchführung eines Workshops. Die Anforderungen an die Kriterienkataloge, die während des Workshops erarbeitet wurden, werden für die Modifizierung bzw. Erstellung neuer Befragungen berücksichtigt.

Das Design und das Layout der Online-Befragungen können problemlos an Corporate Designs (Farben, Logos etc.) angepasst werden.

Durch das Customizing und die Erstellung von spezifischen Fragebögen können somit maßgeschneiderte Qualitätsanalysen von Lernsoftware durch die Unternehmen und Bildungsträger selbst durchgeführt werden.

Die Zukunft: Qualitätsprüfung und Zertifizierung. Das Thema „Qualität von Lernsoftware" wird in Wissenschaft und Praxis zukünftig weiter an Bedeutung gewinnen. Der Ruf nach allgemein anerkannten Qualitätsstandards und Zertifizierungen von Lernprogrammen dürfte umso lauter werden, je schneller die Vielfalt der Lernangebote steigt. Erste Initiativen zur Qualitätssicherung wurden bereits gestartet, die breite Umsetzung in der Praxis muss noch folgen. Hohe Qualitätsstandards leisten einen Beitrag, dass sich E-Learning als Säule der Aus- und Weiterbildung weiter etablieren wird.

Praxisnahe und anwendbare Tools zur Qualitätsanalyse und Bewertung von Lernprogrammen – sei es durch Experten oder durch die Lernenden selbst – werden dabei in Zukunft sicherlich zunehmend an Bedeutung gewinnen.

Weitere Informationen. Ausführliche Informationen zum Evaluierungsansatz und den webbasierten Bewertungstools der ExperTeam AG finden Sie im Internet unter: www.ExperLearn.de oder www.ExperTeam.de.

Literatur

Schenkel, P., Tergan, S.-O., Lottmann, A. (Hrsg.) (2000): Qualitätssicherung multimedialer Lern- und Informationssysteme. Nürnberg: BW Bildung und Wissen 2000.

Schenkel, P. (2000): Ebenen und Prozesse der Evaluation. In: Schenkel, P.; Tergan, S.-O.; Lottmann, A. (Hrsg.): Qualitätsbeurteilung multimedialer Lern- und Informationssysteme. Evaluationsmethoden auf dem Prüfstand. Reihe: Mulrimediales Lernen in der Berufsbildung. Nürnberg: BW Bildung und Wissen 2000, S. 52–74.

11 Zertifizierung und Assessment im Rahmen eines Blended-Learning-Konzeptes

Sue Martin, Susanne Benning

Abstract

In den letzten Jahren hat die Einführung von E-Learning der elektronischen Zertifizierung Herausforderungen sowie Vorteile gebracht, die zu wesentlichen Änderungen in den Assessmentformen geführt haben. Diese Assessmentformen wiederum müssen sich derart flexibel gestalten lassen, dass sie sich optimal in einem Blended-Learning-Konzept integrieren lassen. Aus der heutigen Sicht des Managers spielt die Kontrolle des Lernerfolgs und des „Return on Education" (ROE) im Rahmen eines effektiven Bildungscontrollings eine wesentliche Rolle. Deshalb stehen heutzutage die Planung, und vor allem die klare Identifizierung der Ziele, bei der Einführung von Projekten der elektronischen Zertifizierung und Testing im Mittelpunkt. Diese klare Definierung der Ziele ist wichtig für den Erfolg des Projektes, egal ob dieses Projekt z. B. die Neueinführung eines Testingprogramms oder die Migration von papierbasierten Tests zu einem elektronischen Prüfungssystem umfasst. Die Bedürfnisse der Zielgruppen auf allen Ebenen müssen berücksichtigt sowie Strategien zur Erhöhung des Akzeptanzniveaus konzipiert und implementiert werden. Bei einem bedarfsgerechten Einsatzplan erlaubt die Vielfalt der Assessmentmöglichkeiten eine Integration von Assessment- und Zertifizierungstools in ein Blended-Learning-Konzept, das den Wert des Bildungskonzeptes in jeder Phase erheblich steigert.

11.1 Einleitung

Die Einführung von E-Learning hat für die elektronische Zertifizierung Herausforderungen sowie Vorteile gebracht. Die Akzeptanz des E-Learning in der Gesellschaft (obwohl in manchen Bereichen noch recht bescheiden) ist zweifelsohne eine wichtige Vorstufe in der Anerkennung der Notwendigkeit der computergestützten Akkreditierung. Manche der Auseinandersetzungen, insbesondere in deutschen Unternehmen zum Thema E-Learning in Bezug auf Personalpolitik, legen die Grundlage zum Verständnis der Vorteile der Online-Zertifizierung; obwohl hierzu auch gesagt werden muss, dass das Thema Zertifizierung (ob online oder papierbasiert) ganz andere Gründe zur Auseinandersetzung bietet als das Thema Weiterbildung in all seinen Formen.

Andererseits müssten die herkömmlichen Testingformen sich vielmehr an die neuen Bedürfnisse des E-Learning-Markts anpassen. Wo die traditionellen Testingmodelle sich stark auf die Unterstützung der Schulungszentren für Prüfungsaufsicht und sonstige verwalterische Aktivitäten verlassen, ist es für die Prüflinge die durch E-Learning ihren Wissensstand verbessert haben, weniger attraktiv sich für eine Prüfung außerhalb des Arbeitsplatzes anzumelden. Insofern hat E-Learning das bereits vorhandene Bedürfnis intensiviert, ein Gleichgewicht zwischen Bequemlichkeit (z. B. Prüfungsort möglichst nahe am Arbeitsplatz, ganztägige Verfügbarkeit) und Sicherheit (z. B. Schutz der einzelnen Prüfungsfragen vor der Öffentlichkeit, Prüfungsaufsicht zur Bestätigung des einzelnen Ergebnisses) zu erzielen.

Zusammen mit einer Menge wirtschaftlicher Faktoren hat die Einführung von Blended-Learning-Konzepten wesentlich dazu beigetragen, den Managementanspruch auf effektives Bildungscontrolling zu stärken. Die Kontrolle des Lernerfolgs kann am einfachsten erzielt werden, indem eine Reihe von Assessment- und Zertifizierungsmodulen in das Blended-Learning-Konzept integriert werden. Diese Möglichkeiten können von Übungstests ohne Aufsicht bis hin zur beaufsichtigten Zertifizierungsprüfung reichen.

Insgesamt hat das schnelle Wachstum innerhalb des E-Learning-Marktes zu einem verstärkten Kundendruck in Richtung von herstellerunabhängigen Standards in allen Bereichen geführt. Jedoch die Koordinierung dieser Standards hat sich in erster Linie auf den E-Learning-Bereich fokussiert und den Assessment-Bereich außen vor gelassen. Der Markt könnte sehr davon profitieren, wenn solche herstellerunabhängigen Standards entwickelt werden könnten, die die Integration von Testinglösungen innerhalb von Blended-Learning-Konzepten sowie auch untereinander vereinfachen würden.

11.2 Zertifizierung und Assessment als Instrumente des Bildungscontrollings

Bildungscontrolling ist besonders in Zeiten der sparsamen Betriebsausgaben ein wichtiges Thema geworden. Studien belegen, dass rund 85% der Betriebe in Deutschland und Österreich auf Controllingmaßnahmen setzen, um ihre Bildungsarbeit effektiver und effizienter zu gestalten. Eine der messbaren Erfolgskomponenten innerhalb des Bildungscontrollings ist der Lernerfolg. Multimediatechnologie beeinflusst den Arbeitsmarkt und führt zu enormen Strukturveränderungen. Um den Wettbewerbsvorteil der Arbeitnehmer sowie der Unternehmen zu erhalten und zu stärken, ist „Lifelong-Learning" unvermeidbar geworden. Das Konzept des „lebenslangen Lernens" muss auf allen Ebenen noch eine höhere Akzeptanz erreichen als es derzeit der Fall ist. Es ist jedoch festzustellen, dass die Akzeptanz zunehmend wächst.

Infolgedessen ist Weiterbildung eine unverzichtbare Investition für jedes Unternehmen geworden. Die gewerbliche Wirtschaft gibt mehr als 18 Milliarden Euro jährlich für die Qualifikation ihrer Mitarbeiter aus. Die Zahl der Teilnehmer an Weiterbildungsmaßnahmen hat sich in den letzten zwölf Jahren auf 15,2 Millionen verdreifacht. Das heißt, dass die Möglichkeiten sowie auch die Diversität der Weiterbildungsangebote steigen.

Der Einsatz von Controllinginstrumenten wird in der heutigen Zeit immer wichtiger, um die Kosten sowie die Effizienz der Weiterbildungsmaßnahmen zu steuern. Unabhängig von Unternehmensgröße und Branche, wird Bildungscontrolling zum entscheidenden Instrument für die Planung und Steuerung von Weiterbildung in den Unternehmen. Bereits im Jahre 1999 zeigte eine Umfrage von BiBB (D), IST (NL) und PEF Consulting (A), dass ca. 50% der Unternehmen mit mehr als 50 Beschäftigten Bildungscontrolling als wichtiges Steuerinstrument der Bildungsarbeit einsetzten.

85–90% der Unternehmen haben dem Bildungscontrolling einen hohen Stellenwert für die Zukunft beigemessen. Bildungscontrolling ist in den letzten Jahren als planungsorientiertes Instrument zur ziel- und ergebnisorientierten Gestaltung und Steuerung betrieblicher Weiterbildung unverzichtbar geworden und strebt als ganzheitliches Konzept dabei eine integrierte und systematische Rückkoppelung zwischen Planung, Analyse und Kontrolle an. Die Controllinginstrumente sind an den Phasen des Bildungsprozesses ausgerichtet und beziehen Bildungsarbeit stets auf grundlegende Unternehmensprozesse, indem sie Bildungskonzepte erfassen, bewerten und überprüfen, und zwar nicht nur nach pädagogischen sondern auch nach den ökonomischen Kriterien Effektivität, Effizienz, Kosten und ROI oder ROE.

Zertifizierung und Assessment spielen beide unterschiedliche, aber wesentliche Rollen in allen Elementen des Bildungscontrollings. Beim Bildungscontrolling können drei hauptsächliche Elemente unterschieden werden, nämlich Bedarfsanalyse, Nutzenbewertung und Benchmarking. In allen drei Elementen können Tests effektiv eingesetzt werden. Die Bedarfsanalyse ist der Ausgangspunkt für alle Controllingprozesse und sollte den Schwerpunkt jeder Bildungsplanung bilden. Innerhalb dieser Phase spielen Pre-Training-Assessment-Tests oder Selektionstests eine bedeutende Rolle, um die Weiterbildungsbedürfnisse des Unternehmens zu ermitteln und dadurch die Grundsteine effektiver Blended-Learning-Konzepte zu legen. Die Nutzungsbewertung als zweites Element des Bildungscontrollings soll den Beitrag der betrieblichen Bildung am Unternehmenserfolg nachweisen. Hier sollten Post-Training-Assessmentmethoden eingesetzt werden, um eine genaue Lernerfolgskontrolle zu erzielen. Mit Benchmarking werden die Lösungsansätze bei anderen Unternehmen mit Ergebnissen innerhalb des eigenen Unternehmens überprüft. Hierzu dient die Zertifizierung, insbesondere sogenannte „Key-Skills-Zertifizierungen", wie z. B. „Microsoft Office-Spezialist" oder A+ von CompTIA.

Die Einführung von Projekten der elektronischen Zertifizierung und Testing hängt im Wesentlichen von ähnlichen Erfolgskriterien wie bei der Einführung von E-Learning ab, wie z. B. Planung, klare Zielsetzung, schrittweise Einführung, „Top-Down"-Support, Messbarkeit der ROI/ROE sowie Akzeptanz und Marketingstrategien. Nur bei der Vertiefung der Planungsebene zeigen sich bereits deutliche Unterschiede. Ein Projekt kann eine oder mehrere Testingmöglichkeiten integrieren. Es ist äußerst wichtig, die Zielsetzung des Testingprogramms so früh und so genau wie möglich zu identifizieren.

Diese klare Definition der Ziele ist immer wichtig für den Erfolg des Projektes, egal ob dieses Projekt die Neueinführung eines Testingprogramms oder die Migration von papierbasierten Tests zu einem elektronischen Prüfungssystem umfasst.

Die grundlegende Entscheidung für elektronische Zertifizierung ermöglicht ein zeitnahes und genaueres Reporting, das letztendlich zu einem wesentlich höheren Qualitäts- und Validitätsstandard der einzelnen Fragen sowie der gesamten Prüfung führt. Wichtig ist hierbei die Umstellung der Strukturen der Fragendatenbanken, um sinnvolle Analysen am Anfang sowie auch zu einem späteren Zeitpunkt durchführen zu können.

Bei der Migration sowie der Neueinführung spielen die Zielgruppenanalysen und Akzeptanzstudien eine wesentliche Rolle. Es ist selten der Fall, dass eine „Pflicht"-Zertifizierung von einem Tag zum anderen eingeführt wird. In solchen Fällen ist es sinnvoll, einer Flut von Kandidatenfragen und Beschwerden dadurch zu entgehen, dass einige Schritte der Vorbereitung unternommen werden, um im Nachhinein das Akzeptanzniveau zu erhöhen. Eine Palette von Motivationsfaktoren, Marketingtools und „Pflichterfüllungsfaktoren" sollte in der richtigen Mischung die Einführungsphase des Programms erleichtern. Ein Zertifizierungsprogramm zielt darauf ab, bei den richtigen Vorbereitungen in einer Reifephase eine gewisse Eigendynamik zu erzielen. Unterschiedliche Einsatzformen von Assessment- und Zertifizierungsprogrammen sind:

- Pre-Training-Assessment als Teil einer Bedarfsanalyse für eine Bildungsstrategie
- Post-Training-Assessment als Elemente des Bildungscontrollings oder Qualitätskontrolle
- Eignungstests für Rekrutierung und Selektierung
- Practice-Tests (Self-Assessment)
- Anbieterspezifische Zertifizierung
- Standard „Key Skills"-Zertifizierung.

Die Bedürfnisse der Zielgruppen auf allen Ebenen müssen berücksichtigt sowie Strategien zur Erhöhung des Akzeptanzniveaus konzipiert und implementiert werden. Stakeholders im Assessmentprozess sind:

- Testkandidaten
- Test-Centre-Personal
- Autoren
- Lehrpersonal
- Arbeitgeber/Kunde/Partner

Als Folge der Bedarfsanalyse werden einige Aspekte wichtige Rollen in dem optimierten Mischungsverhältnis spielen, wie z. B. die folgenden:

- Sicherheit (Kandidaten- und Programmebene)
- Bequemlichkeit
- Zuverlässigkeit
- Geografische Abdeckung
- Analysemöglichkeiten
- Systemintegration
- Akzeptanz
- Technologie.

Eine Vielzahl von Assessmentmöglichkeiten erlaubt die Anpassung der Assessments an die vorgeschriebenen Lernziele. Darüber hinaus sollte anhand der festgelegten Ziele sowie weiterer Kriterien wie z.B. Reife des Programms, Qualität der vorhandenen Daten, Lernziele entschieden werden, welche der Assessmentformen, z.B. den Bedürfnissen des Programms am besten entsprechen. Nicht alle Testingsysteme können sämtliche Fragentypen anbieten und die Qualitätsaspekte, z.B. bei der Bewertung, sind sehr unterschiedlich.

- Multiple Choice, Einfachauswahl
- Ranking
- Drag & Drop
- Hot Spots
- Halboffene Fragen
- Simulation/Live Applications
- Essay Grading

11.3 Assessment und Zertifizierung in einem Blended-Learning-Ansatz

Die Vielfalt der Assessmentmöglichkeiten erlaubt eine Integration von Assessment- und Zertifizierungstools in ein Blended-Learning-Konzept, das den Wert des Bildungskonzeptes in jeder Phase erheblich steigert.

Die folgenden wesentlichen Elemente eines Blended-Learning-Konzeptes können identifiziert werden:

- Präsenztraining
- Courseware
- Virtuelle Klassenzimmer
- Computer Based Training (CBT)
- Web Based Training (WBT)
- Online-Assessment
- Zertifizierungen
- Mentoring
- Videosequenzen

Trotz technischen Umfelds und Berücksichtigung aller „Stakeholderziele" sollte der Lernende bei einem erfolgreichen Blended-Learning-Konzept stets im Mittelpunkt stehen. Ob klassische Präsenzschulung, virtuelles Klassenzimmer oder interaktive TV-Sequenzen: der Lernende und das Umfeld bestimmen, welche Zutaten in welchem Umfang zum optimalen Lernerfolg führen. Ein zielorientierter Wissenstransfer findet somit in kleinen modularen Einheiten statt. Zudem sollten Ausbildungszeit und -kosten ohne inhaltliche Abstriche minimiert werden.

Durch den Einsatz von international gültigen Herstellerzertifizierungen, wie z.B. „Microsoft Office User Specialist"-Prüfungen, wird der erfolgte Wissenstransfer transparent und messbar gemacht und der „Benchmarking"-Anspruch eines

Bildungscontrolling-Systems erfüllt. Der professionelle Umgang mit Microsoft Office ist heute für die meisten PC-Anwender wichtiger denn je, denn Microsoft Office gilt als der Standard für Bürosoftware. Microsoft bietet deshalb allen Office-Anwendern im privaten und geschäftlichen Bereich ein spezielles, autorisiertes Programm zur Überprüfung der Kenntnisse im Umgang mit den „Microsoft Office"-Produkten – das Microsoft Office Specialist Programm, ein weltweit einheitliches und anerkanntes Zertifizierungsprogramm im „Microsoft Office"-Bereich. Das Online-Assessment dient als exzellentes Qualitätssicherungstool zur Evaluierung des Schulungsbedarfs mittels eines webbasierten Online-Assessments für Hard- und Softskills sowie auch zur Überprüfung des erfolgten Wissenstransfers, wie z. B. durch IT-Certified (http://www.it-certified.de). Eine Potenzialanalyse von Mitarbeitern in Unternehmen erweist sich aus einer Reihe von Gründen als erforderlich:

- Die objektive Beurteilung der Potenziale von Mitarbeitern in Unternehmen ist ohne Automation mit begrenztem Aufwand kaum möglich.
- Die subjektive Fehleinschätzung der Potenziale von Mitarbeitern verhindert einen effektiven Einsatz.
- Automatisierte und leistungsfähige Verfahren zur effizienten Massenanalyse von Mitarbeiterpotenzialen fehlen.
- Abteilungen in Unternehmen oder öffentlichen Institutionen sind in der Regel mit der objektiven Beurteilung der Potenziale ihrer Mitarbeiter oder Bewerber überfordert.
- Bildungsträgern fehlen oft valide Argumente zur gezielten Vermarktung ihrer Weiterbildungsmaßnahmen.

Eine Reihe von Zertifizierungen steht zur Auswahl als wesentliche Komponenten einer Weiterbildungsplanung. Diese Zertifizierungen können an Anwender oder IT-Professionals gerichtet sein. Sie können aber auch nach Bedarf hersteller-spezifisch oder -unabhängig sein. Beispiele sind Prüfungen von MOS, CompTIA, Microsoft Certified Technical Education Centre, VUE und Thompson Prometric.

12 Qualitätsverbesserungen von E-Learning durch vergleichende Tests

Alfred Töpper

Abstract

Um E-Learning wirklich attraktiv zu machen und effektiv einzusetzen, müssen die Produkte vielfältige Kriterien erfüllen wie die Nutzung zeitgemäßer Kommunikationsstrukturen, die Berücksichtigung pädagogisch-psychologischer Betrachtungsweisen von Lernprozessen, der Einsatz neuester multimedialer Techniken, die Lernkontrolle etc. Zur Schaffung von Standards bzw. Normungen existieren Initiativen auf internationaler und europäischer Ebene. Der Beitrag geht auf verschiedene Initiativen näher ein. Berichtet wird über Befunde einer Studie der Stiftung Warentest zur beruflichen Weiterbildung und zum Thema E-Learning, in der private Nachfrager, Unternehmen mit hoher Beschäftigungszahl, Weiterbildungsträger und E-Learning-Entwickler zur Notwendigkeit, zu den Erwartungen und zu den Bedürfnissen von beruflicher Weiterbildung und Anforderungen an E-Learning-Angebote befragt wurden. Berichtet wird ferner über ein Projekt „Qualitätssicherung durch Tests" der Stiftung Warentest. Das Projekt hatte zum Ziel, für den Privatverbraucher Markttransparenz zu schaffen und Kriterien für eine vergleichende Beurteilung von Online-Kursen, also des internetgestützten Lernens bzw. des Web Based Trainings, für den Privatverbraucher zu entwickeln.

12.1 Einleitung

Die Menschen werden jetzt und in der Zukunft mehr Freizeit und Geld in ihre Weiterbildung investieren müssen, um ihre Chancen auf dem Arbeitsmarkt zu erhalten. Das Wissen von heute ist nicht mehr das Wissen von morgen. Immer häufiger sind kleine Auffrischungen des beruflichen Wissens, die Anpassung an neue Produkte und Dienstleistungen oder der Einstieg in neue berufliche Tätigkeitsfelder notwendig. Damit wächst der Anspruch an jeden erwerbsfähigen Erwachsenen, sich immer wieder beruflich weiterzubilden. In diesem Kontext wird das E-Learning, insbesondere das Online-Lernen zunehmend an Bedeutung gewinnen.

Um E-Learning wirklich attraktiv zu machen und effektiv einzusetzen, müssen allerdings die Produkte vielfältige Kriterien erfüllen wie die Nutzung zeitgemäßer Kommunikationsstrukturen, die Berücksichtigung pädagogisch-psychologischer Betrachtungsweisen von Lernprozessen, der Einsatz neuester multimedialer Techniken, die Lernkontrolle, um nur einige wenige Punkte zu nennen. Die Notwendigkeit der Formulierung dieser Anforderungen und der Schaffung von Standards bzw. Normen wurde erkannt. So existieren Aktivitäten zur Normung auf internationaler[1] und europäischer[2] Ebene. Auf nationaler Ebene laufen aktuell Aktivitäten auf der Ebene der Entwicklungsbegleitenden Normung (EBN), die die Standardisierung und Normung fördern sollen[3]. So wurden im Projekt „Qualität in der Weiterbildung und im E-Learning" im Rahmen der EBN folgende Arbeitsgruppen gebildet: „Zertifizierung", „Qualität Produkte", „Qualität Prozesse" und „Didaktik". In diesen Arbeitsgruppen werden zum Teil Prüfkriterien bzw. mögliche Standards für E-Learning-Produkte und die damit verbundenen Prozesse entwickelt. Auch eine Unterarbeitsgruppe der Initiative D21[4] beschäftigt sich intensiv mit dem Thema E-Learning.

12.2 Studie zur beruflichen Weiterbildung und zum Thema E-Learning

Die Stiftung Warentest hat im Rahmen einer im Jahr 2001 erstellten Studie private Nachfrager, Unternehmen mit hoher Beschäftigungszahl, Weiterbildungsträger und E-Learning-Entwickler zur Notwendigkeit, zu den Erwartungen und zu den Bedürfnissen von beruflicher Weiterbildung befragt und auch Daten zum Thema E-Learning erhoben. Die *Bevölkerungsbefragung*[5] zum Thema „Berufliche Weiterbildung 2001" führte Infratest Sozialforschung im Unterauftrag von Helmut Kuwan im Juli 2001 durch. Es wurden nur die Personen befragt, denen das Online-Lernen als Lernform bekannt war. Etwa jeder fünfte Befragte in der Stichprobe gehört dieser Teilgruppe an. Die folgenden Ausführungen beziehen sich auf diese Teilgruppe.

Etwa 90% der Befragten bewerteten die Flexibilität der Lernzeiten und des Lernortes als wesentliche Vorteile. Dass zum Zeitpunkt des Lernens eigenverantwortlich die Stoffmenge und der Arbeitsumfang vom Lernenden selbst zu bestimmen ist, sehen etwa zwei von drei Befragten eher als Vorteil an; immerhin jeder Dritte empfindet dies eher als Nachteil. Noch kontroverser wird das Lernen im virtuellen Raum bewertet. Die Stoffvermittlung ohne unmittelbaren Vergleich mit anderen empfindet die Mehrheit der Lernenden als Nachteil.

Aus den Ergebnissen der Befragung ließ sich Folgendes ableiten:

- Nur eine Minderheit der Bevölkerung gehört zu den „autonomen Lernenden", die genügend Energie aufbringen, um Lernprozesse über einen längeren Zeitraum selbstständig durchzuhalten und erfolgreich abzuschließen.
- Lernen ist für die überwiegende Mehrheit der Lernenden ein sozialer Prozess. Deshalb ist zum einen über das Netz ein zielgerichteter Austausch mit beglei-

---

[1]Detaillierte Informationen sind unter www.jtc1.org unter SC36 zu finden.

[2]Detaillierte Informationen sind unter http://www.cenorm.be/isss/Workshop/LT/Default.htm zu finden.

[3]Detaillierte Informationen unter www.ebn.din.de

[4]Siehe www.initiatived21.de

[5]Repräsentativbefragung zum Thema „Berufliche Weiterbildung", Helmut Kuwan, Sozialwissenschaftliche Forschung und Beratung, München, Juli 2001.

tenden Fach- und Lehrkräften und anderen Teilnehmern sicherzustellen. Zum anderen erscheint es bei bestimmten Themen und Zusammenhängen sinnvoll, eine ganzheitliche Lernform zu konzipieren, die virtuelles Lernen mit Präsenzlernen und selbstgesteuerten Lernphasen mit Lernen im Team verbindet. Ansonsten besteht insbesondere bei länger andauernden Maßnahmen die Gefahr, viele Lernende zu überfordern und somit hohe Abbrecherquoten zu verursachen.

Die *Befragung*[6] der nach der Beschäftigtenzahl 100 größten *deutschen Unternehmen* ergab u. a. folgende Ergebnisse:

Aus Sicht der Personalentwickler verlagert sich die fachliche Weiterbildung zunehmend an den Arbeitsplatz und wird verstärkt durch E-Learning-Maßnahmen begleitet. Als Themenschwerpunkte wurden Fremdsprachen, Informations- und Kommunikationstechnik, Standardsoftware und Betriebswirtschaft und für Führungskräfte auch Mitarbeiterführung genannt. Das Angebot wurde von vielen Unternehmen als recht unübersichtlich eingestuft.

Zwar haben E-Learning-Angebote verglichen mit traditionellen Qualifizierungsangeboten eine recht geringe Marktbedeutung, die Personalentwickler sehen allerdings „*große Potenziale in diesem Feld*" sowohl in der allgemeinen als auch in der fachlichen Weiterbildung.

Zielvorstellung für viele Unternehmen bilden derzeit die integrierten Gesamtkonzepte, in denen E-Learning mit klassischen Kursen kombiniert wird. Besonders dieser Medien- und Methodenmix wird als eine sinnvolle Alternative zu rein traditionellen Weiterbildungsformen angesehen.

Als Gründe für den Bedeutungszuwachs, besonders von internetgestützten Weiterbildungsangeboten – da sind sich über 80% der Befragten einig –, wurden häufiger die folgenden genannt:

- Vorteile für den Mitarbeiter: selbstgesteuertes, zeit- und ortsunabhängiges Lernen an den verschiedensten Lernorten und Arbeitsplätzen, größere Effizienz durch „Lernen bei Bedarf und just-in-time", adressatengerechteres Lernen, Erweiterung des Lernspektrums und der Lerngruppen durch kooperatives Telelernen, Chancen für langsamere Lerner.
- Flexibilität im Lernangebot des Unternehmens: Einsatzmöglichkeiten zur allgemeinen Vor- und Nachbereitung von Seminaren, zur Übung und Wiederholung von Inhalten.
- Ökonomische Vorteile: Verkürzung der Präsenzzeiten in Kursen, schnellere und umfassendere Verteilung neuer Lerninhalte, Befriedigung von wachsendem Schulungsbedarf und Ausgleich bei Schwankungen in der Nachfrage nach Weiterbildungsinhalten, verringerte Kosten pro Teilnehmer z. B. durch Einsparung von Fahrt- und Abwesenheitskosten.

---

[6]Im September und November 2001 wurden vom Institut für Bildung in der Informationsgesellschaft Telefonbefragungen (45–120 Minuten) mit den Weiterbildungsverantwortlichen der Unternehmen durchgeführt. Die Interviews wurden entlang eines Gesprächsleitfadens geführt. Der von Sachverständigen entwickelte Leitfaden bestand aus 44 Hauptfragen und diente auch als Antwortbogen. Nach 47 Telefoninterviews wurde die Erhebung abgeschlossen, da Zwischenanalysen gezeigt hatten, dass sich kaum mehr neue Erkenntnisse für eine Trendanalyse ergaben.

Allerdings werden auch Grenzen und negative Aspekte bei der Nutzung von E-Learning in der Weiterbildung gesehen: „Eine gelungene Umsetzung von E-Learning scheitert nicht an Technik, sondern an fehlenden didaktisch-pädagogischen Voraussetzungen." Das gilt sowohl für die Entwicklung von E-Learning-Produkten („Ohne Interaktivität ist ein Lehrbuch besser, da es eine freundlichere Art zu Lesen bietet.") als auch für die Nutzung in Weiterbildungsmaßnahmen, denn sie werden oft als „Lückenfüller" eingesetzt. Probleme treten überdies auf, wenn E-Learning im Grunde genommen gar nicht zur Lernkultur eines Unternehmens passt.

Durch den verminderten sozialen Austausch besteht für eine Reihe von Interviewpartnern die Gefahr, dass die in vielen Bereichen notwendigen Netzwerkbildungen geringer werden und die persönliche Kommunikation leidet. Wichtig ist den Personalentwicklern die Sicherstellung von sozialen Kontakten. Einige verlangen deshalb nach Teletutoren, die über das Telefon oder das Internet als Lernbetreuer und -begleiter wirken.

Die Befragung[7] von überregional tätigen Weiterbildungsträgern ergab u. a. folgende Ergebnisse:

Etwa drei Viertel der befragten Anbieter haben E-Learning in verschiedenen Formen in ihr Angebot integriert. Von den Themen rangiert der IT-Bereich ganz vorne als Bildungsinhalt, gefolgt von den Einsatzmöglichkeiten zur Themenvor- und Nachbereitung. Hinsichtlich der Vermittlung von Grundlagen- und Faktenwissen herrscht eine gewisse Skepsis, ob und wie weit E-Learning komplexe Inhalte gut vermitteln kann. Der Einsatz von E-Learning als organisatorische Hilfe ist beliebt. Er erfolgt zur Problembehebung bei aktuellen Fragen zu Computerprogrammen, zur Vorbereitung für Gruppenarbeiten, Nachbereitung per Chat, Informationsvermittlung, als Ersatz für Informationsveranstaltungen, als Vorab-Training bzw. zur Prüfung der Vorkenntnisse.

Auch hier zeigen die Antworten, dass E-Learning als Ergänzung dienen soll und nur dann als erfolgreich angesehen wird, wenn es als Medienmix angeboten wird.

Die tendenziell positivste, aber durchaus auch kritische Darstellung, ergab die Befragung von E-Learning- und Content-Entwicklern[8]. Die Zukunft von E-Learning wird in integrierten Konzepten gesehen, in denen konventionelle Lernformen mit E-Learning kombiniert werden und als fester Bestandteil von Weiterbildungsmaßnahmen gesehen werden. Mit Hilfe von E-Learning können Präsenzseminare straffer organisiert und u. U. kostengünstiger gestaltet werden. Insbesondere in Großunternehmen und im mittelständischen Bereich wird E-Learning seine Bedeutung noch ausbauen können. Die Schwerpunkte werden im fachlichen Bereich gesehen. Auch sind die Befragten einhellig der Meinung, dass E-Learning derzeit noch nicht hin-

---

[7]Auf der Grundlage einer Marktrecherche im Juli 2001 wurden 125 große, überregional tätige Weiterbildungsträger in Deutschland durch das Institut für Bildung in der Informationsgesellschaft (IBI) schriftlich befragt. Die Fragen wurden mit Sachverständigen ausgearbeitet. Die Befragung diente dem Ziel, Einschätzungen der Träger zur Entwicklung ihrer Einrichtungen, des Weiterbildungsmarktes allgemein und zur Entwicklung der Qualität der beruflichen Weiterbildung zu gewinnen. 58 Weiterbildungsträger antworteten, was einer Rücklaufquote von 46 Prozent entspricht.

[8]Im November und Dezember 2001 wurden mit Geschäftsführern bzw. Bereichsleitern von 18 Unternehmen (Learning-Content-Entwicklern) im deutschsprachigen Raum Telefoninterviews (30–60 Minuten) anhand eines Gesprächsleitfadens durch das Institut für Bildung in der Informationsgesellschaft (IBI) geführt.

reichend genutzt wird. Gründe hierfür liegen u. a. in einer fehlenden technischen Infrastruktur, fehlenden Inhalten, Qualitätsdefiziten bei den Produkten, lernkulturellen Barrieren und der Scheu vor den notwendigen Investitionen.

12.3 Qualitätstests und -entwicklungen in den Neuen Medien

Unstrittig ist: Souveräne Bildungsentscheidungen setzen überschaubare Märkte voraus. Der Nachfrager (sei es das Unternehmen oder der Privatmann) sollte idealerweise wissen: Was ist auf dem Markt; in welchen Qualitäten ist das von mir gewünschte Produkt auf dem Markt erhältlich und welches Preis-Leistungs-Verhältnis ist für meinen Bedarf angemessen. Die Angebotsqualität muss deshalb nicht nur laufend entwickelt, sondern auch gesichert, dokumentiert und transparent gemacht werden.

Dies gilt auch für E-Learning-Produkte. Neben dem länger andauernden kontinuierlichen Prozess der sich mit den neuen Technologien verändernden Lerngewohnheiten und Lernmethoden stellt die Qualität der E-Learning-Produkte einen wesentlichen Faktor für die zukünftigen Erfolgschancen des E-Learning dar. Um E-Learning wirklich attraktiv zu machen und effektiv einzusetzen, müssen allerdings die Produkte vielfältige Kriterien erfüllen wie die Nutzung zeitgemäßer Kommunikationsstrukturen, die Berücksichtigung pädagogisch-psychologischer Betrachtungsweisen von Lernprozessen, der Einsatz neuester multimedialer Techniken, die Lernkontrolle, um nur einige wenige Punkte zu nennen.

Der Qualitätssicherung kommt eine besondere Bedeutung zu. Dies spiegelt sich auch in verschiedensten Studien und den dargestellten Befragungsergebnissen der Unternehmen, Weiterbildungsträger und E-Learning-Entwickler wider. Zwar haben Unternehmen ihre Vorstellungen bzw. Verfahren zur Qualitätssicherung. Doch wie weit wird der Anspruch auf hohe Produktqualität eingelöst? Es stellt sich zudem die Frage, was eine hohe Produktqualität auszeichnet und wie man diese messen und beurteilen kann. Dass E-Learning-Produkte gemessen und beurteilt werden können, ist unstrittig. Dieses haben die Untersuchungen der Stiftung Warentest belegt.

12.4 Qualitätssicherungen durch Tests der Stiftung Warentest

Vergleichende Untersuchungen der Stiftung Warentest leisten einen wichtigen Beitrag zur Qualitätsentwicklung in den Neuen Medien und helfen bei der Entwicklung von Qualitätskriterien und beim Aufzeigen der Messbarkeit von E-Learning-Angeboten und deren methodischen Problemen und möglichen Grenzen.

12.4.1 Weiterbildungskurse im Internet (test 11/01)

Das Projekt hatte zum Ziel, für den Privatverbraucher Markttransparenz zu schaffen und Kriterien für eine vergleichende Beurteilung von Online-Kursen, also des internetgestützten Lernens bzw. des Web-Based-Trainings, *für den Privatverbrau-*

cher zu entwickeln. Dazu wurde zum einen eine vollständige Marktübersicht zu internetgestützten beruflichen Weiterbildungsangeboten für den Privatverbraucher erstellt. Zum anderen sollte das Qualitätsniveau der Branche erfasst werden, indem Kurse ausgewählter Anbieter nach qualitativen Kriterien vergleichend bewertet wurden. Dazu wurden die Anbieter hinsichtlich ihres Web-Informationsangebotes, der Durchführung eines Kurses und ihrer Allgemeinen Geschäftsbedingungen und Verträge geprüft.

Es wurden 14 Angebote getestet. Dabei wurden Kurse berücksichtigt, die auf Selbststudienmaterial in Form von Webseiten, Lernsoftware (CD-ROM) oder anderem Lernmaterial basieren und die mit den Kommunikationsmöglichkeiten über das Internet kombiniert werden – wie die fachliche Begleitung durch einen Tutor, ein Diskussionsforum oder Chat mit anderen Kursteilnehmern. Ebenso wurden Kurse berücksichtigt, die wahlweise oder grundsätzlich mit Präsenzveranstaltungen kombiniert werden und Kurse, die zu einem festgelegten Zeitpunkt „live" im virtuellen Unterrichtsraum stattfinden.

Die Qualität der Angebotsinformation wurde im Rahmen einer Inhaltsanalyse der Websites in Bezug auf Vollständigkeit, Verständlichkeit und Auffindbarkeit der notwendigen Informationen geprüft. Das Erscheinungsbild und die Informationen auf der Website der Anbieter zum Analysezeitpunkt (Februar 2001) waren Grundlage für die Bewertung der Angebotsinformation. Hierbei wurden folgende Aspekte erhoben:

- Informationen zum ausgewählten Kurs
  (z. B. Lernziel, Teilnehmervoraussetzungen, Zertifikat, Qualifikation des Dozenten/Tutors)
- Informationen zu den Vertragsbedingungen
- Allgemeine Informationen
  (z. B. Erläuterungen zum Online-Lernen, technische Voraussetzungen zur Teilnahme)
- Verständlichkeit und Auffindbarkeit der Informationen
  (z. B. Navigation und Übersichtlichkeit)

Die Teilnahme am Kurs wurde durch externe, von der Stiftung geschulte, Experten auf der Grundlage eines teilstandarisierten Fragebogens dokumentiert. Folgende Bereiche wurden im Kontext der Teilnahme schwerpunktmäßig erfasst:

1. Kommunikation zwischen begleitenden Fach- und Lehrkräften und dem Kursteilnehmer sowie zwischen den Lernenden untereinander

   a. individuelle Betreuung durch Teletutor(en), Dozent(en), Kursleiter
   b. Möglichkeiten und Umsetzung des fachlich-inhaltlichen Austauschs mit anderen Teilnehmern

2. fachlich-inhaltliche Gestaltung von Lernmaterial und -raum

   a. Einführung in den Kurs (z. B. Informationen zu Lehrinhalten und Lernzielen)
   b. Struktur des Lernmaterials und Interaktion
   c. Gestaltung von Übungsaufgaben und deren Kontrolle
   d. Qualität, Umfang, Verständlichkeit, weitere Wissensquellen und Hilfen

3. Nutzerfreundlichkeit von Lernmaterial und -raum
   a. Navigation und Gestaltung des Lernmaterials bei Webseiten und CD-ROM
   b. Gestaltung des virtuellen Lernraums
4. Kursorganisation und -beratung, Zeitaufwand/Kosten, Technik
   a. Zeitaufwand/Kosten
   b. Technische Voraussetzungen und technischer Support
   c. Anmeldung, Beratung und Qualitätssicherung des Anbieters

Für Präsenzveranstaltungen und Live-Unterricht im Internet wurde ein eigener Fragebogen entwickelt.

Die Allgemeinen Geschäftsbedingungen (AGB) bzw. die abgeschlossenen Verträge mit den Teilnehmern wurden einer rechtlichen Begutachtung unterzogen und auf unzulässige Klauseln bzw. auf rechtlich bedenkliche Regelungen hin untersucht. Die einzelnen Untersuchungsbestandteile wurden mit folgenden Gewichtungen zueinander bewertet:

- Angebotsinformation im Internet   30%
- Teilnahme an den Kursen   60%
- AGB und Verträge   10%

In den einzelnen Untersuchungsbereichen wurden zusammenfassende Gruppenurteile vergeben, aus denen sich das *test*-Qualitätsurteil zusammensetzt:

A. Analyse der Angebotsinformation im Internet – Kriterien und Gewichtung

- Informationen zum ausgewählten Kurs   40%
- Website-Gestaltung: Verständlichkeit und Auffindbarkeit von Informationen 40%
- Informationen zu den Vertragsbedingungen   10%
- Allgemeine Informationen   10%

B. Verdeckte Teilnahme an ausgewählten Kursen – Kriterien und Gewichtung

- Kommunikation zwischen begleitenden Fach- und Lehrkräften und
  dem Kursteilnehmer sowie zwischen den Lernenden untereinander   40%
- fachlich-inhaltliche Gestaltung von Lernmaterial und -raum   35%
- Nutzerfreundlichkeit von Lernmaterial und -raum   10%
- Kursorganisation und -beratung, Zeitaufwand/Kosten, Technik   15%

Nach dem oben genannten Bewertungssystem wurden die Kurse beurteilt, die vom Konzept her vergleichbar sind. Die meisten Defizite ergaben sich bei der Betreuung und Kommunikation, insbesondere in der Kommunikation beim Teletutor. Grundsätzlich war die Unterstützung, Motivation und der Kontrolldruck durch die Tutoren zu gering. Überwiegend wurde das theoretische Potenzial des Mediums nicht ausgeschöpft. Die Veröffentlichung führte neben diversen Produktveränderungen auch dazu, dass die Angebote zum Teil vom Markt genommen wurden. Die zugrunde gelegten Untersuchungskriterien flossen in die Arbeit der EBN ein (vgl. Rockmann, Kapitel 5 in diesem Buch).

12.4.2 Untersuchung von Lernsoftware Wirtschaftsenglisch (test 8/03) und Office-Produkten (test 11/03)

Aufgrund der durch die Veröffentlichung entstandenen Diskussionen und der gewonnenen Erkenntnisse bei der entwicklungsbegleitenden Normung beim E-Learning wurden die Kriterien und das Prüfverfahren fortgeschrieben und dienten als Basis für einen Folgetest von Lernsoftwareprodukten zum Thema Wirtschaftsenglisch. Sie wurden dann unter Nutzung der Erkenntnisse dieses Projektes bei Office-Produkten getestet. Anhand dieser CBT-Produkte wurde geprüft, wieweit die im Rahmen der EBN-Entwicklung erarbeiteten inhaltsunabhängigen Prüfkriterien die Produktqualität messen und wo deren Grenzen liegen.

Die Untersuchungen erfolgten aus folgenden unterschiedlichen Perspektiven:

- Produktprüfung – als inhaltsunabhängige Prüfung.
- Inhaltsprüfung – Experten des jeweiligen Fachgebietes prüfen die Korrektheit und Angemessenheit des Inhalts.
- Lerner-/Nutzerprüfung – das Produkt wird aus der Sicht des potenziellen Nutzers/Lerners hinsichtlich seiner Tauglichkeit geprüft.

Es sind folgende Untersuchungsteile eingeflossen:

A. Untersuchung Lernsoftware Wirtschaftsenglisch (test 8/03).
Produktprüfung – inhaltsunabhängige Prüfung
(Basis: die im Rahmen der EBN entwickelten Qualitätskriterien).

- Bestehende Normen (ISO/EN/DIN 9241 „Software-Ergonomie")
- Rahmenbedingungen
- Technische Aspekte
- Datenspeicherung und -verarbeitung
- Features
- Theoretische Aspekte
- Kodierungen
- Spezielle Präsentationsformen

B. Untersuchung Lernsoftware Office-Produkte (test 11/03)
Produktprüfung – inhaltsunabhängige Prüfung.
Die Ergebnisse des Tests Lernsoftware haben gezeigt, dass die Prüfung einer Reihe inhaltsunabhängiger Kriterien nur gemeinsam mit der Inhaltsprüfung durchzuführen ist. Dies gilt u. a. für die Kategorien *Features* (Steuerung, Steuerungsunterstützung, Unterstützungsfeatures), *Kodierungen* (Bilder, bewegte Bilder, Texte, Ton), *spezielle Präsentationsformen* (Animationen, Simulationen, Aufgaben) und *Datenspeicherung und -verarbeitung* (Spezifikation der Daten, Anzeigetools, Analyse). Die Prüfkriterien orientierten sich an dem Prinzip, welches bei den Normen zur Softwareergonomie verfolgt wurde. Hier wird nicht die jeweilige Arbeitsaufgabe als solche hinterfragt, sondern nur geprüft, ob die zur Verfügung gestellte Software die Aufgabe angemessen unterstützt.

C. Untersuchung Lernsoftware Wirtschaftsenglisch (test 8/03)
Inhaltsprüfung durch Experten.

- Lerninhalte
- Elementare Lernziele

  - Wortschatz und Grammatik
  - Hörverstehen
  - Sprechen und Aussprache
  - Leseverstehen
  - Schriftlicher Ausdruck

- Didaktisch-methodische Gestaltung

D. Untersuchung Lernsoftware Office-Produkte (test 11/03)
Inhaltsprüfung durch Experten

- Überprüfung der Produktangaben
- Integration von Off- und Online-Komponenten
- Didaktisch-methodische Gestaltung
- Lerninhalte
- Mediengerechte Gestaltung
- Interaktivität
- Lernerfolgskontrolle und Bewertung
- Motivation

Für jeden der drei Programmbereiche (Word, Excel und PowerPoint) wurde eine Themenliste in Anlehnung an die Prüfungsinhalte der ECDL (European Computer Driving Licence) erstellt und in Grundlagen, mittlere und fortgeschrittene Kenntnisse unterteilt. Die Programme wurden daraufhin untersucht, welche der aufgelisteten Fertigkeiten jeweils vermittelt werden und in welcher Tiefe die Themen behandelt werden.

E. Untersuchung Lernsoftware Wirtschaftsenglisch und Office-Produkte
Lerner-/Nutzerprüfung

- Benutzerfreundlichkeit
- Bedienbarkeit
- Lernbarkeit
- Lernpfad
- Navigation/Orientierung
- Mentale Belastung
- Kompatibilität mit der Wissensrepräsentation des Benutzers
- Darstellung der Information
- Medienintegration
- Ästhetik
- Gesamtfunktionalität
- Interesse

- Akzeptanz
- Motivation
- subjektiver Lernerfolg

Die Untersuchungsergebnisse haben gezeigt, dass es zwar erfreulich gute Produktqualitäten gibt, allerdings viele Produkte aus Nachfragersicht noch stark verbesserungsfähig sind (*Details siehe test 8/03 und test 11/03*). Auch hat sich gezeigt, dass die im Rahmen der EBN entwickelten themen-/inhaltsunabhängigen Kriterien losgelöst von der Inhaltsprüfung messbar sind. Einige sind nur gemeinsam mit der Inhaltsprüfung bewertbar, was beim Test der Lernsoftware Office-Produkte schon umgesetzt wurde. Die unterschiedlichen Produktqualitäten und die Komplexität der Systeme zeigen einen Handlungsbedarf. In diesem Rahmen wurde die Notwendigkeit von Standards bzw. Normungen erkannt, was sich in den aktuellen Aktivitäten zur Normung auf internationaler und europäischer Ebene ausdrückt.

12.5 Fazit

Neben dem länger andauernden kontinuierlichen Prozess der sich mit den neuen Technologien verändernden Lerngewohnheiten und Lehrmethoden, stellt die Qualität der E-Learning-Produkte einen wesentlichen Faktor für die zukünftigen Erfolgschancen des E-Learning dar. So ist beispielsweise bei internetgestütztem Lernen ein schneller Zugriff auf konkrete Lehrinhalte, eine hohe Interaktivität zur Aneignung des Lernstoffes und vor allem ein intensiver Austausch und eine individuelle Lernerfolgskontrolle durch direkte Kommunikation mit Fach- und Lehrkräften sowie anderen Teilnehmern Voraussetzung – denn Lernen ist für die überwiegende Mehrheit der Lernenden nach wie vor ein sozialer Prozess.

Tests von E-Learning-Produkten führen zu konzeptionellen Änderungen des Angebotes, tragen zur Verbesserung der Angebotsqualität und der Qualitätssicherung bei. Tests erweitern und befruchten die Qualitätsdebatte – und sie stärken die Rechte des Verbrauchers. Durch eine öffentlichkeitswirksame Verbreitung von Testergebnissen wird das Bewusstsein vor allem der privaten Nachfragenden aber auch der Unternehmen für Qualität geschärft. Aktuelle Entwicklungen zu Normungen auf nationaler, europäischer und internationaler Ebene sind ein weiterer Beleg für ein Bewusstseinswandel in Richtung Qualitätsverbesserung.

13 Ein Instrument zur Beurteilung des Lernpotenzials von E-Learning-Anwendungen

Sigmar-Olaf Tergan, Peter Schenkel

13.1 Einleitung

Im Folgenden wird ein Instrument zur Beurteilung des Lernpotenzials von E-Learning-Anwendungen vorgestellt. Das Instrument wurde im Rahmen des Modellversuchs „*Eva*luationsnetz – Information, Erfahrungsaustausch und Prozessanleitung für die Qualitätsbewertung multimedialer Lernprogramme (EVA)" der FH Brandenburg entwickelt und ist online verfügbar (vgl. http://www.evaluationsnetz.de). Es ist Bestandteil eines Ansatzes umfassender Qualitätssicherung. Das Instrument wurde auf der Grundlage wissenschaftlicher Erkenntnisse zur Qualitätsbeurteilung von E-Learning entwickelt. Es gründet in wesentlichen Teilen auf den Bedingungen erfolgreichen Lernens, wie sie bei Tergan (Kapitel 2 in diesem Buch) dargestellt werden. Das vorliegende Instrument ist eine erste Version. Eine Validierung und Weiterentwicklung des Instruments aufgrund von Praxiserfahrungen ist vorgesehen. Das Instrument umfasst drei Teile: Kurzcheck, Beurteilung der Basisanforderungen, Beurteilung des Lernpotenzials.

Im vorliegenden Beitrag wird das Instrument in seiner Struktur vorgestellt. Es enthält alle Kriterien, die auch in der webbasierten Version verwendet werden. Auf die systematische Darstellung der dazugehörigen Hintergrundinformationen sowie Leitgesichtspunkte wurde aus Platzgründen verzichtet. An einzelnen Beispielen wird gezeigt, welche Art von Hintergrundinformationen und Leitgesichtspunkten für die Beurteiler bei Bedarf bereitgestellt werden. Es sei ausdrücklich darauf hingewiesen, dass für eine sinnvolle Verwendung des Instruments die Kenntnis von Hintergrundinformationen für die Qualitätsbeurteilung unbedingt erforderlich ist. Potenzielle Anwender werden daher auf die Online-Version im Evaluationsnetz verwiesen.

13.2 Vorgehen bei der Qualitätsbeurteilung

Die Beurteiler werden vom Instrument geführt. In einer Anleitung zur Nutzung des Instruments werden die Evaluatoren angehalten, Hintergrundinformationen und Leitgesichtspunkte bei der Qualitätsbeurteilung zu berücksichtigen. Hintergrundinformationen und Leitgesichtspunkte werden zu jedem Kriterium bereitgestellt, um die Reflexion darüber zu unterstützen, in welchem Ausmaß das Kriterium bei einem

gegebenen E-Learning-Angebot als erfüllt gelten kann. Die Evaluatoren werden
ferner angehalten, die Kriterien ganzheitlich zu beurteilen, d. h. unter Berücksichtigung von Hintergrundinformationen und möglicher Wechselbeziehungen zwischen
Merkmalen des Lernangebotes, relevanten Lernbedingungen und Lernvoraussetzungen auf Seiten der Lernenden.

13.3 Das Instrument

13.3.1 Kurzcheck

In einem Kurzcheck kann zunächst evaluiert werden, ob eine gegebene Anwendung
für eine vorgesehene Lernsituation grundsätzlich geeignet ist. Hierzu werden Basisinformationen und Informationen zur Lernsituation berücksichtigt. Der Kurzcheck
umfasst neben einer Erfassung von Basisinformationen (Name des Lernprogramms,
Version, Datum, Anbieter, E-Learning-Form, Preis) folgende Einzelaspekte: Inhalt,
Lernziele, Lernvoraussetzungen der Zielgruppe, Lernstil der Zielgruppe, Sozialform
des Lernens, Integration in Curriculum/Kurs, Hardware, Netzeigenschaften, Lernplattform, Lernarrangement (vgl. Abbildung 13.1). Produktinformationen sind mit
den Bedingungen der Einsatzsituation abzugleichen. Der Kurzcheck dient dazu,
mit geringem Zeitaufwand eine erste Untersuchung des Lernangebotes durchzuführen. Das Ergebnis dieser Untersuchung erleichtert die Entscheidung, entweder eine
detaillierte Evaluation anzuschließen oder aufgrund einer zu geringen Übereinstimmung von Produkteigenschaften und Einsatzziel keine weiteren Evaluationsschritte
mehr durchzuführen.

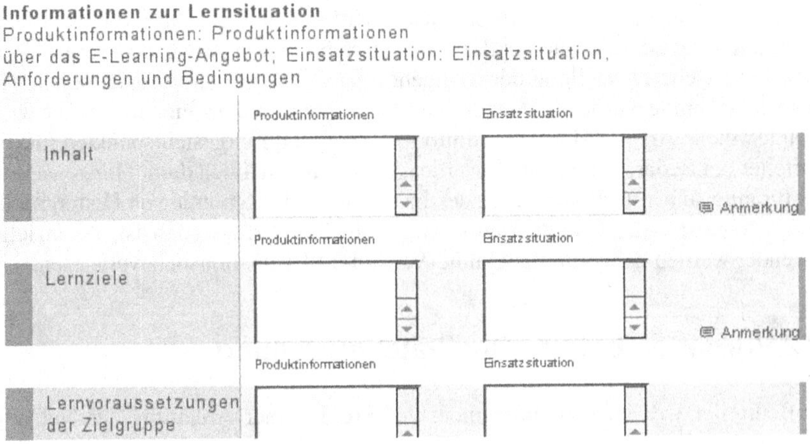

Abb. 13.1 Screenshot – Kurzcheck (aus „Evaluationsnetz", http://www.evaluationsnetz.de)

13.3.2 Beurteilung der Basisanforderungen

Ob eine E-Learning-Anwendung den Basisanforderungen gerecht wird, wird mittels 29 Kriterien erfasst. Die Kriterien beziehen sich durchweg auf solche Anforderungen, die erfüllt sein müssen, bevor ein zu evaluierendes Lernangebot einer weiteren Bewertung zugeführt wird. Die gelegentlich als „Killer-Kriterien" oder als „K.O.-Kriterien" bezeichneten Evaluationskriterien werden dadurch zusammengefasst. Die Kriterien betreffen die vier Evaluationsbereiche Inhalt (4 Kriterien), Technik (3), Rahmenbedingungen (9), Praxistauglichkeit (13), denen jeweils entsprechende Qualitätsfragen zugeordnet sind. Die Bewertung erfolgt qualitativ mit „Ja/Nein"-Antworten auf entsprechende Fragen. Wenn keine eindeutige Entscheidung getroffen werden kann, kann mit „keine Angabe" geantwortet werden. Evaluatoren haben die Möglichkeit, die eigene Bewertung in einem Anmerkungsfeld zu kommentieren und zu begründen.

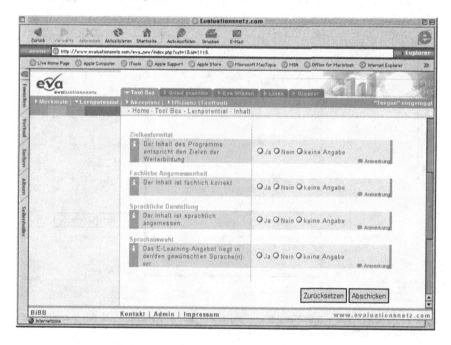

Abb. 13.2 Screenshot – Basisbedingungen (aus „Evaluationsnetz", http://www.evaluationsnetz.de)

Auf der Grundlage der qualitativen Urteile über das Vorhandensein oder Fehlen entsprechender Basisanforderungen wird über eine prinzipielle Eignung der E-Learning-Anwendung und damit Fortsetzung der Qualitätsevaluation entschieden. Folgende Evaluationsbereiche und Kriterien werden verwendet:

Evaluationsbereich: Inhalt

Zielkonformität	Der Inhalt des Programms entspricht den Zielen der Weiterbildung.
Fachliche Angemessenheit	Der Inhalt ist fachlich korrekt.
Sprachliche Darstellung	Der Inhalt ist sprachlich angemessen.
Sprachauswahl	Das E-Learning-Angebot liegt in der/den gewünschten Sprache(n) vor.

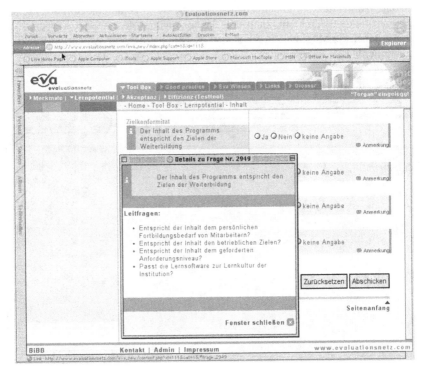

Abb. 13.3 Screenshot – Info-Fenster zu Basisbedingungen/Kriterium: Zielkonformität (aus „Evaluationsnetz", http://www.evaluationsnetz.de)

Evaluationsbereich: Technik

Hardware	Die vorhandene Hardware erlaubt den Einsatz des E-Learning-Programms.
Lernplattform	Das E-Learning-Angebot kann in die vorhandene Lernplattform integriert werden.
Netzzugänge	Die erforderlichen Netzzugänge sind vorhanden.

Evaluationsbereich: Rahmenbedingungen

Lizenzen/Copyrights	Der vorgesehene Einsatz ist mit den vorhandenen Lizenzen/Copyrights möglich.
Lauffähigkeit/Stabilität	Das Programm läuft stabil.
Lernanforderungen	Die Zielgruppe erfüllt die Lernanforderungen des Programms.
Lernsituation	Das Programm kann in der gegebenen Situation eingesetzt werden.
Qualitätssicherung	Während der Programmentwicklung wurden Maßnahmen zur Qualitätssicherung getroffen.
Qualitätskontrolle	Informationen über die Qualität des Programms sind verfügbar.
Abschlussprüfung	Der erfolgreiche Abschluss des Programms wird zertifiziert.
Anbieter-Service	Eine Unterstützung (Support) beim Einsatz des Programms ist verfügbar.
Geschätzte Kosten	Die erwarteten Kosten für die Nutzung des Programms sind akzeptabel.

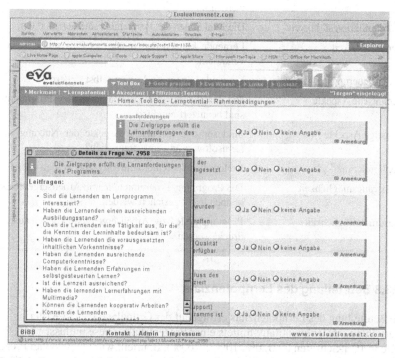

Abb. 13.4 Screenshot – Info-Fenster zu Rahmenbedingungen/Kriterium: Lernanforderungen (aus „Evaluationsnetz", http://www.evaluationsnetz.de)

Evaluationsbereich: Praxistauglichkeit

Flexibilität/Nutzbarkeit

Lernform-Eignung	Das Programm eignet sich für die Lernform, die in der Einsatzsituation vorgesehen ist.
Lernstil-Eignung	Das Programm eignet sich für den Lernstil, der in der Einsatzsituation vorgesehen ist.
Curriculare Integration	Das Programm kann in ein bestehendes Curriculum integriert werden.
Programmtechnische Integration	Das Programm kann in die bestehende Lernplattform integriert werden.
Adaptierbarkeit	Inhalte und Nutzungsformen können an unterschiedliche Einsatzsituationen angepasst werden.

Benutzerfreundlichkeit

Trainingsmöglichkeit	Der Umgang mit dem Programm kann trainiert werden.
Selbsterklärungsfähigkeit	Die Funktionen des Programms sind verständlich.
Veränderbarkeit	Lernende können den Inhalt des Programms selber verändern.
Selbststeuerungsmöglichkeit	Lernende können Ihr Lernen selbst steuern.
Technische Aspekte	Die Installation und Deinstallation des Programms sind benutzerfreundlich.
Sonstige Aspekte	Sind sonstige technische Aspekte der Nutzung der Lernsoftware anwenderfreundlich?
Fehlertoleranz	Irrelevante oder fehlerhafte Eingaben werden toleriert.
Sicherungsmöglichkeit	Das Programm, Programmteile und Arbeitsergebnisse können leicht gesichert werden.
Ausdruckmöglichkeit	Programmteile bzw. Arbeitsergebnisse können ausgedruckt werden.

13.3.3 Beurteilung des Lernpotenzials

Die Beurteilung des Lernpotenzials erfolgt auf der Grundlage von 24 Kriterien. Die Beurteilung erfolgt quantitativ mittels einer Prozentskala. Diese umfasst 11 Skalenwerte in 10er-Schritten (z. B. 0%, 10% ... 100%). Beurteilt wird, zu wie viel Prozent eine bestimmte Aussage zutrifft und damit das Lernangebot ein bestimmtes Kriterium erfüllt. Zu jedem der Kriterien werden Hintergrundinformationen, relevante

Merkmale bzw. Leitgesichtspunkte mitgeteilt. Evaluatoren können sich entsprechende Informationen bei Bedarf durch Klicken eines „i"-Buttons anzeigen lassen. Soll eine Antwort kommentiert werden, so kann dies erneut über ein vorhandenes Anmerkungsfeld erfolgen.

Das Lernpotenzial wird hinsichtlich zweier Evaluationsbereiche erfasst: Didaktisches Design und Kommunikationsdesign. Der Evaluationsbereich „Didaktisches Design" umfasst 18 Kriterien, die den Teilbereichen Inhaltsdesign (7), Interface-Design (3), Lerndesign (8) zugeordnet sind. Der Evaluationsbereich „Kommunikationsdesign" umfasst 6 Kriterien. Dieser Bereich ist nur für jene E-Learning-Anwendungen relevant, in denen Kommunikation und Kooperation für den Wissenserwerb eine zentrale Rolle spielen.

Evaluationsbereich: Didaktisches Design

Inhaltsdesign

Inhaltsauswahl	Die Lerninhalte wurden anforderungsgerecht ausgewählt.
Inhaltsorganisation	Die Inhaltsorganisation wird den gegebenen Anforderungen gerecht.
Medienintegration	Die Medienintegration wird den gegebenen Anforderungen gerecht.
Aufmerksamkeitssteuerung	Die Aufmerksamkeit wird mit didaktischen Mitteln wirksam unterstützt.
Darbietungsform	Die Darbietung der Programminhalte wird den gegebenen Anforderungen gerecht.
Präsentationsmethoden	Die gewählten Präsentationsmethoden sind für die gegebenen Anforderungen geeignet.
Authentizität/Praxisrelevanz	Die verwendeten Aufgaben, Probleme, Beispiele kommen aus der Praxis bzw. sind praxisrelevant.

Interface-Design

Bildschirmgestaltung	Das Layout der Bildschirmseiten und der einzelnen Elemente entspricht aktuellen Standards.
Steuerung/Navigation	Die Steuerung und Navigation des Programms ist einfach und übersichtlich.
Adaptivität	Das Programm kann sich an gegebene Anforderungen automatisch anpassen.

Lerndesign	
Motivierung	Lernende werden durch geeignete Maßnahmen motiviert.
Unterstützung konstruktiven Lernens	Konstruktives Lernen wird didaktisch unterstützt.
Vermeidung von kognitiver Überlastung	Einer Überforderung der Lernenden wird entgegengewirkt.
Unterstützung der Wissensbewertung	Lernende werden bei der Bewertung des eigenen Wissens unterstützt.
Unterstützung der Informationslokalisation/-selektion	Lernende werden bei der Suche nach Informationen unterstützt.
Unterstützung der Wissensentwicklung	Die Entwicklung neuen Wissens wird unterstützt.
Förderung des Behaltens und Erinnerns	Behalten und Erinnern werden unterstützt.
Unterstützung von Wissenstransfer und Wissensnutzung	Der Transfer und die Nutzung des Wissens werden unterstützt.

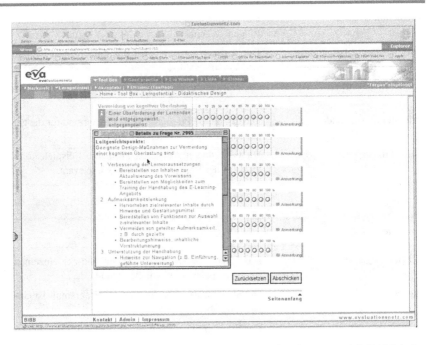

Abb. 13.5 Screenshot – Info-Fenster zu Erfassung des Lernpotenzials/Didaktisches Design/Kriterium: Vermeidung von kognitiver Überlastung (aus „Evaluationsnetz", http://www.evaluationsnetz.de)

Evaluationsbereich: Kommunikationsdesign

Eine Beurteilung dieses Qualitätsbereichs ist nur sinnvoll, wenn sie mit anderen Lernenden oder dem Tutor z. B. durch E-Mail, über Foren oder in Chat-Rooms kommunizieren können. Handelt es sich um ein Programm, das keine Kommunikation und Kooperation zulässt, kann auf die Beurteilung dieses Qualitätsbereichs verzichtet werden.

Kommunikationssituation	Lernen wird durch Kommunikation und Kooperation unterstützt
Kommunikations-/ Kooperationsformen	Die Kommunikations- und Kooperationsformen sind den Anforderungen der Lernsituation angemessen.
Eignung der Tools	Die Werkzeuge zur Unterstützung der Kommunikation und Kooperation entsprechen den Anforderungen der Lernsituation.
Benutzerfreundlichkeit	Die Kommunikationstools sind benutzerfreundlich.
Online-Moderation	Die Online-Moderation unterstützt Kommunikation, Kooperation und die Lernprozesse effektiv.
Kommunikations- und Kooperationsprozesse	Kommunikations- und Kooperationsprozesse werden durch didaktische Maßnahmen gefördert.

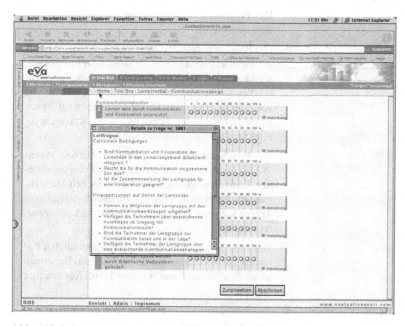

Abb. 13.6 Screenshot – Info-Fenster zu Erfassung des Lernpotenzials/Kommunikationsdesign/Kriterium: Kommunikationssituation (aus „Evaluationsnetz", http://www.evaluationsnetz.de)

13.4 Auswertung

Die Auswertung der Qualitätsbeurteilung erfolgt automatisch. Die Anzeige des Ergebnisses erfolgt optional als Kurzauswertung, als ausführliche Auswertung und als Auswertung in XML. Mittels der Option „Kurzauswertung" können sich Evaluatoren die Einschätzungen im Rahmen des „Kurzchecks" sowie der „Basisanforderungen" anzeigen lassen. Die Option „ausführliche Auswertung" bietet die Möglichkeit der Anzeige der Einschätzungen und Kommentare über die beiden Evaluationsbereiche „Didaktisches Design" und „Kommunikationsdesign" entweder pro Evaluationsbereich oder als Gesamtauswertung. Eine Gesamtauswertung erfolgt durch Ermittlung der erzielten durchschnittlichen prozentualen Einschätzung des betreffenden Lernangebotes hinsichtlich der einbezogenen Kriterien. Die Ergebnisdarstellung erfolgt mittels unterschiedlicher Darstellungsformen (z. B. als Häufigkeitspolygom). Durch zusätzliche Anzeige der Kommentare wird eine differenzierte Begründung der Qualitätsbeurteilung erleichtert.

Für die Weiterentwicklung des Instruments ist zum einen eine stärkere Berücksichtigung von Mischformen des E-Learning mit traditionellen Lernformen vor-

Tabelle 13.1 Vorgesehene Qualitätsnormen für die Gesamtauswertung der Qualitätsurteile im Lernpotenzial-Instrument (http://www.evaluationsnetz.de)

	Qualitätsnormen
0%–< 20%	Das Programm ist für die Förderung effektiven Lernens ungeeignet.
20%–< 40%	Das Programm enthält ein gewisses Potenzial zur Förderung effektiven Lernens. Es kommt auf Lernvoraussetzungen und spezielle didaktische Maßnahmen an, ob dieses Potenzial zum Tragen kommt. Durch eine spezielle Betreuung der Lernenden können ggf. bestehende Defizite ausgeglichen und Voraussetzungen für effektives Lernen verbessert werden.
40%–< 60%	Das Programm enthält ein zufriedenstellendes Potenzial zur Förderung effektiven Lernens. Bei angemessenen Lernvoraussetzungen und didaktischen Maßnahmen zur Lernerbetreuung sollte dieses Potenzial zum Tragen kommen. Ein positiver Lernerfolg kann erwartet werden.
60%–< 80%	Das Programm enthält ein überdurchschnittliches Potenzial zur Förderung von Lernprozessen. Bei einem adäquaten Einsatz kann ein guter Lernerfolg erwartet werden.
80%–≤ 100%	Das Programm ist für eine Förderung effektiven Lernens bestens geeignet. Nur bei sehr ungünstigen Lernsituationen kann erfolgreiches Lernen gefährdet sein.

gesehen (Blended Learning). Entsprechende Anpassungen gelten vor allem dem bereitgestellten Hintergrundwissen sowie Leitgesichtspunkten für die Qualitätsbeurteilung. Für die Auswertung vorgesehen ist eine Gegenüberstellung der Einschätzungen zweier konkurrierender Lernangebote, zum anderen eine automatische Abgleichung des Ergebnisses der Qualitätsbeurteilung mit einer „Qualitätsnorm". Die Qualitätsnorm dient als Hilfestellung zur Einschätzung der Bedeutung des erzielten durchschnittlichen Prozentwertes als Maßzahl zur Feststellung der potenziellen Eignung des evaluierten Lernangebotes zur Förderung von Lernprozessen. Aufgrund erster Erfahrungen in der praktischen Anwendung des Instruments werden folgende Normen vorgeschlagen, die im Verlauf der weiteren Anwendung des Instruments zu validieren sind (vgl. Tabelle 13.1). Mittels der Option „Auswertung in XML" besteht in Zukunft ferner die Möglichkeit, die Ergebnisse der ausführlichen Auswertung in strukturierter Form zu exportieren, um sie beispielsweise in anderer Software wieder zu verwenden.

Anhang

Linksammlung zum E-Learning

Marc Jelitto

Die Suchmaschine Google liefert bei der Eingabe des Stichwortes E-Learning über fünf Millionen Treffer. Dieser Beitrag soll Ihnen eine erste Orientierung im World Wide Web (WWW) zum Thema E-Learning ermöglichen und eine Ausgangssituation für weitere Recherchen bieten. Die folgenden Hinweise auf Informationen im WWW sind so ausgewählt, dass sie einige der zahlreichen Aspekte des E-Learning beleuchten helfen bzw. per Linksammlung zu weiteren Informationen verzweigen. Forscher/innen, welche ihre Veröffentlichungen online zur Verfügung stellen, werden hier mit je einem Schwerpunkt aufgeführt, um Ihnen einen schnellen Zugang zu aktuellen Forschungsergebnissen zu ermöglichen. Hinweise auf Linksammlungen, Portale und Projekte helfen Ihnen dabei, deutschsprachige und internationale Informationsquellen im Netz zu finden. Newsletter und Zeitschriften bieten regelmäßig und Weblogs täglich neue Artikel, Informationshäppchen und Denkanstöße.

Forscher/innen

Prof. Dr. Peter Baumgartner
Informationen zu E-Learning und Evaluation.
http://www.peter.baumgartner.name/

Ulf-Daniel Ehlers
Forschungsergebnisse zu Qualität von E-Learning.
http://www.ulf-ehlers.de/

Prof. Dr. Michael Kerres
Artikel aus Sicht der Mediendidaktik.
http://online-campus.net/edumedia/publikationen.asp

Ass. Prof. Dr. Morten Flate Paulsen
Norwegische Sicht auf das E-Learning, mit einem Überblick über unterschiedliche Techniken (siehe „Pedagogical Techniques for Computer-Mediated Communication").
http://home.nettskolen.nki.no/~morten/innled.html#online publications

Dr. Gilly Salmon
Vorträge u. a. zur neuen Rolle des E-Moderators.
http://www.atimod.com/presentations/

Prof. Dr. Britta Schinzel
Veröffentlichungen und Vorträge zur Geschlechtergleichberechtigung und
E-Learning.
http://mod.iig.uni-freiburg.de/users/schinzel/

Prof. Dr. Rolf Schulmeister
Texte zu hypermedialem Lernen und virtueller Hochschule.
http://www.izhd.uni-hamburg.de/paginae/personal/schulmeister/kontakt.html

Ass. Prof. Dr. Werner Stangl
Sammlung von Arbeitsblättern, u. a. auch zu Hypertexten und Weblogs im
E-Learning.
http://www.stangl-taller.at/ARBEITSBLAETTER/LERNEN/Computerlernen.html

Linksammlungen

Computers in Teaching and Learning (CITAL)
Linksammlung zu Diskussionsgruppen, Online-Zeitschriften, Telelernen etc.
http://www.staffs.ac.uk/cital/

edulinks
Informationen zu „Telelernen und Internet in der Lehre" von Claudia Bremer inklusive Buchtipps und einer umfangreichen Linksammlung.
http://www.edulinks.de/

e-Learning Guru
Neben zahlreichen Artikeln ist auch eine gut sortierte Linksammlung vorhanden.
http://www.e-learningguru.com/

evaluieren.de
Zahlreiche Hinweise zu u. a. den folgenden Themen: Barrierefreier Zugang (accessi-
bility), Evaluation im Bereich digitaler Medien, Gender, Lernplattformen, Standards
und Usability.
http://www.evaluieren.de/infos/links/

Forum New Learning
Linksammlung aus Schweizer Sicht.
http://www.fnl.ch/sResOnWebD.htm

Newsletter

Newsletter E-Learning
Monatliche Informationen versendet vom Learning Center der Universität St. Gallen.
http://www.learningcenter.unisg.ch/Learningcenter/LCWeb2.nsf/
Newsletter?OpenForm

Online Learning News & Reviews
Nachrichten und Fragen mit Antworten aus der Praxis.
http://www.vnulearning.com/freeenews.htm

Portale

Association for the Advancement of Computing in Education (AACE)
Internationale Gesellschaft mit einer digitalen Bibliothek, mehreren Tagungen und
Zeitschriften.
http://www.aace.org/

Competence Center zum Thema E-Learning
Wirtschafts-Portal mit Informationen aus Theorie und Praxis.
http://www.competence-site.de/elearning.nsf/

Distance Educator
Portal der Fernlehrer, welche immer mehr E-Learning einsetzen.
http://www.distance-educator.com/

E-Learning bei der Europäischen Union
Europäische Sicht auf E-Learning.
http://www.elearningeuropa.info/index.php?lng=2

E-Learning Portal der UNESCO
Internationale Sicht auf E-Learning.
http://www.unesco.org/education/portal/e_learning/

ELDOC-Datenbank.
Verzeichnis von E-Learning-Angeboten zur beruflichen Weiterbildung.
http://www.eldoc.info/

eLearning Portal bildung.at
Portal des österreichischen Bundesministeriums für Bildung, Wissenschaft und Kultur.
http://www.bildung.at/

e-teachingUniversity
Portal des von der Bertelsmann Stiftung und Heinz Nixdorf getragenen Programms
„Bildungswege in die Informationsgesellschaft" (BIG).
http://www.e-teaching.org

ERIC Clearinghouse on Information and Technology
Nationales Bildungsinformationssystem der USA inklusive Linksammlung und einer
Volltextdatenbank.
http://ericit.org/

HighText-Verlag

Nachrichten und Ausschreibungen mit dem Schwerpunkt Computer Based Training
(CBT).
http://www.ibusiness.de/cbt/

Kompetenznetzwerk Universitätsverbund MultiMedia NRW
Informationsportal der Hochschulen von NRW.
http://www.uvm-nw.de/

Learnativity
Portal zur Erwachsenenbildung mit umfangreichen Linksammlungen.
http://www.learnativity.com/

Singapore's e-learning house
Portal, welches eine Sicht auf den asiatischen Raum gestattet.
http://www.elearninghouse.com/

Studieren im Netz

Ein überregionaler Überblick über Studienangebote im Internet von der Bund-
Länder-Kommission für Bildungsplanung und Forschungsförderung, mit Hinweisen
zu Virtuellen Hochschulen.
http://www.studieren-im-netz.de/

Wissensplanet
Community Plattform zum E-Learning.
http://www.wissensplanet.com/

Zentrale für Unterrichtsmedien im Internet e.V. (ZUM)
Zahlreiche Materialien für den Schulunterricht.
http://www.zum.de/

Recht

UPDATE – Ratgeber Multimediarecht für die Hochschulpraxis
Forum inklusive einer umfangreichen Broschüre zum Multimediarecht.
http://www.uvm-nw.de/ [dort Themenforum: Multimedia + Recht]

remus
Server zu Rechtsfragen von Multimedia und Internet in Schule und Hochschule.
http://remus.jura.uni-sb.de/

Staatliche Zentralstelle für Fernunterricht (ZFU)
E-Learning online oder per Versand wird rechtlich dem Fernunterricht zugeordnet und ist damit zulassungspflichtig! Hochschulen sind teilweise auch betroffen.
Rechtliche Grundlagen, weiterführende Informationen und die Beschreibung des
Zertifizierungsvorganges (siehe FAQ) bieten die Seiten der ZFU.
http://www.zfu.de/

Projekte

Bildungswege in der Informationsgesellschaft (BIG)
Gemeinsame Initiative der Bertelsmann Stiftung und der Heinz Nixdorf Stiftung.
http://www.big-internet.de/

Informatische Bildung für Lehrer
Materialien des BLK-Modellversuches mit einer umfangreichen Literaturdatenbank
für den Bereich „Computer und Bildung".
http://www.educat.hu-berlin.de/mv/

Internet-Portal zur BMBF-Förderung Neue Medien in der Bildung
Informationen des Projektträgers von über 100 vom BMBF geförderten Hochschulprojekten, auch zum Notebook-Einsatz für Studierende.
http://www.medien-bildung.net/

MIT's OpenCourseWare
Fünfhundert kostenlose Kurse des Massachusetts Institute of Technology.
http://ocw.mit.edu/

Weblogs

Elearningpost
http://www.elearningpost.com

elearnspace
http://www.elearnspace.org/blog/

OLDaily
http://www.downes.ca/news/OLDaily.htm

Serious Instructional Technology
http://www.cognitivearchitects.com/SeriousInstructionalTechnology

Weblogs in Education
http://www.weblogg-ed.com/

Zeitschriften

e-Journal of Instructional Science and Technology (e-JIST)
http://www.usq.edu.au/electpub/e-jist/

International Journal on E-Learning (IJEL)
(Corporate, Government, Healthcare & Higher Education)
http://www.aace.org/pubs/ijel/default.htm

International Review of Research in Open and Distance Learning
http://www.irrodl.org/

Journal of Asynchronous Learning Networks
http://www.aln.org/publications/jaln/

Journal of Computer-Mediated Communication
http://www.ascusc.org/jcmc/

Journal of Interactive Media in Education
http://www-jime.open.ac.uk/

Learning in the New Economy e-Magazine (LiNE Zine)
http://www.linezine.com/

Sloan-C View: Perspectives in Quality Online Education
http://www.sloan-c.org/publications/view/index.asp

Syllabus Magazine
http://www.syllabus.com/

Autorenverzeichnis

Ablass Dirk
ExperTeam AG
Claudius-Dornier-Str. 1, 50829 Köln
Tel.: 0221/91 51-0, Fax: 0221/91 51-5 11
E-Mail: FZ@ExperTeam.de, URL: www.ExperTeam.de

Benning Susanne
signet Krefeld GmbH
Europark Fichtenhain A 13a, 47807 Krefeld
Tel.: 02151/33 66 60, Fax: 02151/336 66 20
E-Mail: krefeld@signet.de, URL: http://www.signet.de

Ehlers Ulf-Daniel
European Quality Observatory (EQO), University of Duisburg-Essen
Information Systems for Production and Operations Management
Universitätsstr. 9, 45141 Essen
Tel.: 0201/183 44 03, Fax: 0201/183 40 67
E-Mail: uehlers@wi-inf.uni-essen.de, URL: http://www.eqo.info

Fischer Arno, Prof. Dr.
FH Brandenburg, FB Informatik & Medien
Magdeburger Str. 50, 14770 Brandenburg/Havel
Email: fischer@fh-brandenburg.de, URL: http://zeus.fh-brandenburg.de

Goertz Lutz, Dr.
MMB Institut für Medien- und Kompetenzforschung
Folkwangstraße 1, 45128 Essen
Telefon: 0201/7 20 27 0, Fax: 0201/7 20 27 29
E-Mail: goertz@mmb-institut.de

Jelitto Marc, M.A.
FernUniversitaet Hagen, Fachbereich für Elektrotechnik und Informationstechnik,
Datenverarbeitungstechnik
Universitaetsstr. 27, 58084 Hagen
Tel.: 02331/9 87 45 41, Fax: 02331/987 375
E-Mail: Marc.Jelitto@FernUni-Hagen.de, URL: http://www.fernunihagen.de/DVT/
Mitarbeiter/jelitto.html, http://www.mmiss.de/, http://marcjelitto.de/

Johanning Anja
MMB Institut für Medien- und Kompetenzforschung
Folkwangstraße 1, 45128 Essen
Tel.: 0201/7 20 27 0, Fax: 0201/7 20 27 29
E-Mail: johanning@mmb-institut.de

Martin Sue
Assessment & Certification Consultancy
Am Keienhof 7, 40629 Düsseldorf
Tel: 0211/28 18 64, Fax: 0211/9 89 19 88
E-Mail: sue.martin@t-online.de, URL: http://www.assessmentconsult.com/

Mayer Thomas, Dr.
COM/ON/FOUR GmbH
Steigwiesen 27, 90475 Nürnberg
Tel.: 0911/9 89 93 80, Fax: 0911/98 99 38 42
E-Mail: thomas.mayer@comonfour.de,
URL: http://www.comonfour.de, http://www.comonfour.de/Evaluation/

Münzer Stefan, Dr.
Fraunhofer Institut Integrierte Publikations- und Informationssysteme (IPSI),
Abteilung „CONCERT"
Dolivostr. 15, 64293 Darmstadt
Tel.: 06151/86 99 44
E-mail: muenzer@ipsi.fhg.de, URL: www.ipsi.fhg.de/concert

Pawlowski Jan M., Dr.
Universität Duisburg-Essen (Standort Essen), Fachgebiet Wirtschaftsinformatik
der Produktionsunternehmen
Universitätsstr. 9, 45141 Essen
Tel: 0201/1 83 40 61, Fax: 0201/1 83 40 61
E-Mail:jan.pawlowski@wi-inf.uni-essen.de, URL: http://elm.wi-inf.uni-essen.de

Pfänder Christian, Dipl.-Psych.
COM/ON/FOUR GmbH
Steigwiesen 27, 90475 Nürnberg
Tel.: 0911/9 89 93 80, Fax: 0911/98 99 38 42
E-Mail: christian.pfaender@comonfour.de, URL: http://www.comonfour.de

Rockmann Ulrike, Prof. Dr.
Carl von Ossietzky Universität Oldenburg, Statistisches Landesamt Berlin
Alt-Friedrichsfelde 60, 10315 Berlin
Tel.: 030/90 21 35 02, Fax: 030/51 58 83 26
E-Mail: bww@uni-oldenburg.de

Schenkel Peter, Dr.
Täubchenstr. 13, 14163 Berlin
Tel.: 030/81 49 99 62
E-Mail: peter.schenkel@t-online.de

Tergan Sigmar-Olaf, Dr.
Institut für Wissensmedien/Knowledge Media Research Center
Konrad-Adenauer-Str. 40, 72072 Tübingen
Tel.: 07071/979 227, Fax: 07071/979 100
E-Mail: s.tergan@iwm-kmrc.de, URL: www.iwm-kmrc.de

Töpper Alfred
Stiftung Warentest, Abt. Weiterbildungstests
Lützowplatz 11–13, 10785 Berlin
Tel.: 030/66669-3114
E-Mail: A.Toepper@Stiftung-Warentest.de

Wellmann Andrea
COM/ON/FOUR GmbH
Steigwiesen 27, 90475 Nürnberg
Tel.: 0911/9 89 93 80, Fax: 0911/98 99 38 42
E-Mail: andrea.wellmann@comonfour.de, URL: http://www.comonfour.de

Zeitler Franziska, Dr.
ExperTeam AG
Claudius-Dornier-Str. 1, 50829 Köln
Tel: 0221/91 51 0, Fax: 0221/91 51 511
E-Mail: FZ@ExperTeam.de, URL: www.ExperTeam.de

Sachverzeichnis

Druck und Bindung: Strauss GmbH, Mörlenbach